독립신문보다 생생하고 혈의 누보다 파란만장한

진짜 근현대사 이야기

대한유사

독립신문보다 생생하고 혈의 누보다 파란만장한
진짜 근현대사 이야기

대한유사

박영수 지음

살림Friends

머리말

　19세기 말엽은 우리 민족에게 있어 격변의 시기였다. 중국을 지상 최대 강대국으로 여기던 조선이 구미 열강을 새로이 상대하면서 파란 많은 역사가 시작됐기 때문이다. 국제 정세가 어지러울 때 국내 정치 또한 몹시 혼란했다. 왕권 약화를 틈타 관리들이 악정과 착취로 백성을 곤경에 빠뜨렸으며 지도층 인사들은 소신과 변신을 앞에 두고 저마다 고민에 빠졌다.

　그중에서도 대한제국 성립을 전후한 시기는 우리 민족에게 더없이 아픈 세월이었다. 보수파와 개화파가 연일 충돌했고, 정치가들은 친청파, 친미파, 친일파, 친러파 등으로 갈려 이전투구(泥田鬪狗 : 자기의 이익을 위해 비열하게 다툼)와 이합집산(離合集散 : 헤어졌다가 만나고 모였다가 흩어짐)

을 거듭하였다. 이 무렵 얼마나 많은 음모가 성행했던지 미국인 선교사 알렌(Horace Newton Allen, 1858~1932)은 '조선인은 천성적 음모가'라고까지 평가했다. 이런 혼란 끝에 어렵사리 황제 국가임을 선언한 대한 제국은 명목상의 제국으로만 맥을 잇다가 힘없이 일본 품에 스러지고 말았다.

1910년 8월 29일 일본은 드디어 한국을 침탈하여 식민지 정책을 펼쳤고, 그 일제 강점기 내내 우리 민족은 두 가지 부류로 나뉘었다. 착취를 당하며 수동적으로 사는 사람과 일제에 항거하는 적극적인 사람이 그것이었다. 아쉽게도 항일 독립운동가는 또다시 여러 부류로 나뉘었다. 크게 무력 투쟁, 외교 투쟁, 교육 진흥을 추구하는 부류로 분리된 독립운동가들은 통일된 역량을 발휘하지 못했다. 대한민국 임시 정부가 미국을 비롯한 강대국으로부터 정통성을 인정받지 못한 것이나 광복군이 연합국에게 한국의 정규군으로 대우받지 못한 것도 모두 이런 분열이 가져온 비극이었다.

1945년 8월 15일 일본이 연합국에 무조건 항복함으로써 피비린내 나는 전쟁이 끝나고 한국은 일제 군국주의에서 해방되었다. 하지만 해방 이후 정국도 혼란스럽고 음모와 술수가 난무하기는 마찬가지였다. 수구파와 개화파의 자리를 우익과 좌익이 차지한 점만 다를 뿐 우리 민족은 또다시 분열하였다. 거기에서 그치지 않고 좌익도 급진파와 온건파로 나뉘었고 우익도 민족주의자와 친미주의자로 갈려서 정권 투쟁을 벌였다. 이 와중에 민족 통일을 추구하는 중도 온건파는 회색분자로 몰려 중앙 무대에서 점차 배제되었다. 결국 대한민국 초대 정부의 권력은 우익 성향의 이승만이 차지했고 진보 세력은 설 땅을 잃었다. 그런

데다 남한 단독 정부 수립은 표면상 보수 우익의 승리였을 뿐 결국 우리 민족에게 씻을 수 없는 아픔을 안겨 주었다. 한민족 역사상 최대 비극인 6·25 전쟁은 '민족 역량 분열의 사산아'였던 것이다.

우리 민족의 근현대사는 이처럼 큰 상처를 가지고 있다. 하지만 아픔을 피하고자 하는 마음 때문인지 그 실상을 알려 주는 대중 역사서는 드문 편이다.

이에 필자는 1884년 갑신정변 이후부터 1948년 대한민국 정부 수립까지 대한제국 흥망사(大韓帝國 興亡史)와 대한민국 건국사(大韓民國 建國史)를 살펴보았다. 갑신정변은 한국 근현대사의 서막을 연 사건으로 그 의미가 대단히 크며, 대한민국 정부 수립은 민주 정권의 출발로서 의미가 깊다. 더구나 이 기간에는 '대한(大韓)'이라는 자주정신이 면면히 흐르고 있기에 한국인이라면 꼭 알아야 할 사항이 많다.

필자는 우리나라가 어떻게 힘을 잃었는지, 일본이 어떻게 음모를 꾸몄는지 자세히 살펴봄은 물론 당대의 치열했던 재사(才士)와 모사(謀士)들의 두뇌 싸움을 들여다보았다. 사건과 인물 중심으로 그 시대를 비추었으며, 열정에 휩싸인 혁명가와 욕망에 찬 모사의 한판 대결 혹은 매국노들 간의 비열한 암투를 세세히 묘사하였다. 광복 직후부터 대한민국 정부 수립까지의 과정에서도 권력 투쟁 속에 숨겨진 비화를 살펴보았다.

이때 선악 개념으로 인물을 알아보는 것이 아니라 어떤 사건의 앞뒤를 파악하기 위한 과정에서 그들의 역할과 처신을 조명하였다. 더불어 단편적으로 알려졌던 여러 사건들의 내막을 체계적이고 연관성 있게 정리하였다.

또한 정치적 충돌만을 다루지 않고 그때 그 시절의 문화와 생활 풍속을 같이 다룸으로써 현대 문물 유입 과정과 옛사람들의 관습을 엿볼 수 있게 하였다. 대부분의 현대 문명은 이때 들어왔기 때문에 이 시절은 정치적으로뿐만 아니라 문화적으로도 격변의 시기였다. 그러므로 이 책은 구한말 및 현대 문물 풍속사를 담은 근현대 한국인의 초상화라고도 할 수 있다.

　아무쪼록 이 책이 독자 여러분에게 의미 있는 근현대사 여행 도우미가 되기를 기원한다.

차례

제4장 해방 이후

제 1 장

구한말

연줄 값으로 연줄을 만든 김병국

19세기 중엽 조선은 안동 김씨의 수중에 있었고 세도가의 집에는 온갖 뇌물이 가득했다. 특히 김병학, 김병국(金炳國, 1825~1905)[1], 김병기의 집이 몰려 있는 한양 대사동 골목은 항상 사람들로 붐볐으며, 그들의 곳간에는 술과 고기 등 먹을 게 넘쳐났다.

"저것 봐, 하인이 나귀에게 약밥을 물리네."

"사람도 먹기 힘든 걸 나귀에게 먹이다니⋯⋯. 허, 참."

이러한 때 흥선군(興宣君, 1820~1898)[2]은 명색만 왕족일 뿐 경제적으로 어려운 생활을 하고 있었다. 안동 김씨가 왕실과 종친을 감시하며

---

[1] 김병국 : 조선 후기의 문신. 고종 즉위 이전 멸시당하던 흥선군을 각별히 대접하여 고종 즉위 후 요직을 두루 지냈다. 경복궁 중건을 감독하였으며 흥선군의 통상 거부에 동조했다.

위협했기 때문이다. 하여 흥선군은 그 시선을 피해 살아남고자 '천하장안'으로 불리는 건달 천희연, 하정일, 장순규, 안필주 등과 어울려 다니면서 난봉꾼처럼 처신했다. 그 꼴을 보고 사람들은 흥선군을 흉보고 멸시했다.

"하는 짓이라곤 상갓집에 술 얻어먹으러 다니는 일뿐이라니. 영락없는 상갓집 개야. 하하하!"

"궁할 데 비할 바 없으니 궁도령이기도 하지. 허허허!"

이처럼 안동 김씨 대부분은 흥선군을 별 볼일 없는 사람으로 여겼으나 단 한 사람 김병국만은 달랐다. 김병국은 흥선군의 처지를 불쌍하게 여겨 해마다 연(鳶)줄 값을 얼마간 보내 주었다.

"김 대감께서 도련님의 연줄 구입에 보태시라고 이 돈을 전해 드리라 하셨습니다."

심부름꾼이 말한 도련님은 훗날 고종(高宗, 1852~1919)[3]이 되는 흥선군의 둘째 아들을 가리켰다. 당시에는 연초에 연날리기*를 하는 풍속이 있었다. 김병국은 연날리기 비용으로 오십 냥이나 백 냥을 보냈고 어느 해에는 흥선군의 경제적 어려움을 알고 거금 만 냥을 주기도 했다.

'김 대감의 마음 씀이 고맙군.'

흥선군은 안동 김씨를 미워하면서도 김병국에 대해서만큼은 호의를 품었다. 그러다 1863년 12월에 철종(哲宗, 1831~1863)[4]이 후사 없이 승

---

❷ 흥선군 : 조선 말기의 왕족이자 정치가. 조선의 제26대 왕 고종의 아버지이며 이름은 이하응이다. 고종이 왕위에 오르자 외척인 안동 김씨 세력을 누르고 인재를 등용하는 등 내정 개혁을 단행했다. 개항을 요구하는 강대국들의 강요에 맞서 수교를 거부하는 정책을 펼쳤다.

❸ 고종 : 조선의 제26대 왕. 일본을 비롯한 열강의 내정 간섭을 겪었다. 1897년 국호를 대한으로 고쳤으나 1907년 헤이그 밀사 사건으로 퇴위되었다.

❹ 철종 : 조선의 제25대 왕. 1849년부터 1863년까지 재위하였다. 재위 기간 동안 안동 김씨의 세도 정치로 백성의 생활이 도탄에 빠졌다.

하했고, 은밀하게 왕궁 내 최고 어른인 조 대비와 손잡으며 기회를 엿보아 온 흥선군은 아들을 조선 제26대 왕으로 등극시키는 데 성공했다.

"안동 김씨를 모두 없애야겠노라."

조 대비는 수렴청정(垂簾聽政 : 어린 임금이 즉위했을 때 왕대비나 대왕대비가 임금을 도와 정사를 돌보던 일)을 하게 되자 그동안 당해 온 일들이 분한 까닭에 안동 김씨 박멸을 추진했다. 이에 따라 안동 김씨 실권자 중 한 사람인 김병국의 목숨도 위태로워졌다. 사태의 심각함을 직감한 흥선군은 김병국을 불러 조용히 말했다.

"당장 백만 냥을 마련해 오오."

말뜻을 알아차린 김병국은 그 길로 백만 냥을 변통해서 홍선군에게 갖다 바쳤다. 홍선군은 그 돈을 조 대비에게 바치며 김병국을 위한 구명 운동에 나섰다. 결국 김병국은 살아남았고 얼마 뒤에 이조판서로 기용되었다. 김병국이 홍선군에게 연줄 값을 준 일이 만약을 대비했던 것인지 단순한 동정심 때문이었는지는 모르겠지만, 결과적으로 그 일은 새로운 권력 지형에서 행운의 연(緣)줄로 작용한 셈이다. 이를 두고 세간에서는 이렇게 말했다.

"김병국 대감의 목숨은 연줄이 이어 주었구먼."

"연(鳶)줄 값으로 연(緣)줄을 만든 셈이야."

"안동 김씨의 세도 값이 백만 냥이네그려."

• 연날리기 풍속의 유래와 의미

'연(鳶)'이란 종이에 대나무 가지를 붙이고 실로 꿰어서 공중에 날리는 장난감이다. 연을 의미하는 한자 鳶(소리개 연)은 솔개의 상형 문자이다.

연은 하늘을 향한 동경심에서 만들어졌다. 연을 날리는 순간 새와 같은 자유를 느끼며 자연과의 일체감을 느낄 수 있기 때문이다. 그런데 초기의 연은 장난감이 아니라 부적이었다. 고대 중국에서는 누군가 재앙을 입었을 경우 그의 이름을 연에 써서 높이 띄운 뒤 연줄을 끊어 버렸다. 이렇게 하면 연이 재앙을 싣고 멀리 사라져 버린다고 믿었던 까닭이다. 중국에서는 지금도 이런 풍속을 이어 가고 있다.

우리나라에서도 음력 정월 대보름날이 되면 한 해의 액운을 날려 보내고자 액막이용 연을 날리는 풍속이 있었다. 이런 행사를 '악막이' 혹은 '액막이'라고 했다. 이때 연의 꼬리에 厄(액), 送厄(송액), 送厄千里(송액천리)라고 써서 해질 무렵에 연줄을 끊어 버리고 연을 날려 보냈다. 이렇게 하면 그해의 재앙이 멀리 떠나갈 것이라고 믿었다. 그리고 그 이튿날부터는 연을 띄우지 않았다. 또한 연을 날릴 때에는 되도록 연줄을 길게 풀면서 오래 살기를 기원했다. 권세 있는 가문에서는 화려한 연을 날려 자손의 안녕과 장수를 축원하였다.

한편 연날리기에서 '꼬드기다'라는 말이 생겼다. 본래 '꼬드김'은 연날리기를 할 때 연이 높이 올라가도록 연줄을 잡아 젖히는 기술을 가리켰다. 그런데 연을 꼬드겨서 높이 움직이게끔 조종하는 모습이 마치 남의 마음을 부추겨 움직이게 하는 것과 비슷했다. 그래서 '꼬드기다'라는 말을 '어떠한 일을 하도록 남의 마음을 꾀어 부추기다.'라는 뜻으로도 쓴다.

이용익,
금덩어리를 캐서 나라에 바치다

1854년 함경북도 명천에서 가난한 말 장수의 아들로 태어난 이용익(李容翊, 1854~1907)은 어려서부터 아버지를 자주 따라나섰다. 깊은 산골짜기에서 여기저기로 몇십 리 혹은 몇백 리씩 다니는 일은 쉽지 않았다. 하지만 어린 이용익은 제법 잘 걸었다. 이용익의 걸음은 나날이 빨라져서 급기야 말 꼬리를 잡고 뛸 정도가 되었다. 하여 이용익이 대단히 잘 걷는다는 소문이 동네에 자자했다.

"하루만 가마꾼 좀 되어 다오."

"네, 그리하겠습니다."

이용익이 열일곱 살이던 때의 어느 날 이웃집에서 시집가는 색시의 가마꾼이 되어 달라고 부탁하자, 그는 웃으면서 응했다. 이용익은 가벼운 마음으로 신행 가마(혼인할 때 신랑의 집으로 가는 신부의 가마)의 앞에 서서 길을 나섰다. 사람들은 신행 가마 지붕에 호랑이 가죽 무늬 담요를 씌워 놓으면 잡귀로부터 신부를 보호할 수 있다고 믿었지만, 어린 신부는 가마 안에서 다가올 앞날에 대한 기대와 두려움으로 마음을 졸이고 있었다.

"길을 비켜라!"

이용익은 신행 중간에서 마주 오는 다른 신행 가마꾼으로부터 위와 같은 말을 듣고 맞받아쳤다.

"그쪽이 비키시오!"

"뭐라? 이놈이 어딜 감히!"

두 가마는 서로 상대에게 양보를 요구하다가 언쟁을 벌였으며, 이 일로 이용익은 관(官)에 끌려가는 신세가 되었다. 상놈이 양반 가마에 대들었다는 이유에서였다. 이용익은 석 달 동안 옥살이를 하면서 속으로 굳게 다짐했다.

'돈이라도 많이 벌어서 떵떵거리고 살자!'

이용익은 감옥에서 나온 후 등짐장수로 전국을 떠돌아다니며 어떤 일을 해야 돈을 많이 벌 수 있는지 알아보았다.

"단번에 돈 버는 데에는 금점(金店)이 최고지!"

금점은 황금을 채굴하기 위한 금광(金鑛)을 가리키는 말이다. 그 무렵 함경도에는 금점 열풍이 불어 많은 사람들이 너도나도 금을 찾아 나섰다. 러시아 상인들이 조선인과 거래하면서 무엇보다 금을 가장 높은 값으로 쳐주었기에 그러했다. 함경도 사람들은 잠채(潛採), 즉 몰래 금을 캐어 러시아 상인에게 팔아넘겨서 짭짤한 수익을 올렸다. 이용익도 어디에 금이 있을지 촉각을 곤두세우다가 어느 산골 주막에서 단천 고불티 고개에 있는 폐금광에 관한 소문을 들었다. 한 광부가 말하길, 고불티 고개 아래에 큰 금광이 있는데 어디선가 거대한 구렁이가 나타나 세 사람을 연달아 목 졸라 죽이는 바람에 폐광이 되었다고 했다. 이용익은 그 말을 듣고 속으로 쾌재를 불렀다.

'이것은 내 인생을 바꿀 수 있는 절호의 기회로다!'

이용익은 금광을 캐려고 인부를 구했으나 아무리 후한 품삯을 준다고 해도 아무도 나서지 않았다. 사람들은 오히려 괜한 욕심 부리다 횡액(뜻밖에 닥치는 불행)을 당한다며 이용익을 말렸다. 별수 없이 이용익은 혼자서 산에 올라 폐광으로 들어가서 무작정 땅을 팠다. 그러나 금맥은 커녕 황금의 그림자도 발견하지 못했다. 행여 나타날까 두려운 구렁이도 보이지 않았다. 이용익은 여름과 가을, 겨울이 지나도 금을 찾지 못했다. 상황이 이러하니 보통 사람 같으면 포기할 만한데 그는 달랐다.

'금은 분명히 있을 것이다. 내가 아직 찾지 못했을 뿐이다.'

이용익은 등짐장수로 번 돈을 모두 써 가며 이듬해에도 그다음 해에도 폐광 근처를 샅샅이 파헤쳤다. 그러다 마침내 금맥을 발견하였고, 두 관 여섯 돈가량 되는 황금 덩어리를 손에 쥐었다. 이용익은 노다지*를 캤음에 감격스러워하다가 기절했다. 황금 찾기에 나선 지 4년 만의 일이었다.

이용익은 그길로 한양으로 가서 고종에게 황금을 헌상하였다. 감격한 고종이 헌금에 대한 상을 묻자 이용익은 금광 채굴을 청원했고 고종은 이용익의 청을 윤허(임금이 신하의 청을 허락함)했다. 이후 이용익은 다른 금광에서 발견한 황금을 또다시 헌상하는 충성을 보였다. 고종은 이용익을 크게 신임하여 여러 벼슬을 내렸고 1897년에는 왕실 재정의 책임자인 내장원경으로 발탁하였다. 이용익은 광산 사업을 직접 챙겨 국고 수입을 늘렸다. 고종은 이용익을 국가 재정 최고 책임자인 탁지부 대신으로 등용하면서 더욱 신임하였다.

한편 이용익은 시종 친러 반일의 정치적 입장을 유지했다. 이용익은 일본 세력을 가장 경계했기에 근공원교(近功遠交 : 가까이 있는 나라를 공격하고 멀리 있는 나라와 교류함) 정책으로 러시아를 이용해 일본의 침략을 물리치려 한 것이다. 그러나 러일 전쟁 이후 해외를 유랑하면서 구국 운동을 전개하다가 뜻을 이루지 못한 채 객사했다.

• 노다지의 어원

'노다지'는 캐내려 하는 광물이 많이 묻혀 있는 광맥이나 필요한 물건이 많이 나오는 곳, 또는 손쉽게 많은 이익을 얻을 수 있는 일감을 뜻하는 말이다.

노다지란 말은 외세 침탈이 자행되던 구한말에 생겼다. 인천 개항 이래 외국인들의 회사가 전국에 많이 설립됐는데 그중 동양합동광업주식회사란 채광 회사가 있었다. 당시에 평안북도 운산은 금광으로 유명했다. 이 회사는 운산 금광의 광업권을 가지고 있어 1900년부터 12년간 금광석 292만여 톤을 채굴하였다. 무척 많은 금이 나왔기에 운산 금광에는 서양인 기술자도 제법 많이 근무했다. 예를 들어 1903년에는 서양인 70여 명이 조선인 광부보다 스무 배 많은 봉급을 받고 일했다.

그 당시 운산 금광에서 엄청나게 많은 금이 쏟아져 나오자 서양인들은 우리나라 광부들에게 손대지 말라는 경고로 "노 터치(No touch)!"를 연발하며 뛰어다녔다. 이 말을 우리나라 사람들은 '노다지'로 들었다. 금이 막 쏟아져 나올 때마다 서양인들이 "노 터치, 노 터치!" 하니까 우리나라 사람들은 '손을 대지 마라.'라는 뜻인 줄 모르고 '막 쏟아져 나오는 보물'이라는 뜻으로 이해했던 것이다. 여기서 우리가 현재 사용하는 노다지란 말이 나왔다.

일본이 1876년 강화도에서
군함으로 시비 건 이유

"저기 나타난 큰 배는 뭐지?"

"못 보던 배인데 깃발이 없어서 어느 나라 배인지 모르겠네."

1875년 9월 20일 오후 4시경, 강화도 초지진(조선 시대의 요새)을 지키던 조선 병사들은 해안에 나타난 큰 군함을 보고 바짝 긴장했다. 다른 나라 배라면 마땅히 국기를 달고 다녀야 하는데 국기 없는 군함이 위협적으로 등장했기 때문이다.

얼마 후 군함에서 작은 보트를 내리더니 총으로 무장한 병사 14명이 보트를 타고 해안에 접근했다. 이에 조선 병사들은 그들이 접근하지 못하도록 대포를 쏘았다. 그러자 보트 뒤에 있는 군함에서 조선 병사들을 향해 대포를 쏘아 무장 병사들을 도왔다. 양방 간에 치열한 전투가 벌어졌다. 하지만 무장 병사들은 땅을 밟지 못하고 군함으로 돌아갔다.

이튿날 오전 8시경 무장 병사들은 군함에 일본 국기를 게양한 다음 다시 초지진을 공격해 왔다. 하지만 이날도 조선 병사들이 잘 대응하여 일본군이 땅에 오르지 못하게 했다.

그러나 3일째인 22일 새벽, 일본군 병사들이 영종도를 기습 공격하여 조선 병사 35명을 죽이고 16명을 생포했으며 대포 38문을 빼앗았다. 일본군은 아무 이유도 없이 멋대로 강화도에 있는 조선의 군사 진지를 공격한 것이다.

그런데도 군함 운양호(雲揚號) 함장 이노우에는 일본으로 돌아가 작성한 보고서에서 이른바 '운양호 사건'을 하루 동안에 벌어진 일로 조작했다. 게다가 "군함에 일본 국기를 달았는데도 조선군이 먼저 공격했기 때문에 부득이 맞대응했다." "보트에 병사를 실어 보낸 건 마실 민물을 얻기 위해서였다."는 거짓 내용으로 군사적 침략을 정당화시키려 했다.

위 내용만 보면 하루든 사흘이든 간에 일본이 우연히 강화도를 공격한 것처럼 보이지만 실제로는 그렇지 않다. 일본은 어떻게 해서든 조선에 겁을 줘 문호를 열게 할 계획을 4개월에 걸쳐 세웠으니 말이다.

일본은 1854년 미국으로부터 개항을 강요당한 그 방법을 조선에 적용했다. 미국에게 배운 그대로 군사적 힘을 과시하고자 한 것이다. 일본은 강화도 침략에 앞서 1875년 5월 해안을 측량한다는 이유를 둘러대며 부산 앞바다로 군함 세 척을 파견하고는 훈련을 한다며 함포를 쏘았다. 제1차 군사 도발이었다. 그리고 9월 19일 다시 운양호를 강화도 앞바다로 보내 자신들이 짠 각본대로 초지진을 공격했다. 강화도는 조선의 중요한 군사 기지로서 병인양요(丙寅洋擾)❶와 신미양요(辛未洋擾)❷ 이후 낯선 배를 늘 경계해 왔다. 그래서 조선 병사들은 즉시 응징에 나설 수 있었다. 그렇지만 어처구니없게도 조선 병사들은 적국 군함 단 한 척의 공격에 무너졌다. 신식 무기를 갖추고 잘 훈련된 일본 병사를 당할 수 없었던 까닭이다.

사건 후 일본은 군함을 여러 차례 파견해 계속 위협하면서 조선 정부에 이렇게 요구했다.

"빨리 잘못을 사과하고, 조선 바다를 자유롭게 항해할 수 있도록 허용하고, 강화도 부근 항구를 열어라."

그 무렵 군사적으로 대응할 힘이 없었던 조선은 결국 1876년 2월 26일 조일 수호 조규*를 체결하였다.

---

❶ **병인양요** : 1866년(고종 3)에 프랑스 함대가 흥선군의 천주교 탄압(병인박해)을 구실로 강화도를 침범한 사건.
❷ **신미양요** : 1871년(고종 8)에 미국 함대가 강화도 해협에 침입한 사건.

• 조일 수호 조규의 의미

1876년 2월 26일 조선 전권대신 신헌(申櫶, 1810~1884)과 일본 특병전권대신 구로다 기요타카[黑田淸隆, 1840~1900]는 강화부 연무당에서 모두 12개조에 이르는 조약문에 서명했다. 정식 명칭으로는 '조일 수호 조규(朝日 修好 條規)', 일명 '강화도 조약'이 체결된 것이다.

이날은 한일 양국의 근현대사에서 매우 상징적인 날이었다. 조선은 강화도 조약 이후 제국주의 침략의 목표물로 전락하여 하나둘씩 가진 것을 빼앗기다가 끝내는 주권까지 빼앗긴 데 비해 일본은 이 조약을 계기로 세계열강의 하나로 떠오르면서 제2차 세계 대전의 패전국이 되는 1945년까지 승승장구했기 때문이다.

강화도 조약은 명목상으로 우리나라가 중세 국가에서 벗어나 세계 근대사에 한 나라로 당당히 등장하는 계기였다. 다시 말해 그전까지 조선은 청나라의 속국이었지만 이 조약으로 청나라와 평등한 나라가 된 것이다.

그러나 실질적으로 이 조약은 우리나라가 일본의 침략을 전혀 방어할 수 없도록 하는 불평등 조약이었다. 3개 항구 개항을 통해 침략 무역이 가능해졌고, 조선 내 일본인의 치외 법권을 인정함으로써 그들의 탈법을 막을 제도적 장치가 없어졌다. 뿐만 아니라 우리나라는 이 조약 체결을 계기로 이후 미국, 영국, 러시아 등 다른 나라들의 무리한 요구를 감수할 수밖에 없는 처지가 됐다. 강화도 조약을 고종의 능동적인 대응의 결과물이라고 보는 시각도 있다. 그러나 일본은 이 조약을 기점으로 조선 침탈의 문을 열었다.

요지경과 성냥 그리고 개화파

"중국이 서양 세력의 반식민지처럼 되고 있다니!"

1870년대 초 중인(조선 시대에 양반과 평민 중간에 있던 신분 계급) 출신의 유홍기(劉鴻基, 1831~?)[1]는 역관 오경석(鳴慶錫, 1831~1879)[2]이 중국에서 구해 온 여러 서적을 읽고 서양 제국의 실체와 문물을 알게 되었다. 두 사람은 개국에 적극적이었던 우의정 박규수(朴珪壽, 1807~1877)[3]와 교류하며 초기 개화파 인재들을 적극 모았다. 이에 김옥균(金玉均,

---

[1] **유홍기** : 조선 후기의 개화 사상가. 김옥균, 박영효 등 갑신정변(甲申政變)을 주도하는 인물들을 지도했다. 갑신정변이 실패한 뒤 행방불명되었다.

[2] **오경석** : 조선 후기의 역관이자 서화가. 중국 물건을 많이 수집하였으며 글씨와 그림에 능했다.

[3] **박규수** : 조선 후기의 문신. 실학자 박지원(朴趾源, 1737~1805)의 손자이다. 1866년(고종 3) 평안도 관찰사를 역임할 때 미국 함선 셔먼 호가 대동강을 거슬러 오자 셔먼 호를 불태우라고 명령하였다. 이 사건으로 미국은 강화도 해협에 침입해 통상 조약을 요구하는 신미양요를 일으켰다.

1851~1894)❹, 박영효(朴泳孝, 1861~1939)❺, 홍영식(洪英植, 1855~1884), 서광범(徐光範, 1859~1897) 등 쟁쟁한 젊은이들이 모여들었고 이들은 자연스레 친분을 맺었다.

김옥균은 1872년 장원 급제한 인재이고, 김옥균보다 열 살 아래인 박영효는 1872년 영혜옹주(永惠翁主)의 부마(駙馬 : 임금의 사위)로 결정된 철종의 사위였다. 홍영식은 영의정 홍순목의 아들이며, 서광범은 참판 서상익의 아들이었으니 모두 남부러울 것 없는 사람들이었다.

"반갑소. 우리 힘을 모아 뜻을 펼쳐 봅시다."

"혼란에 빠진 조국을 구하는 일에 일생을 걸겠습니다."

1877년에 박규수, 1879년에 오경석이 죽은 뒤에는 유홍기가 혼자서 개화파 청년들을 지도했다. 그 무렵 유홍기는 김옥균에게 신비스런 인물인 개화승 이동인(李東仁, ?~1881)을 소개해 주었다. 이동인은 부산 범어사(梵魚寺) 출신의 승려로 메이지 유신(1868) 이후 일본의 발전에 관심을 가지고 일본에 밀항하여 현지를 시찰한 개화파의 선구자였다. 유홍기의 집에서 이동인을 만난 김옥균은 그와 대화를 나누면서 많은 감명을 받았다.

1879년의 어느 날이었다. 김옥균이 동지들에게 말했다.

"우리 오늘은 절에 놀러 가세."

"절이라니요?"

"가면 만나 볼 만한 사람이 있다네."

---

❹ **김옥균** : 조선 후기의 정치가. 급진 개화파의 지도자로 갑신정변을 주도했다.
❺ **박영효** : 구한말의 정치가. 김옥균과 함께 갑신정변을 일으켰으나 실패한 후 일본으로 망명하였다. 이후 1907년에 귀국해 이완용(李完用, 1858~1926) 내각의 궁내부대신 등을 지냈다.

김옥균 일행은 서대문 바깥에 있는 봉원사(奉元寺)로 갔고 그곳에서 이동인을 만났다. 김옥균이 이동인에게 말했다.

"그것 좀 보여 주겠나?"

잠시 후 이동인은 요지경(瑤池鏡)을 가지고 와서 일행에게 내놓았다. 요지경이란 들여다보는 구멍이 있는 상자로, 확대경을 장치해 놓고 그 속의 여러 가지 재미있는 그림을 돌리면서 구경하는 장난감을 말한다.

"그 속을 들여다보게나."

김옥균의 말에 따라 차례로 눈을 대고 속을 보니 유럽 여러 나라의 도시 모습과 군대가 보였다. 생전 처음 대하는 요상한 물건이었다. 모두 그저 입을 떡 벌리며 '우리도 어서 개화를 하여 저렇게 되어야만 한다.'라고 생각했다.

"자네는 어디서 이것을 얻었나?"

"소승은 부산에 오래 있어서 왜국 말을 다소 압니다. 그리고 왜국에도 갔었지요. 거기서 얻어 온 것입니다."

"이런 신기한 물건을 더 가져올 수 있겠나?"

"예. 돈과 몇 달 시간을 주시면 다녀오겠습니다."

"돈은 내가 대겠으니 수고 좀 해 주게."

이동인은 그해 8월 김옥균과 박영효의 지원을 받아 일본으로 밀항하여 일본 정세를 살피면서 신기한 서양 문물을 구입했다. 1880년 6월 사신으로 일본에 간 김홍집(金弘集, 1842~1896)[6]은 그곳에 체류하고 있는 이동인을 발견했는데, 그 당시 이동인은 김옥균의 부탁을 받고 서적

---

❻ 김홍집 : 구한말의 정치가. 청일 전쟁 후에는 내각을 조직하고 총리대신이 되어 갑오개혁을 단행했다. 1896년 러시아 세력이 커지면서 내각은 붕괴하였고, 김홍집은 폭도들에 의해 살해되었다.

과 물품을 구입하기 위하여 왔노라 대답했다고 한다.

　1880년 여름 이동인은 일본에서 많은 것을 가지고 조선으로 돌아왔다. 그 소식을 듣고 김옥균 일행은 다시 봉원사로 찾아갔다.

　"이걸 보십시오."

　이동인은 손바닥에 들어갈 정도의 작은 상자를 꺼내면서 말했다. 김옥균 일행은 그 상자를 주시했다. 이동인은 작은 상자에서 가느다란 나뭇개비를 하나 꺼내어 상자 표면에 대고 빠른 손놀림으로 획 그었다. 그러자 불이 확 일어났다.

　"오호!"

　"놀랍군! 서양 문물은 꼭 마술 같아."

모두 혀를 차고 감탄하였다. 그것은 성냥*이었다. 타오르는 성냥 한 개비는 단순한 불쏘시개로 그치지 않고 개화파 젊은이들의 가슴에 하루빨리 개화해야겠다는 마음에 불을 지르는 데 큰 역할을 했다. 이후 김옥균 일행이 이동인이 가져온 서양 문물 소개 서적들을 밤새우며 읽은 것도 그 때문이다.

• 성냥의 어원과 유래

'성냥'이란 마찰에 의하여 불을 일으키는 물건을 말한다. 성냥이라는 단어는 원래 한자 '석류황(石硫黃)'에 기원을 두고 있다. 옛날 석류황은 얇은 나뭇조각 끝에 유황을 묻혀 불이 옮겨붙게 한 물건이었다. 이 석류황이 우리말에 나타난 시기에는 맞춤법상으로 우리말 한자음에 따라 쓰이다가 이후 음운 변화 규칙에 따라 동화 현상의 영향을 입어 '석뉴황'으로 발음되었다. 그 후 이 단어가 자주 쓰이게 되는 과정에서 히읗 소리가 빠져 발음이 '성냥'으로 변했다.

현재와 같은 성냥은 1845년 오스트리아 화학자 안톤 폰 슈뢰터가 만들었다. 그는 독성이 없고 자연 발화를 하지 않는 붉은 인으로 성냥의 머리 부분을 만들고 특수한 마찰 면을 분리시킨 성냥을 처음 선보였다. 안전성냥은 1856년 스웨덴 사람 욘 뢴트스트롬이 발명했다. 이전의 성냥은 거친 표면 어디에든 마찰시키면 점화되는 데 비해 안전성냥은 화학 처리된 사포에 마찰시킬 때만 점화되므로 상대적으로 화재 위험으로부터 안전했다.

우리나라에서는 예부터 소나무를 얇게 깎고 그 끝에 황을 찍어 말린 것을 화로에 보존한 불씨에 붙여서 발화시키는 방법을 사용했다. 1880년 이동인이 일본에서 성냥을 들여왔지만 당시에는 성냥이 대중화되지는 못했다.

1910년대에 일본인이 인천에 '조선성냥' 공장을 세우고 성냥을 비싼 값으로 팔기 시작했다. 1920년대에 인천 금곡동 일대는 성냥 공장이 즐비했으며 이로 인해 인천은 성냥 공장의 대명사로 통했다. 그 후 다른 지역에도 성냥 공장이 설립됐지만 일제 강점기 내내 일본인이 시장을 독점했다. 1945년 광복 이후 한국인이 인천에 성냥 공장을 세웠고 이후 성냥은 생활필수품처럼 사용되었다. 1970년대에 '인천에 성냥 공장 아가씨'란 통속가요가 유행한 것은 이런 배경을 안고 있다.

신사유람단과
태극기 탄생 배경

"민씨 일파의 견제가 무척 심합니다."

서구 세력이 조선에 서서히 모습을 드러내던 1880년대 초 개혁의 길은 쉽지 않았다. 개화파는 세력이 약했기에 민씨 일파로 대변되는 수구 세력을 넘어서기 힘들었다.

"우선 일본에 가서 우리 눈으로 외국 문물을 살펴봅시다."

김옥균, 박영효, 서광범 등은 외국을 시찰하여 세계정세와 문물제도를 살필 필요가 있음을 통감하고 함께 일본에 건너가기 위한 방법을 세웠다. 마침 1880년 수신사(修信使 : 구한말 일본에 보내던 외교 사절)로 일본을 다녀온 예조참판 김홍집이 개화 정책을 적극 건의하면서 1881년 3월 일본에 파견될 신사유람단(紳士遊覽團 : 새로운 문물제도 시찰을 위해 일본에 파견된 시찰단)이 조직되었다.

하지만 김옥균, 박영효, 서광범 등 친일 성향의 개화파 인사는 그 명단에 끼지 못했다. 박정양, 엄세영, 어윤중, 홍영식 등이 정식 위원에 임명되었고 그 밑에 각각 이들을 보조하는 수행원, 통역사, 심부름꾼을 한 명씩 대동하여 평균 다섯 명으로 한 반을 편성하였던 것이다.

그나마 신사유람단에 선발된 사람들도 모두 암행어사 신분으로 1월부터 민정을 살피면서 부산까지 개별 당도할 만큼 일본에 대한 백성들의 적대감이 심각했다. 전국 각지에서는 개화 정책을 비판하는 유생들의 운동이 활발하게 전개되고 있었다.

"폐하, 소신에게 나라를 위해 일할 기회를 주옵소서!"

그렇다고 그대로 있을 김옥균이 아니었다. 어렵게 고종으로부터 허락을 받은 김옥균은 1881년 11월 홀로 인천을 떠나 일본으로 건너갔다. 김옥균이 서른한 살 되던 해였다. 이때 김옥균은 일본의 실정을 탐지하기 위하여 어윤중의 일본 시찰기인 『중동기』를 품에 지녔다. 책의 내용을 현지에서 비교하고 확인하기 위해서였다.

'참으로 놀랍군. 기계 문명은 삶의 질을 높이는 지름길이 틀림없겠어.'

김옥균은 일본의 비약적인 발전에 연신 감탄했고, 신사유람단 일행 모두 비슷한 충격을 받았다. 신사유람단은 약 4개월 동안 일본에 머물면서 도쿄와 오사카는 물론 그 주변 지방까지 나가서 문교, 내무, 농상, 외무, 군부, 대장(大藏 : 국가 재정) 등 주요 정부 시설과 세관, 조폐 등 중요 부문 및 제사(製絲 : 고치나 솜으로 실을 만드는 일), 잠업(蠶業 : 누에를 치는 일) 등을 골고루 시찰했다.

신사유람단으로부터 보고를 받은 고종은 더욱 강한 개화 의지를 가졌고 개화파 인사들을 적극 등용하였다.

한편 김옥균은 반년 만에 귀국길에 올랐는데 그 무렵 조선 정세는 크게 요동치고 있었다. 이른바 임오군란(壬吾軍亂, 1882)이 일어나 왕비의 한성 탈출, 고위 관리 학살, 흥선 대원군 재등장, 일본 공사관 습격 등과 같은 사건이 연이어 발생한 것이다. 김옥균이 한성에 도착했을 때 정국은 또 뒤바뀌었으니 대원군은 민씨 일파의 책략으로 청나라에 납치당하고 민씨 세력이 정권을 다시 잡았다.

"조선 정부는 공사관 피해에 대해서 즉각 배상해 주시오."

일본이 위와 같이 임오군란에 의한 손해 배상을 강력히 요구해 오자 조선 정부는 일본의 요구를 일일이 수락하는 제물포 조약(1882)을 체결하고 그해 9월 박영효를 수신사로 하여 일본에 파견하였다. 김옥균은 민영익(閔泳翊, 1860~1914)과 더불어 고종으로부터 별도 밀명을 받고 동행하였다. 이때 개화파 인사들은 임오군란 이후 청나라의 강압적인 간섭과 비열할 만큼 친청적인 민씨 일파의 태도에 분개하였으며, 조선이 힘이 없어 독립성을 가지지 못하는 것을 아쉬워했다.

"조선이 자주 독립 국가임을 분명히 알려야 합니다."

태극기*는 이런 시대 배경을 안고 태어났다. 박영효 일행은 일본으로 가는 메이지마루(明治丸) 호 선실 속에서 국가의 독립성을 상징하는 태극기를 만들어 선상에 내걸었으며, 일본에 도착한 뒤에도 그들이 거처하는 숙소에 태극기를 내걸었다. 1882년 10월 2일 일본 「시사신보(時事新報)」는 다음과 같은 기사로 당시 상황을 전했다.

"박영효 일행이 일본행 메이지마루 선상에서 태극기를 그렸으며 같은 달 25일 고베 항에 도착한 뒤 수신사 숙소인 니시무라야[西村屋] 여관 옥상에 게양했다."

• 태극기의 유래와 의미

국기(國旗)는 한 나라를 상징하는 깃발인데 우리나라의 경우 1880년대에 제정되었다. 그 이전에는 왕실을 상징하는 어기(御旗)를 사용했다. 1876년 운양호 사건 때 일본은 다음과 같이 국기를 들먹이며 조선 정부에 트집을 잡았다.

"운양호에는 일본 국기가 걸려 있었는데 왜 포격을 가했는가?"

이로 인해 조선 정부는 국기 제정의 필요성에 대해 논의하기 시작했고 이때 태극(太極)무늬와 4괘(四卦)에 대한 의견이 나왔다. 그렇지만 확실하게 결정짓지는 않았다. 그러다 1882년 박영효 일행이 일본으로 건너갈 때 일전에 조정에서 의논했던 내용을 참조하여 태극기를 만들었다.

태극기는 1883년(고종 20) 3월 6일 국기로 제정되었으며, 태극과 4괘의 형태나 모양은 조금씩 변화를 겪으면서 현재에 이르렀다. 현재 태극기는 흰색 바탕에 태극 무늬를 가운데에 두고 검은색 건곤리감(乾坤離坎) 4괘가 네 귀에 위치해 있다.

그 의미를 살펴보면 태극은 우주 자연의 생성 원리를 상징한다. 빨간색은 양(陽)을 의미하고, 파란색은 음(陰)을 의미하여 창조성 혹은 상호 보완적 진리를 뜻한다. 4괘의 '건'은 하늘, 봄, 동쪽, 인(仁)을 의미하고 '곤'은 땅, 여름, 서쪽, 의(義)를 뜻하며 '이'는 해, 가을, 남쪽, 예(禮)를, '감'은 달, 겨울, 북쪽, 지(智)를 뜻한다.

임오군란과 양복
그리고 친일파의 유래

"죽여라! 부패한 관리들을 한 놈도 남기지 말고 죽여라!"

1882년 7월 17일 구식 군대가 변란을 일으켰으니 이른바 임오군란
이었다. 구식 군인들이 들고일어난 데에는 이유가 있었다. 강화도 조약
이후 정부의 군비 강화 정책에 따라 1881년 신식 군대 별기군이 설치
되고 일본인 교관이 훈련을 맡았다. 이와 더불어 집권 세력인 민씨 일
파와 일본은 구식 군대를 노골적으로 차별했다. 자연히 구식 군인들은
민씨 일파와 일본을 증오하기 시작했다.

"아니, 이게 뭡니까?"

그러던 중 선혜청(조선 시대에 세금으로 거두어들인 대동미 등의 출납을 관리
하던 관아) 관리들이 농간을 부려 구식 군인에게 지급하는 양곡에 겨와

모래를 섞어 주었다. 그렇지 않아도 급료가 십삼 개월이나 밀려 구식 군인의 불만이 잔뜩 쌓여 있던 터였기에 이런 짓은 울고 싶은 아이 뺨을 때려 준 격이었다. 성난 군인 중 일부가 선혜청 고지기(관아 창고를 보살피고 지키는 사람)를 때렸다.

"이걸 먹으라고? 우리 보고 죽으라는 것이냐!"

사건은 이처럼 우발적으로 일어났다. 그런데 소식을 들은 선혜청 당상관 민겸호(閔謙鎬, 1838~1882)가 고지기를 나무라기는커녕 오히려 폭행에 나선 구식 군인들을 잡아 가둬 버렸다. 그러자 구식 군인들이 일제히 봉기했다.

"굶어 죽으나 맞아 죽으나 마찬가지니 아예 척족을 죽여 버립시다!"

"그전에 대원군을 찾아가서 우리의 억울한 심정을 호소합시다!"

난병(亂兵)들은 운현궁으로 몰려가서 대원군에게 울면서 그간의 사정을 말했다. 대원군은 표면적으로는 그들을 달래면서 난병 지도자 유춘만, 김장손 등에게 계책을 주었으며 한편으로 자신의 심복 허욱으로 하여금 난병을 지휘하도록 했다. 이리하여 구식 군졸들의 불평은 대원군과 연결되어 민씨 및 일본 세력 배척 운동으로 확대되었다.

난병들은 두 부대로 나뉘어 즉각 행동에 돌입했다. 제1대는 민태호를 비롯한 척신들의 집을 습격하고, 다른 1대는 별기군 병영에 몰려가 일본 교관 호리모도 등 일본인 13명을 죽였다. 이튿날에는 일본 공사관을 부수었다. 기세를 올린 군졸들은 궁궐에 난입하여 민겸호를 죽이고 민비(閔妃, 1851~1895)[1]마저 해치려 하였다. 그러나 민비는 황급히 옷을

---

❶ 민비 : 조선의 제26대 왕 고종의 비, 명성 황후(明成 皇后)라고도 한다. 정치적으로 대원군과 반대 입장을 취했으며 대원군의 집권을 물리치고 고종의 친정을 실현하였다. 일본 세력이 강할 때 친러시아 정책을 펼쳤다가 일본에 의해 피살되었다.

갈아입고 궁중을 탈출하여 충주로 피신했다. 민씨 일파는 은밀히 중국 톈진에 가 있던 김윤식에게 통지하여 청군 개입을 요청했고, 청국 정부는 재빠르게 군사 4만 5천 명을 보냈다. 청나라 장군 오장경이 흥선 대원군에게 사람을 보내 정중히 말했다.

"저희 병영으로 한번 오시지요."

사건은 싱겁게 끝나고 말았다. 청군은 대원군을 납치하여 청나라로 끌고 갔으며 압도적 병력을 내세워 구식 군인들을 진압하였다. 일본도 급히 군함 4척과 보병 약 1개 대대를 파견했으나 청나라의 신속한 조치에 비해 한발 늦었다. 하지만 일본은 강경한 태도로 조선 정부에게 책임을 물어 8월 30일 제물포 조약을 체결하여 사건을 일단락 지었다.

"아무래도 일본이 비난을 많이 하겠지요."

"우리의 처지가 난감하니 어떤 냉대도 각오합시다."

임오군란 후 조선 정부는 일본으로 수신사를 보냈는데, 명색으론 외교 사절이었지만 실제는 사과하러 가는 사죄단(謝罪團)이나 다름없었다. 그러므로 일행은 일본으로부터의 어떠한 비난이나 냉대도 미리 각오하였다.

일본은 교활했다. 수신사 일행의 예상과 달리 일본은 매우 정중하게 수신사를 맞이한 것이다. 일본 정부는 조선의 개혁 정치가들을 잘 대접하여 친일 성향으로 만들고자 본심을 감추고 그리하였던 것이다.

"우리 일본은 조선에게 매우 우호적인 나라입니다."

일본은 개화파 요인들을 여기저기 안내하며 선진 문물을 보여 주었고, 여러 나라의 외교 사절들도 소개해 주었다. 김옥균은 그때 일본의 힘을 빌려 조선을 개혁할 꿈을 꾸었으며, 일본의 잘 닦인 도로(道路)*를 보면서 그 중요성을 간파했다.

김옥균 일행이 서양 문물의 상징인 양복을 처음 입어 본 것도 이때였다. 따라서 우리나라 사람 중에서 최초로 양복을 입은 이는 개화파 인사였다. 김옥균, 서광범, 유길준(兪吉濬, 1856~1914) 등은 미국 선교사의 권유로 양복을 사 입었다. 이 가운데 서광범이 가장 먼저 양복을 입으면서 동료들에게 권하였다고 전해진다. 서광범이 공식적인 제1호 양복 착용자인 셈이다. 이들은 또한 양복에 맞춰 구두도 사 신고 귀국함으로써 이 땅에 서양식 구두를 처음으로 선보였다.

그해 12월 박영효 일행은 신임 일본 공사 다케조에[竹添進一郎, 1842~1917]❷와 함께 귀국하였고, 이때부터 이들을 중심으로 한 신진 세력은 개화독립당(開化獨立黨)이라고 불렸다. 동시에 개화파에게는 '친일파(親日派)'라는 수식어가 따라붙었다.

하지만 이때의 '친일(親日)'은 을사늑약(1905) 이후의 친일과 그 의미가 전혀 다르다. 즉 을사늑약 이후의 친일파는 일신의 출세를 위해 일본에 빌붙은 반면, 갑신정변 이전의 친일파는 청나라로부터의 자주 독립을 위해 이이제이(以夷制夷 : 오랑캐로 오랑캐를 다스림) 차원에서 일본의 힘을 빌리려 한 차이가 있다.

---

❷ **다케조에 신이치로** : 1880년대 조선의 일본 공사. 임오군란 이후 조선의 개화파를 지원했으며 김옥균, 박영효, 홍영식 등과 함께 갑신정변을 일으켰다.

• 신작로의 어원

근대에 들어 도로의 중요성을 간파하고 그에 대한 새로운 인식을 제기한 이는 풍운아 김옥균이었다. 그는 1882년 일본에 가서 이듬해 귀국한 뒤 「한성순보」에 "치도약론(治道略論)"이라는 제목으로 다음과 같이 주장했다.

"나라를 부강하게 하려면 산업을 개발해야 하고, 산업을 개발하려면 도로를 먼저 다스려야 한다."

그러나 본격적으로 도로가 닦인 것은 일제의 내정 간섭 후부터였다. 1905년 을사늑약을 강제로 체결한 뒤 일제는 통감부를 설치하여 이른바 통감정치를 실시하였다. 통감부가 가장 우선시했던 사업은 도로 개수(고치거나 다시 만드는 일)였다. 1906년 7개년 계속 사업으로 도로 개수 계획을 수립하는 한편, 그해 내부(內部) 산하에 치도국(治道局)을 설치하여 관련 업무를 관장하였다. 이 시기에 개수되었거나 신설된 도로를 흔히 '신작로(新作路)'라고 불렀으며, 신작로라는 말은 유행어가 되었다.

"이웃 마을에 신작로가 생겼다는데 그게 뭐야?"

"자동차가 다닐 수 있을 정도로 넓게 낸 새 길이야."

기존의 꼬불꼬불한 길에 비해 한결 시원해 보이는 신작로는 도시 개발의 상징이었다. 따라서 신작로란 곧 근대적 도로를 의미하기도 했다. 하지만 신작로는 우리 민족에게 수탈 통로에 지나지 않았다. 고대 로마가 신속한 군대 출동을 위해 식민지까지 대규모 도로를 닦았다면, 일제는 식량이나 광산물 등 가치 있는 자원을 일본으로 반출할 때 수송을 편리하게 하기 위해 신작로를 닦았던 것이다.

무녀 이씨가
진령군에 봉해진 사연

조선 시대에 무녀(巫女)*는 천민이어서 사회적으로 출세가 불가능했다. 그렇지만 드물게 신분 상승을 한 사람이 있다. 임오군란 때의 일이다. 난리가 일어나자 민비는 재빨리 궁궐을 벗어나 무예별감 홍재희의 도움을 받아 충주목사 민응식의 집으로 피신했다.

'지금 상황이 어찌 됐을까?'

민비는 바깥에 나가지 못한 채 숨어 지내면서 대궐 소식을 알고 싶어 무척 답답해했다. 초조해하던 민비는 근처에 용한 무녀가 있다는 소문을 듣고는 일부러 초라하게 옷을 입고 그리로 찾아갔다.

'신분을 감춘 채 물어봐야 무녀의 신통력을 확인할 수 있지.'

민비는 시녀들을 마을 입구에서 기다리게 해 놓고는 무녀 집으로 들어섰다. 그런데 무녀 이씨는 민비를 보더니 황급히 밖으로 뛰어나와 마당에서 무릎을 꿇고 절을 올렸다. 민비가 시치미를 뗀 채 무슨 일이냐고 묻자 무녀는 민비가 국모임을 알고 있다고 대답했다. 깜짝 놀란 민비는 입을 다물라고 당부한 뒤 안으로 들어가서 대궐 돌아가는 정세를 물었다.

"내가 언제 궐로 돌아갈 수 있겠느냐?"

무녀는 잠시 점을 치더니 이렇게 답변했다.

"마마님을 모시러 오는 사자가 팔월 보름날 이곳에 도착할 것입니다."

무녀는 고초를 겪는 날이 얼마 남지 않았다면서 민비를 위로했다. 민비는 반신반의하면서 하루하루를 보냈는데 묘하게도 무녀가 말한 바로 그날 대궐에서 환궁하라는 파발을 보내왔다. 걸음 빠르기로 소문난 이용익이 그 심부름을 맡았는데 그는 한나절 만에 달려와서 소식을 전했다. 이 일로 이용익은 고종과 민비의 신임을 받았다.

"참으로 신통하도다!"

민비는 그 무녀를 데리고 환궁했다. 민비는 이후 여러 일이 있을 때마다 무녀 이씨를 찾아 의견을 물었다. 민비의 신임을 확인한 무녀는 자기가 관우의 영(靈)을 받은 딸이니 관왕묘를 지어 관우를 받들게 해 달라고 청했고, 민비는 1883년 혜화문 근처에 사당을 지어 주면서 무녀에게 진령군(眞靈君)이란 봉작을 내렸다. '군'은 왕자 혹은 남자 대감에게만 붙이는 호칭이니 그야말로 파격적으로 예우해 준 것이다.

진령군은 자유롭게 대궐을 출입했고 아무 때고 고종과 민비를 알현할 수 있었다. 사정이 이렇게 되자 진령군에게 사람들이 몰려들었다. 그

중에는 점을 치기 위한 사람도 있었지만 그보다는 진령군에게 연줄을 대어 출세해 보려는 사람들이 더욱 많았다. 진령군은 점쳐 준다는 구실과 소개비 조로 엄청나게 많은 돈을 벌었고 마치 고관대작처럼 떵떵거리며 지냈다.

뛰는 자 위에 나는 자 있다고 했던가. 김해 고을에 사는 이유원(李裕元, 1814~1888)이 진령군을 이용하여 벼슬을 얻고자 계책을 꾸몄다.

'눈치 빠른 무녀가 점괘 하나 맞혔다가 안하무인으로 살다니 웃기는 세상이야. 내가 그 무녀를 조롱해야겠다.'

이유원은 친분 깊은 지인과 미리 말을 맞춘 다음 주변 사람들을 시켜 귀신을 부르고 비바람을 마음대로 다스린다는 소문을 내게 했다. 그 소문이 진령군 귀에 들어가자 진령군은 이유원에게 만나자고 연락을 해 왔다. 이유원은 정중히 답변했다.

"그 비법을 직접 보시려면 제가 있는 산중으로 오셔야 합니다."

이에 진령군이 찾아오자 이유원은 예정되어 있던 귀신 부리는 재주를 보여 주었다. 이유원이 '동방적제장군'을 외치면 장군 옷에 가면을 쓴 귀신이 동쪽에서 불쑥 나타나서 바위 뒤로 사라지고 '서방청제장군'을 외치면 파란 옷을 입은 장군 귀신이 서쪽에서 나타났다가 재빨리 사라졌다. 이 광경을 본 진령군은 감쪽같이 속아 정말인 줄 알고 탄복하여 이유원을 놀라운 눈으로 바라보았다. 얼마 후 이유원은 진령군의 추천을 받아 양주목사로 부임했고 나중에는 좌의정까지 지냈는데, 비교적 처신을 잘하여 사람들의 신망을 얻었다고 한다.

한편 진령군의 이 같은 폐단을 보다 못해 1898년 정언(正言 : 사간원에 속한 정육품 버슬) 안효제(安孝濟, 1850~1912)가 무녀 진령군을 처벌하라는 상소를 올렸지만 오히려 미움을 받아 귀양을 갔다. 끝이 없을 것 같았던 진령군의 위세는 을미사변과 더불어 막을 내렸다. 민비가 시해된 뒤 관왕묘에서 쫓겨나 골짜기로 숨어들었다가 소리 소문 없이 죽은 것이다.

• 옛날 사람들은 어떻게 점을 쳤을까

"나는 서울 성 밖의 한 무녀 집을 찾은 적이 있다. 몸집 크고 얼굴 검은 그 무녀는 엄청 큰 가발을 썼다 벗었다 하면서 동시에 각양각색의 도포를 입었다. 무녀는 북과 징 소리에 맞춰 춤추면서, 점을 보기 위해 탁자 가득 쌓아 올린 사탕 과자를 들고 온 사람들이 대경실색할 만한 험한 주문을 내뱉었다. 그러자 잔뜩 겁먹은 사람들은 무녀에게 간절하고 애절한 눈빛을 보냈다."

19세기 말엽 한반도를 여행한 영국 외교관 G. N. 커즌이 남긴 기록으로, 당시 점치는 풍경을 어느 정도 상상할 수 있다. 오늘날에도 연말연시나 긴장되는 일을 앞두고 있을 때 점집 찾는 사람이 적지 않으며 이를 오래된 풍습처럼 여기곤 한다. 그렇다면 옛 사람들은 어떻게 운세를 보았을까?

점복의 역사는 제법 오래되었다. 예컨대 부여에서는 어떤 일을 점칠 때 소 발굽을 보아 쪼개져 있으면 흉조, 합해져 있으면 길조로 판단하곤 했다. 하지만 고려 시대까지만 하더라도 점치는 일은 국가적 행사였고 서민들은 그런 것에 신경 쓸 겨를이 없었다. 그저 그날그날 무사하면 다행이라는 생각이 강했다. 같은 맥락에서 '(밤새) 안녕하셨느냐'는 인사말이 생겼을 정도였다.

그러나 조선 시대에 들어 명리학, 추명학이 퍼지면서 사주팔자(四柱八字)와 육효(六爻) 점이 성행하기 시작했다. 사주(태어난 년, 월, 일, 시)가 사람의 운세를 나타낸다고 보는 걸 명리(命理)라 하고, 사주로 사람의 길흉화복을 짚어 보는 걸 추명(推命)이라 한다. 쉽게 말해 추명은 곧 사주를 보는 행위인 것이다. 사주팔자든 육효점이든 점치는 사람은 점쟁이가 아니라 당사자였다. 이를테면 육효점의 경우 의뢰인이 서죽(筮竹 : 점치기 위한 대나무 가지) 8개 중 임의로 하나를 뽑으면 거기에 적힌 팔괘로 운세를 보았던 것이다.

서민들은 전통적으로 풍년을 기원하는 사회적 관점에서 점을 쳤다. 삼국 시대에는 날씨로 보는 기상점, 동물의 소리나 행동으로 예측하는 동물점 등이 있었으며, 고려 시대에는 식물점, 관상점, 질병점 등이 생겼다. 그러다가 조선 시대에 추명학 영향으로 택일점, 해몽점, 사주점, 토정비결 등이 점차 퍼졌다.

조선 시대는 외적 침입도 많고 반란도 자주 일어난 시기였다. 이로 인해 서민들은 불안감을 달래기 위해 무당을 찾았고, 극도로 혼란스러운 조선 후기에 들어서 무당의 수가 급격히 늘었다. 무꾸리(무당이나 점쟁이에게 길흉을 점치는 일)하는 사람 수에 비례하여 무당 집이 많아진 것이다. 정부에서는 천한 짓이라고 금기시했으나 백성은 답답함을 달래고자 몰래 성 밖 무당을 찾아갔고, 이런 일이 반복되면서 무교에 대한 인식이 바뀌어 어느 사이 점치는 일이 당연시되었다.

　19세기 말엽에는 역술에 도통하고 기행으로 유명했던 토정 이지함(李之菡, 1517~1578)의 이름을 빌린 출처 불명의 『토정비결』이 나타났다. 『토정비결』은 대부분 긍정적인 암시로 이루어졌고, 그나마 부정적인 경우에도 '조심하면 괜찮다.'는 내용이었다. 그래서 점치는 이들의 기분을 상하게 하는 일이 드물었고 대중 사회에 깊이 파고들었다. 또한 이때부터 점쟁이가 사주팔자와 육효는 물론 모든 점치는 일을 담당했고, 이로 인해 점치는 방법이 다양해졌다.

최초의 영어 통역사 윤치호

윤치호(尹致昊, 1865~1945)는 1881년 신사유람단 조사(朝士) 어윤중의 수행원으로 일본에 건너가서 한국 최초의 도쿄 유학생 중 한 사람이 되어 일본어를 배웠다. 1882년 사신으로 일본에 온 김옥균은 윤치호를 만나 다음과 같이 권했다.

"일본어 대신 영어를 공부해 보오. 그게 더 좋을 것이오."

"그리하겠습니다."

윤치호는 김옥균의 권유를 받아들여 우리나라 사람으로는 최초로 영어를 공부했다. 도쿄 제국 대학교 영어 강사 간다와 철학 교수의 부인 밀레트에게 영어를 배웠으며 1883년 4월까지 일본에 머물면서 날마다 한 시간씩 영어를 익혔다. 그러다 미국 공사가 부임하는 길에 조선어 통역을 찾으면서 어설픈 실력이지만 조금이나마 영어를 아는 윤치호에게 사탕발림을 했다.

"나를 따라다니면 영어를 더 잘 배울 수 있습니다."

윤치호는 그 말에 혹하여 미국 공사를 따라 미국으로 건너갔다. 윤치호는 미국의 신문명을 보고 문명개화에 더 큰 열망을 가지게 되었다. 그는 1882년 5월 조미 수호 통상 조약(朝美 修好 通商 條約)❶이 체결될 때 초대 주한 미국 공사 푸트의 통역관으로 귀국하여 영어 통역관으로 활동했다. 당시에는 영어를 할 줄 아는 조선인이 극히 드물었던 까닭에 윤치호는 조선의 통리교섭통상사무아문(조선 후기 외교와 통상을 관할하던 관청) 주사로 임명되는 동시에 푸트의 통역관을 겸하였다.

윤치호는 단순한 통역관이 아니라 사실상 외교관 역할을 했다. 하여 윤치호는 외국 정세에 관심이 많은 국왕으로부터 총애를 받았으며, 국왕과 미국 공사를 통해 얻은 고급 정보를 개화파 인사들에게 전해 주곤 했다. 한 예를 들면 윤치호는 미국에서 일본을 거쳐 조선에 들어올 때 일본 외무성 요인으로부터 조선 국왕의 위임장만 있으면 차관(借款)이 가능하다는 언질을 받았으며, 귀국하자마자 그 소식을 김옥균에게 알려 주었다.

"참 좋은 정보구려. 고맙소."

"나랏일에 도움이 되길 바랍니다."

미국 공사는 개화파 인사들에게 호감을 가졌다. 여기에는 김옥균 일파의 열정과 인품도 주요한 이유로 작용했지만 한편으로 통역을 위해

---

❶ **조미 수호 통상 조약** : 1882년(고종19)에 조선과 미국이 국교와 통상을 목적으로 체결한 조약. 우리나라가 구미 제국과 맺은 첫 번째 조약이다.

항시 곁에 있었던 윤치호의 입김도 작용했을 것이다. 때문에 윤치호는 개화파 요인들에게는 비중이 큰 원군이었고, 상대적으로 민영익 일파에게는 눈엣가시 같은 존재였다.

윤치호는 갑신정변 직전까지 온건한 개화파 일원으로 활동했으나 갑신정변에 참가하지 않았으며 거사가 실패하자 이듬해 상하이로 가서 청나라에 망명했다. 윤치호는 1887년 세례를 받고 기독교인이 되었고 미국으로 건너가 전도에 힘썼다. 1895년 귀국하여 서재필(徐載弼, 1864~1951)❷ 등과 더불어 독립 협회를 조직했으며 민중 계몽 운동에 적극 나섰다. 또한 독립문을 만들 당시에 서재필에게 자전거* 타는 법을 배워 우리나라 사람으로는 두 번째로 자전거를 즐겼다.

하지만 윤치호는 1911년 이른바 105인 사건❸을 계기로 친일파로 변신하였다. 3년간 옥고를 치르는 동안에는 가혹한 고문을 받고도 변절을 거부했으나 1915년 전향을 선언하고 독립운동을 포기했다. 윤치호는 일본의 식민지 정당화 이론에는 동조하지 않았으나 힘센 일본의 품 안에서 조선이 발전을 이뤄야 한다고 생각했다. 그는 구한말부터 발달된 서구 문명을 지나치게 동경하여 조선에 대한 부정적 시각을 가졌는데, 이런 정서가 변절의 결정적 요인이 된 것으로 보인다.

윤치호는 1931년 만주 사변❹이 일어난 뒤에 각종 단체에 참석해 일본에 대한 조선인의 협력을 이끌었다. 그는 1945년 광복 후 그해 겨울

---

❷ **서재필** : 독립운동가이자 정치가. 김옥균 등과 일으킨 갑신정변이 실패한 후 미국으로 망명하였다. 후에 귀국하여 독립 협회를 조직하고 우리나라 최초 민간 신문 「독립신문」을 발간했다.
❸ **105인 사건** : 1911년에 일본이 한국의 독립운동을 탄압하기 위해 윤치호, 양기탁, 이동휘 등 민족 지도자들을 투옥시킨 사건. 기소된 인물이 105명이라서 105인 사건으로 불린다.
❹ **만주 사변** : 1931년부터 시작된 일본군의 중국 둥베이[東北] 지방 침략 전쟁. 일본은 만주 사변을 통해 1932년에 만주국을 수립하게 된다.

에 뇌일혈로 사망했다. 윤치호는 변절자라는 비판과 함께 근대에 보기 드문 합리주의자라는 평가를 함께 받고 있다.

• 우리나라에서 최초로 자전거를 탄 사람

현재와 같은 형태의 자전거는 19세기 초에 처음 제작되어 19세기 중엽부터 중요한 교통수단으로 자리 잡았다.

이 땅에 자전거를 처음 선보인 사람은 1884년 제물포에 온 미국 해군 장교다. 구한말 선교사로 조선에 들어왔다가 고종의 외교 참모 겸 의사로 활약한 알렌(Horace Newton Allen, 1858~1932)은 1908년 출간한 『조선견문기』에서 다음과 같이 밝혔다.

"1884년에 우리 해군 장교들 가운데 한 사람이 제물포에 정박 중인 자기 배에서 서울로 올라왔는데, 그때 그 장교는 높은 바퀴가 달린 자전거 하나를 가져왔다. 우리들이 혼잡한 큰 거리를 지나갈 때에 그는 자전거를 탔고 나는 말을 탔다. 이 좋은 구경거리가 눈에 띄자 군중은 우리를 보려고 거리 한복판으로 모여들었다. 우리가 좁은 통로를 미끄러지듯이 지나가자 그때까지 그런 것을 본 적 없는 사람들은 이 이상한 물건을 보고 너무 놀라 입을 벌리고 뒤로 넘어질 지경이었다. 큰 바퀴 위에 탄 채 아무런 해도 끼치지 않고 지나가는 사람이 방금 새로 도착한 외국 사람임을 안 그들은 처음의 놀라움에서 벗어나 나중에는 서로 부둥켜안고 웃음을 터뜨렸다."

이후 선교사들이 종종 자전거를 타고 다녀서 조선인들의 시선을 끌었다. 알렌은 그때

의 풍경을 다음과 같이 회고했다.

"내가 자전거를 타고 지나가면 군중들은 항상 그 모습을 즐겨 보곤 했다. 나는 그들의 요청에 못 이겨 그 길을 여러 번 자전거로 오고 가고 하여 떠들썩한 그들을 만족시켜야 했다. 이렇게 하여 나는 근처 사람들로부터 최고의 대우를 받았다. 사실 그곳에서 나는 그들이 나를 '나리'라고 부르며 인사하는 것을 흔히 볼 수 있었다. 나리는 연장자나 관리에게 쓰는 말이다."

우리나라 사람으로 자전거를 처음 탄 사람은 서재필이다. 서재필은 갑신정변 실패 후 미국으로 건너가 생활할 때 자전거를 타 보았고, 1896년 귀국하면서 자전거를 가지고 들어와 독립문 신축 현장을 오갈 때 자전거를 타고 다녔다. 1928년 12월에 발행된 잡지 「별건곤」에 "자전거를 제일 먼저 탄 사람"이란 기사에 다음과 같은 내용이 보인다.

"서재필 박사는 남 먼저 자전거를 타고 다녔다. 그는 갑신년 김옥균 정변 때에 멀리 미국에 망명하여 그 나라에 입적(入籍)까지 하였다가 이후 13년 만에(1896) 정부 초빙에 의하여 귀국함에 미국에서 타던 자전거를 가지고 와서 타고 다녔는데, 그때에 윤치호 씨는 그에게 자전거 타는 법을 배워 가지고 또 미국에 주문을 하였다가 타고 다녔다. (중략) 윤씨는 대대가전(代代家傳) 차력약(借力藥)이 있어서 남대문을 마음대로 훌훌 뛰어넘어 다니느니 하고 또 자전거에 안경차(眼鏡車)니 쌍륜거(雙輪車)니 하는 별명까지 지었었다. 그리하여 독립 협회 시대에도 여러 사람들이 서씨나 윤씨를 보면 조화꾼이라고 부상(負商) 패들이 함부로 덤비지를 못하며 또 한참 (독립 협회와 황국 협회가) 접전을 할 때에 그가 포위 중에 자전거 종을 한 번 울리면 여러 사람이 무슨 대포나 터지는 듯이 겁을 내고 도망하며 속담에 '안경(眼鏡)갑오'라는 말이 꼭꼭 맞는다고 떠들었다."

한국 최초의 근대 신문
「한성순보」

갈바니의 아내는 병을 앓고 있었는데 온갖 약을 썼으나 차도
가 없었다. 어느 날 갈바니는 아내에게 개구리 탕을 끓여 주고자
개구리 다리에 칼을 대다가 우연히 근육 경련을 보았다. 갈바니
는 근육 속에 전기가 있다고 생각하여 동전기(動電氣 : 움직이고
있는 전기)에 대한 이론을 발표했다. 볼타는 이 발표에 흥미를 느
껴 연구에 나섰고 전지를 발명했다.

위 일화는 1883년 11월 30일 발행된 「한성순보(漢城旬報)」제4호에
실린 내용으로, 「한성순보」가 과학문명에 대한 대중의 이해가 부족한
시대에 매우 선진적인 기사를 다뤘음을 보여 주고 있다. 또한 「한성순

보」제4호는 음력과 더불어 '西曆一千八百八十三年十一月三十日(서력 1883년 11월 30일)'이라고 표기하여 태양력을 사용했으니 우리나라에서 서기(西紀)를 사용한 최초의 공식 사례로 기록되고 있다.

「한성순보」는 어떤 신문인가? 1883년 10월 1일 발행된 우리나라 최초의 신문이며, 한 달에 세 번 열흘 단위로 발행됐기에 旬(열흘 순)자를 써서 '순보(旬報)'라고 했다. '한성(漢城)'은 조선의 수도를 다스리는 관청 한성부(漢城府)의 줄임말이다.

「한성순보」는 박영효가 창간 작업을 주도했다. 박영효는 1882년 수신사 자격으로 일본에 갔다가 대중의 계몽을 위한 신문의 필요성을 절감하여 신문 제작을 도울 기자와 인쇄공 등 일본인 몇 명을 데리고 돌아왔다. 귀국한 박영효는 신문의 필요성을 고종에게 진언하였고, 우여곡절 끝에 이듬해 10월 신문이 창간되었다. 실무는 일본인 이노우에가 맡아 진행했다.

기사 내용은 크게 내국기사와 각국근사(各國近事)로 나뉘어졌다. 내국기사로는 관보, 사보, 시직탐보(市直探報 : 물가 정보)를 실었으며, 각국근사 기사로는 당시 강대국과 약소국 사이의 전쟁이나 분쟁, 근대적인 군사 장비나 국방 방책, 개화 문물 등을 중점적으로 소개했다.

관영 신문의 성격을 지닌 「한성순보」는 발행 직후 각 관아에 배포되었다. 기본적으로 관리들을 위한 신문이었던 것이다. 관아에서는 신문값으로 한 부당 삼십 전을 박문국(구한말 신문이나 잡지를 인쇄, 편찬하던 관아)에 납부하였다. 원한다면 일반인도 「한성순보」를 구독할 수 있었는데, 한성에서는 박문국에 직접 구독을 신청하였고 지방에서는 경저(京邸 : 각 지방 관아에서 서울에 둔 출장소)에 연락하여 구독하였다.

한편 「한성순보」는 청나라의 영향력을 배제하고자 청나라 군인들의 부정적인 면모를 싣기도 했다. 1884년 1월 30일 「한성순보」 제10호에 실린 다음과 같은 내용의 "화병범죄(華兵犯罪)"라는 기사가 그렇다.

주둔 중의 중국 병졸들이 광통교 어느 약국에서 물건을 사고 대금을 지불치 않고 행패까지 부렸다.

청나라는 이 기사에 분노하여 조선 정부에 항의 공문을 보냈으며, 이로 말미암아 이 기사 작성에 관련된 것으로 알려진 일본인 이노우에는 일본으로 귀국했다. 따라서 이 사건은 한국 최초의 신문 필화(발표한 글이 문제를 일으켜 제제를 받는 일) 사건이라 할 수 있다.

경영난 속에서 40여 호 넘게 발행된 「한성순보」는 1884년 김옥균 등이 일으킨 갑신정변이 실패로 돌아간 뒤, 박문국 사옥, 활자, 인쇄 시설 등이 모두 불에 타 버려 부득이 1년 만에 종간됐다.

「한성순보」는 비록 짧은 기간 발간됐으나 한국 최초의 근대적 신문으로서 의미가 깊다. 왕조 시대에 정부 소식을 주로 다룬 기별(奇別)* 혹은 조보(朝報)와 달리 개화 문물과 지식을 소개하여 나라의 개화에 크게 이바지했기 때문이다.

• '간에 기별도 안 가다.'의 어원

옛날 사람들도 세상 돌아가는 소식이 궁금하기는 마찬가지였다. 특히 고위 관직을 꿈꾸는 양반층 사람들은 중앙 정부 동향에 촉각을 곤두세우고 살았다. 이런 점을 감안하여 고려 시대부터 조선 시대에 이르기까지 '기별(奇別)'이 발행되었다. 기별은 조정의 소식을 전하기 위해 관청에서 발행했던 통신문을 뜻하며, '기별지(奇別紙)'는 그런 소식을 적은 종이를 가리키는 말이다.

조선 시대 초기에는 조보(朝報)를 발행했다. 세조 때부터는 춘추관이 그 일을 맡았으며, 중종 때에는 승정원에서 조정의 중요 행사 및 관리 임명 등을 필사(筆寫)하여 지방에 전달했다. 이런 의미에서 조보는 우리나라에서 최초로 발행된 신문이라고 할 수 있다.

한편 지방 관청과 양반층에서는 중앙의 소식에 항상 촉각을 세웠기에 '기별을 받았느냐?' '기별이 왔느냐?'라는 말을 자주 사용했다. 이에 연유하여 '기별을 받았느냐?'라는 말은 민간에서 '소식을 들었느냐?'라는 뜻으로 바뀌어 쓰이곤 했다. 같은 맥락에서 '기별'이란 말은 '다른 곳에 있는 사람에게 소식을 전함'이란 의미로 사용되기에 이르렀다.

'간에 기별도 안 가다.'라고 말할 때의 기별 역시 여기에서 유래한 말인데, 이는 과학적 근거를 갖고 있다.

인체에 들어온 음식은 위장에서 소화된 다음 정맥을 타고 간으로 들어가며, 간에서는 각종 영양소를 저장해 두었다가 필요할 때마다 일정량을 즉시 장기로 내보내는 역할을 한다. 다시 말해 음식을 섭취하면 간에 들어가야 제대로 된 일인데, 간에까지 전달되지 않았다면 먹지 않은 것과 다름없다는 뜻이 된다. 그러하기에 '간에 기별도 안 가다.'라는 말은 '먹은 것이 너무 적어 먹으나 마나 하다.'라는 의미로 쓰이고 있다.

김옥균의 계책과
드라마 같은 갑신정변

1884년 9월 17일 밤이었다. 박영효 집에서 김옥균은 홍영식과 서광범, 그리고 일본 서기관 시마무라에게 거사 계획을 알렸다. 시마무라는 조금도 놀라는 기색 없이 정변을 일으킬 행동 방안을 물었다. 이에 대하여 김옥균은 세 가지 방책이 있다면서 다음과 같이 답했다.

"첫째, 우정국 개국 축하연 자리를 이용하여 거사하는 것입니다. 둘째, 자객을 청국인으로 변장시켜 민영목, 한규직, 이초연 등 세 명을 암살케 하고 그 죄를 민태호 부자(父子)에게 돌리는 것입니다. 셋째, 경기 감사 심상훈으로 하여금 홍영식의 별장 근처에 있는 백록동 정자에서 연회를 베풀게 하고 그 자리를 이용하여 거사하는 것입니다."

세 가지 모두 고심 끝에 마련한 계책이었으나 결국 첫째 안만 실행하기로 했다. 김옥균의 『갑신일록』에 따르면 세 가지 방안 가운데 둘째 것은 너무 교곡(巧曲)한 계책이어서 그만두었고, 셋째 것은 심상훈에게 사고가 생겨 불가능하게 되어, 결국 첫째 방책을 채택했다고 한다.

10월 1일 이인종 집에 김옥균, 박영효, 서광범, 서재필 등 개화당 요인들과 행동대원들이 모여 술을 나누며 결심을 더욱 굳게 다졌다. 모임이 끝난 뒤 김옥균과 박영효는 아파서 참석하지 못한 유대치(劉大致, 1831~?)[1]를 문병하러 갔다. 유대치는 근심스러운 듯 물었다.

"지금 정세가 대단히 위급하므로 하루라도 속히 거사를 도모함이 좋을 것 같소. 그러나 그대들이 일본 정부의 정략을 잘 아는지 궁금하오."

"일본 정부의 원조가 없더라도 더 이상 기다릴 수 없는 형국입니다. 다케조에는 너무 과격하여 오히려 우리들의 화난(禍難 : 재앙과 환난)을 자아내기 쉬울 듯하니 운을 하늘에 맡기고 거사를 치를 수밖에 없습니다. 선생께서는 너무 염려 마시고 몸조리를 잘하시기 바랍니다."

"내가 염려하는 바는 일본군이 겨우 8백 명밖에 안 되니, 비록 청나라 군사보다 강하더라도 사람 수가 상당히 모자란다는 점이오."

"그저 염려 없을 것입니다."

유대치의 정세 판단은 개화당의 약점과 그들이 실패할 요인 중 하나를 정확하게 찌른 것이었다. 그러나 김옥균과 박영효 두 사람은 '아무 일 없을 것'이라는 간단한 대답으로 가볍게 받아넘기고 말았다. 어찌 됐든 하고자 하는 강렬한 욕망이 냉철한 이성을 누른 까닭이었다.

다음 날 새벽 이인종이 당황한 기색으로 김옥균의 집을 찾아왔다. 밀

---

[1] 유대치 : 구한말의 개화사상가. 개화당을 뒤에서 조종하여 백의정승이라는 말을 들었다.

실로 안내된 이인종은 새벽에 얻은 정보를 쏟아 놓았다.

"병을 칭탁한 채 오랫동안 대궐에 들어오지 않았을 뿐만 아니라 일절 사람을 만나지 않던 민영익이 갑자기 오늘 새벽 2시경에 위안스카이[袁世凱, 1859~1916]❷를 방문하여 밀담을 나누었다고 합니다. 또한 위안스카이는 이때부터 진중(陣中)을 더욱 단속하라는 명령을 내렸다고 합니다."

"틀림없는 사실이오?"

"예, 그렇습니다. 제가 사람을 보내어 민영익이 몇 시에 돌아갔는가를 탐문했더니, 3시 40분경에 위안스카이와 같이 우영(右營 : 조선 시대에 군영을 다스리던 관아)으로 돌아가고 그곳에서 위안스카이는 다시 우자오유[嗚兆有] 진영을 방문하였다가 새벽에 하도감(下都監 : 조선 시대 훈련도감에 속한 군영)으로 돌아갔다고 합니다."

"심상치 않은 정보인데, 혹시 우리 거사 계획을 눈치챈 것은 아닐까?"

불안감을 느낀 김옥균은 정보 수집에 나섰다. 민영익의 심복이면서도 가끔 그를 찾아와 민영익에 관한 소식을 전해 주던 오위장(伍衛將 : 조선 시대의 군직) 양홍재를 서신으로 불러 민영익과 위안스카이의 밀회에 관한 정보를 구하려 했으나 아무 소득을 얻지 못했다. 이 정보는 개화당 요인들로 하여금 불안감 속에서 더욱 일을 서두르게 만들었다.

개화당 요인들은 빨리 거사 날짜를 결정하기로 하고 왕과의 타협을 서둘렀다. 때마침 10월 12일 고종이 김옥균을 불렀다. 입궐한 김옥균은 국왕 옆에 아무도 없는 틈을 타서 능변으로 세계정세와 국내 위기

---

❷ **위안스카이** : 중국의 군인이자 정치가. 총리교섭통상대신으로 조선에 부임하여 갑신정변에 관여했으며, 일본과 러시아를 견제했다.

상황을 알렸다. 열성적인 웅변에 감동한 국왕은 김옥균에게 그 대책을 물었다. 김옥균은 다케조에와의 교섭 과정과 개화당의 계획, 그리고 정변의 불가피성을 말하려 했다. 그때였다. 인기척이 들렸다. 왕비가 침실에서 나오면서 김옥균에게 물었다.

"내 경의 말을 처음부터 다 들었소. 사세(事勢)의 절박함이 이미 그러하면 그 대책은 어떤 것이오?"

"청일의 충돌이 멀지 않다고 생각하는바, 이 기회에 조선으로서는 반드시 어떤 대책을 세워야 합니다."

"청일이 교전한다면 그 승부는 어찌 된다고 보오?"

"청일이 단독으로 교전한다면 승부를 예측하기 어려우나, 이제 일본과 프랑스가 합세한다면 일본의 승리가 확실하다고 봅니다."

이날 밤 김옥균과 젊은 국왕 사이에는 상당한 공명과 공감이 오고 갔다. 국왕은 이런 말까지 했다.

"경의 말은 이미 짐작하니 국가 대계가 위급한 때의 조처는 경의 지모에 일임할 터이다."

고종의 신뢰를 확인한 김옥균은 국왕의 친수밀칙(親手密勅)을 요구하여 즉석에서 받아 놓는 데 성공하였다. 김옥균으로서는 정변에 대한 왕의 완전한 동의를 얻은 셈이었다. 이날 밤 그는 왕비가 주는 술상을 받고 이튿날 새벽에 물러났다. 왕비는 김옥균을 그리 좋아하지 않았으나 그런 내색을 하지 않고 잘 대우해 주었는데, 한편으로는 김옥균의 계획이 무엇인지 알아내고자 하는 목적도 있었을 것이다. 우정국 거사가 일어나기 엿새 전이었다.

거사는 음력 10월 17일(양력 12월 4일)로 정해졌다. 음력 20일 이전은 달이 밝으므로 행동대원들이 움직이기 편하다는 이유에서였다. 또 일본의 우편선 치도세마루[千歲丸]가 인천항에 들어오기 전이라는 점도 감안하였다. 우편선이 도착하여 만일 또다시 변경된 일본 정부 훈령이 일본 공사관에 전달된다면 낭패이기 때문이다. 또한 일이 일어나서 혼잡하게 되면 자기편끼리 충돌되는 일이 생길지도 모르니, 암호로 '천(天)'자와 일본어 '요로시(좋아)'를 모든 장사(將士 : 장수와 병졸)에게 전하도록 하였다.

거사 전일에는 수구당에서도 비밀을 알고 있는 성싶으니 좀 더 기다리자는 등의 말도 나왔으나 김옥균은 그 의견을 무시해 버렸다.

한편 이 거사에는 여장부가 끼어 있었다. 흔히 힘이 강하여 『수호지(水滸誌)』에 나오는 여장부 이름을 따서 고대수(顧大嫂)라는 별명으로 불린 마흔두 살 궁녀였다. 신체가 건장하고 남자 이상의 힘을 가져 보통 장정 5~6명을 당할 수 있었는데, 고대수는 왕비의 근시(近侍 : 국왕을 가까이에서 모시는 사람)로 일하면서 10년 전부터 개화당에 수시로 궁중 기밀과 동태 및 민씨 일파와 관련한 비밀 정보를 제공하였다. 거사와 관련하여 고대수에게 맡겨진 임무는 어려운 일이었다. 폭발약을 대나무 대롱 속에 넣어 갖고 있다가 밖에서 불이 나는 즉시 통명전(通明殿 : 창경궁 안에 있는 궁궐)에 불을 지르는 것이었다. 고대수는 거사 당일 절묘한 순간에 임무를 완수함으로써 김옥균 일행을 곤란에서 구했으며, 우리나라 최초의 여성 혁명가가 되었다.

드디어 운명의 그날. 1884년(고종 21) 10월 17일 저녁 6시, 한성 전동에 있는 신축 건물에서 축하연이 시작되었다. 개설된 지 얼마 되지 않은 우정국 축하 잔치였다. 우정국 총판 홍영식이 주인 자격으로 연이 연회에는 박영효, 서광범, 김옥균 등 개화당 주요 인사와 함께 수구당의 민영익, 한규직, 이조연 및 기타 각국 외교 사절들이 참석하는 등 근 20여 명이 성황을 이루었다.

예정보다 조금 늦게 시작된 연회가 한창 무르익어 갈 무렵 김옥균은 바로 왼편 옆자리에 앉아 있는 일본 서기관 시마무라에게 이렇게 물었다.

"그대는 천(天)을 아는가?"

시마무라는 기다렸다는 듯이 대답하였다.

"요로시!"

이날 이 순간을 얼마나 기다렸던가. 뜻을 세우고 헛되이 보낸 지 여러 해요, 동지들과 계획하고 서두른 지 두 달이었다. 이때 문 밖에서 김옥균을 찾는 사람이 있었다. 숨차게 달려온 박제형은 헉헉거리며 별궁 (別宮)에 방화하지 못했음을 알렸다. 그는 당황해하며 경비가 너무 심하여 어찌할 도리가 없다고 말했다. 이에 김옥균은 그 옆에 있는 초가에라도 불을 질러 그 불이 별궁에 옮겨지도록 하라고 지시하고 다시 연회 장소로 들어갔다. 이후에도 초조한 가운데 김옥균은 시마무라와 대화를 주고받으면서 이러저러한 핑계로 서너 차례나 바깥을 드나들었다.

수상스런 공기가 연회 한 구석에 감돌고 있었다. 민영익은 몹시 의심스러운 눈으로 김옥균과 시마무라를 바라보았고, 다른 사람과 대화를 하는 도중에도 김옥균의 동태를 주시했다.

연회가 거의 끝날 무렵이었다. 우정국 북향 창문 밖에서 갑자기 큰 소리가 들렸다.

"불이야! 불이야!"

외침과 동시에 불빛이 밤하늘로 치솟는 것이 보였다. 김옥균이 자리에서 일어나 북창을 열어젖혔을 때는 벌써 불꽃이 하늘을 찌를 듯한 기세였다. 연회석은 아수라장이 되었다.

전영대장(前營大將) 한규직이 황망하게 일어나며 말했다.

"직책상 빨리 가 보아야겠소."

그 말이 떨어지기 무섭게 민영익이 날카로운 비명과 함께 쓰러졌다. 김옥균이 자주 드나드는 것을 보고 수상한 눈치를 챈 민영익이 불이야 소리를 듣자마자 재빨리 밖으로 뛰어나갔는데, 이를 본 일본인이 먼저 공을 세우려고 급하게 찌르자 민영익이 살기 위해 부상당한 몸으로 우정국에 되돌아온 것이었다.

때를 놓칠세라 김옥균, 박영효, 서광범 등은 몸을 날려 북창 밖으로 뛰어나와 우정국 정문을 살펴보았다. 동지들 얼굴을 찾아볼 수 없었던 그들은 암호인 '천'을 불러 가며 재빠르게 거리를 달렸다. 중도에서 서재필이 인솔한 장사 패들과 만나자 즉시 경우궁(景祐宮 : 조선 순조의 생모인 수빈 박 씨의 사당) 문 밖에 대기하도록 하고 교동에 있는 일본 공사관을 찾았다. 당초 계획인 별궁 방화가 실패한 데 비추어 혹시 일본 공사관 태도에 변화가 없는지 살펴보기 위해서였다. 그러나 앞질러 돌아온 시마무라 서기관은 의외라는 듯이 물었다.

"공들은 어찌하여 대궐로 향하지 않고 여기를 찾아왔소?"

"당신들의 뜻이 변치 않았음을 알았으니 이제는 안심하겠소."

김옥균은 한마디 말을 남기고 즉시 일행과 함께 창덕궁으로 향하였다. 임금이 거처하는 침전(寢殿)으로 가기 위함이었다. 몇 차례 위기를 넘기고 침전에 다다랐으나 환관들이 앞을 막으며 갑자기 입궐한 까닭을 물었다. 김옥균이 호령했다.

"나라가 위험에 처했거늘 너희 환관 무리가 감히 무슨 수작이냐?"

어수선한 소리에 왕이 일어나 김옥균에게 물었다.

"무슨 일이 있느냐?"

이에 김옥균 일행은 우정국에 사변이 터졌음을 보고하고 모든 허물을 수구당에게 덮어씌웠다. 또한 형세가 위급하니 잠시 어전을 옮길 것을 권하였다. 이때 눈치 빠른 왕비가 자리를 나와 김옥균에게 물었다.

"이번 사고는 청나라 측에서 일으킨 것이냐, 아니면 일본 측에서 일으킨 것이냐?"

김옥균이 이 어려운 질문에 어찌 대답해야 할까 난감해하는 순간 동북쪽 통명전 부근에서 굉장한 폭음이 일어났다. 고대수가 때마침 임무를 수행한 모양이었다. 미리 짜 놓은 일이기는 하나 폭약이 가장 적당한 때 터졌던 것이다. 국왕과 왕비는 크게 놀라 곧 뒷문으로 나가 거처를 옮기기로 하였다. 윤경완이 거느리는 군졸의 호위를 받으며 경우궁으로 향할 때 김옥균이 말했다.

"상황이 무척 위험하니 일본 군대의 보호를 청하는 것이 좋겠나이다."

국왕은 지체 없이 이에 응하였으나, 왕비는 달랐다. 개화당과 일본이 함께 꾸민 일임을 직감한 까닭이었다. 하여 이렇게 물었다.

"일본군을 청하면 청병(淸兵)은 어찌할 터이냐?"

"청병에게도 보호를 청하겠습니다."

김옥균은 이렇게 대답한 뒤 사람을 시켜 청병에게도 연락하라고 명령했다. 그러나 이것은 사전 약속이 되어 있어 시행되지는 않았다.

국왕 일행이 경우궁 뒷문으로 들어갔을 때, 궁내 숙직 윤태준, 심상훈 등이 급변을 듣고 달려왔고 우정국 연회에 참석했던 한규직도 무관 복장을 갖추고 들어왔으며 일본 공사관으로 갔던 환관 유재현도 돌아왔다. 이들은 이구동성으로 보고했다.

"대궐 밖에는 아무런 이상이 없나이다."

사실 이날 밤의 변사는 우정국 이웃집 화재와 대궐 안에서 때때로 터지는 폭약 소리뿐이었으니 왕이 피신할 아무런 이유가 없었다. 그러자 개화당에 대하여 경계 태도를 가지고 있던 왕비는 사변 원인을 다시 캐물었다. 자칫하면 거사가 탄로 날 지경이었다.

그때였다. 때마침 인정전(仁政殿 : 창덕궁에 있는 궁궐) 근처에서 대포 소리가 크게 울렸다. 이를 빌미 삼아 김옥균은 한규직과 유재현을 큰소리로 꾸짖고, 한규직의 직무 태만과 유재현의 경거망동을 힐난하였다. 그리고는 사태가 마치 수구당에 의해 저질러진 것처럼 몰고 갔으며, 윤경완을 불러 한층 더 경비를 엄하게 하라 명령하니 한규직 등은 잠자코 물러설 수밖에 없었다.

경우궁 정전에 이르러 가마를 멈추었을 때 박영효가 다케조에 공사와 더불어 일본군 2백 명을 거느리고 왔다. 김옥균 일행은 다소 안심하였다. 다시 김옥균은 가까운 무감(武監) 10여 명을 선택하여 궁문을 지키게 하고, 입궐하는 대신(大臣)이 있으면 반드시 이름을 대어서 허락이 있은 뒤에 들이도록 일렀다.

한쪽에서 서로 소곤대던 윤태준, 이조연, 한규직은 개화당의 기세에 눌려 대궐 밖으로 쫓겨나다가 장사 패의 칼을 맞고 쓰러졌다. 윤태준은 "나를 살려 두고는 왜 일을 못하오?"라고 애걸하며 죽었고 이조연은 개화당 인사들을 욕하면서 죽었다.

이어 김옥균은 사관생도를 시켜 민영목, 조영하, 민태호 등에게 국왕의 명이니 입궐하라고 하였다. 이들 역시 기다리고 있던 장사 패에게 척살당하였다. 이렇게 해서 수구당 거물들은 대부분 당초 계획대로 제거되었다.

하지만 갑신정변은 청군의 개입으로 인해 '삼일천하'*라는 말만 남긴 채 실패로 끝났다.

갑신정변은 백성의 지지를 받지 못한 채 일부 선각자에 의한, 그것도 외세(일본)에 기대어 실현시키려다 뜻을 이루지 못한 사건이었다. 비록 실패했으나, 5백 년 동안 내려오던 봉건적 지배 체제를 근대적 정치 체제로 개혁하려는 첫 시도였다는 점에 그 역사적 의의가 있다.

• 갑신정변은 왜 삼일천하로 끝났을까

1880년대 초 개화파는 서양 문물을 받아들여 조선의 모든 제도를 빨리 고쳐야 한다고 생각했다. 하지만 청나라를 등에 업은 왕비 및 민씨 세력이 개화를 반대하여 별 성과를 거두지 못했다. 개화파는 그들을 없애기 위해 정변을 일으키기로 계획을 꾸몄다. 김옥균을 중심으로 한 개화파는 일본 공사 다케조에로부터 군사 원조를 다짐받은 다음 거사를 최종 결심하였다.

정변은 성공한 듯싶었고, 개화파는 새로운 정부를 구성했다. 이를 '갑신년에 벌어진 정치 변화'라 해서 '갑신정변'이라 한다. 그러나 불운의 그림자가 예상보다 빨리 닥쳤다.

정변 후 셋째 날 고종은 개화파를 지지하는 조서를 내렸다. 그런데 그때 청나라 군대가 대포를 쏘면서 궁궐에 들어왔고, 일본군은 이전의 약속과 달리 재빨리 돌아가 버렸다. 일본은 애초부터 개화파를 이용하려 했지 끝까지 도와줄 마음이 없었기 때문이다. 자체 방어력이 없던 개화파는 속수무책으로 무너질 수밖에 없었다.

홍영식은 고종을 북관종묘까지 호위하다가 청군에게 죽었고 김옥균, 박영효 등 갑신정변 주역들은 후퇴하는 일본 병사를 따라 일본 공사관으로 피신해 있다가 인천항을 통하여 일본으로 망명하였다. 이에 따라 조국 근대화를 꿈꾼 혁명은 삼일천하로 끝나고 말았다. 이에 연유하여 '삼일천하'는 좁게는 개화당이 갑신정변으로 3일 동안 정권을 잡은 일을 뜻하고, 넓게는 권력을 잡았다가 짧은 기간 내에 밀려나게 됨을 이르는 말로 쓰인다.

알렌, 서양 의술로
조선 왕실의 마음을 사로잡다

　알렌은 1883년 마이애미 의과대학을 마치고 의료와 선교 활동을 할 요량으로 중국에 입국했다. 그러나 아내의 출산과 선교의 어려움 때문에 중국에서의 활동을 포기하고 1884년 7월 20일 조선에 입국하였다. 알렌이 방한한 지 몇 달 지나지 않아 갑신정변이 일어났으며, 그날 한국 최초의 서양인 고문으로 부임해 통리아문 외교 고문으로 있는 묄렌도르프로부터 응급 왕진 요청을 받았다.

　"위급한 환자가 있으니 빨리 좀 와 주시오."

　알렌이 러시아 공사관으로 급히 가 보니 민영익의 생명이 매우 위태로웠다. 동맥이 끊기고 머리와 몸이 일곱 군데나 칼에 찔려 죽음을 목전에 두고 있었기 때문이다.

당시 갑신정변을 일으킨 개화당 인사들은 민영익이 곧 죽을 것으로 생각했다. 왜냐하면 우리나라에서는 전통적으로 부모로부터 물려받은 몸을 온전히 보존해야 한다는 관념 때문에 외과수술을 금기시했던바 깊은 자상(刺傷 : 날카로운 것에 찔려서 입은 상처)을 입어도 별다른 조치를 취하지 못하고 과다 출혈로 이내 죽음에 이르렀던 까닭이다.

알렌도 처음엔 수술 결과를 자신하지 못했다. 그렇지만 알렌은 날랜 솜씨로 상처를 봉합하였고 삼 개월 후 그를 완치시켰다. 이후 서양 의술은 이 땅에 새로운 바람을 불러일으켰다.

"양의사가 죽어 가던 민 대감을 기적적으로 살렸대."

"양의사는 신비한 의술로 온갖 병을 다 고친대."

알렌이 민영익을 치료한 일을 계기로 서양 의학은 매우 신비스런 의술로 사람들에게 소문났다. 이에 많은 조선인이 다투어 그를 찾자, 알렌은 환자들을 만나 치료할 건물을 조선 정부에 요청하였다. 1885년 고종은 왕립 병원 광혜원(廣惠院)을 '제중원(濟衆院)'으로 고쳐 주면서 조선 최초의 근대식 병원을 윤허하였다. 이와 함께 알렌에게 당상관 통정대부 벼슬을 주었다.

우리나라 최초의 근대 시설인 동시에 국립 병원인 제중원 건물은 갑신정변 때 암살된 홍영식의 주택이었다. 알렌 일행이 그 집에 처음 들어갔을 때에는 방마다 핏자국이 있어서 살벌했던 분위기를 그대로 보여 주고 있었다. 알렌은 그 건물을 잘 수리하여 깨끗한 병원으로 바꾸었다. 알렌은 첫 해에 만 명 이상을 치료하였다.

알렌은 새로운 응급 처치 기술도 선보였다. 명의로 소문난 알렌은 외과 환자를 치료할 때 흙으로 만든 일종의 고약(膏藥)을 사용했는데, 그

것은 치료 약품이 귀한 까닭에 생각해 낸 응급조치였다. 알렌은 그때 상황을 이렇게 설명했다.

"나는 뜨거운 온돌에서 흙을 구운 후 그 흙을 요긴하게 사용하였다. 그 흙은 고름을 흡수했고 새로 바를 때에도 묵은 흙이 잘 씻겼다. 더 나은 것을 구할 때까지는 이 흙을 병원에서 많이 사용하였다. 그리고 이 흙에 '테라 휘르마(Terra Firma : 라틴어로 육지라는 뜻)'라는 라벨을 붙였는데, 이는 통역에게 단순한 보통 흙이 아니라는 것을 알게 하기 위해서였다."

이처럼 알렌은 서양 의술로 인기를 끌었지만 단순히 의사로서만 머물지 않았다. 왕비의 조카 민영익을 구해 준 일로 인해 왕비는 물론 국왕의 총애를 받으면서 자연스레 정치계에 발을 디뎠다. 각국 외교관들과 교분을 맺으며 외교 활동을 했고, 유성기*를 조선에 처음 선보이기

도 했다.

　미국 정부에서도 알렌의 이러한 처지를 십분 활용하여 그를 외교관
으로 임명하였다. 알렌은 1887년 주미전권공사(駐美全權公使) 박정양
의 고문이 된 일을 시발점으로 1894년 주한미국 공사관(駐韓美國 公
使館)의 서기관이 되었고, 1897년 공사(公使), 1898년 총영사(總領事),
1901년에는 전권공사(全權公使)가 되었다.

　알렌은 우연치 않은 사건으로 인해 새로운 인생의 길을 걸은 사람이
며 갑신정변의 덕을 가장 크게 본 사람이라고도 할 수 있다.

• 유성기와 우리나라 최초의 디제이

알렌은 1887년 납관식 실린더 녹음재생기를 조선에 처음으로 소개하기도 했다. 녹음
재생기는 1877년 에디슨이 발명한 기계로, 손잡이로 태엽을 감고 판 위에 바늘을 올리면
소리통이 울리게끔 되어 있다. 에디슨은 '말하는 기계'라고 명명했지만 조선에서는 '소리
를 담아 두는 기계'라는 뜻에서 '유성기(留聲機)' 혹은 '축음기(蓄音機)'라 하였다.

1890년대 초의 어느 날, 알렌이 관저에서 연회를 열고 구한국 각 대신을 초대했을 때
의 일이다. 식사를 마친 후 알렌은 대신들을 놀래 줄 겸 여흥으로 유성기를 틀어 놓았다.

'사람은 없는데 목소리만 들리면 아마도 대신들이 크게 놀랄 거야.'

하지만 알렌의 예상과 달리 누구 할 것 없이 유성기 소리를 듣지 못한 척했다. 뜻밖의
무반응에 당황한 알렌은 그 이유를 분석해 보았다.

'대신들이 유성기 소리를 다른 곳에서 들려오는 잡소리로 잘못 이해한 모양이네. 그렇
다면 현장의 소리를 들려줘야겠군.'

알렌은 즉석에서 자신의 짧은 연설과 그 뒤를 이은 어느 대신의 답사를 모두 유성기
판에 녹음하고는 약 반 시간 만에 다시 유성기를 틀어 놓고 반응을 살폈다. 그런데 알렌
의 연설과 대신의 답사가 그대로 울려 나왔음에도 불구하고 대신들은 여전히 못 들은 것
처럼 딴청을 부렸다. 이번에는 유성기 소리를 들었음이 분명하건만 단 한 명도 고개를 돌
려서 정체 모를 소리가 나는 방향(유성기가 있는 곳)을 찾아보려 하지 않은 것이다. 하여
놀란 감정을 숨기고 아무 감동도 없는 체하는 한국 대신들의 태도에 오히려 알렌이 무척
놀랐다고 한다. 어쨌거나 알렌은 이 땅의 디제이 제1호인 셈이다.

알렌은 1893년 미국 시카고에서 열린 만국박람회에 한국 소리꾼 열 명을 데려가 공연
을 주선하기도 했다. 이때 일행 가운데 박춘재(朴春載)가 레코드 취입을 하여 우리나라
최초의 음반 취입자로 기록되었다. 또한 박춘재는 귀국한 뒤 고종 앞에서 납관 녹음기에
소리를 담은 후 이를 재생하는 신기함을 보여 주었고, 이때 이 모습을 지켜보던 대신들은
너무 놀란 나머지 "혼이 빠져서 10년 감수했다."는 반응을 보였다고 한다. 이때부터 축음
기와 음반은 신비스런 물건으로 세인의 관심을 모았다.

자객과의 두뇌 싸움

"일단 몸을 피합시다."

김옥균 일행은 갑신정변에 실패한 후 생각지 않은 망명 생활을 시작했다. 일본이 개화당 정치인을 받아 준 것은 정치범 망명을 허용하는 국제법상 당연한 처사이기도 하지만 그보다는 훗날에 개화당 요인들로 하여금 다시 한번 조선의 정권을 쥐게 함으로써 일본 세력을 만회하려는 속셈이 컸다. 일본은 그러면서도 망명객들을 탐탁치 않게 여겼으며 매우 귀찮아하는 태도를 보였다. 이에 비해 김옥균 일행은 일본의 배신으로 인해 혁명이 실패했기에 매우 분함을 느꼈으나 후일을 기약하며 참을 수밖에 없었다.

"내 역적 놈들을 결코 용서하지 않으리라!"

그런데 위험은 계속되었다. 갑신정변 주도자들이 망명지에서 제한된 자유나마 누리게 할 만큼 조선 정부는 관대하지 않았던 것이다. 그럴 수밖에 없었다. 구사일생으로 살아난 민영익과 그의 이모인 왕비가 가만히 있을 리 없음은 불문가지(不問可知 : 묻지 않아도 알 수 있음)였다. 조선 정부는 두 차례에 걸쳐 김옥균 일행을 인도하라 요구했으며, 일본 정부는 김옥균 일행을 인도하지 않는 대신 조선에서 자객(刺客)을 보내어 비공식적으로 조처하는 일에 대해서는 묵인하겠다는 듯한 암시를 주었다. 1885년(고종 22)의 일이었다.

그 후 조선 정부는 기회 있는 대로 자객을 일본에 보내어 김옥균 일행을 추적했다.

첫 번째 자객인 장은규는 "김옥균이 일본의 낭인(浪人)과 더불어 조선 침공을 계획하고 있다."라는 낭설을 보고하여 소란을 피웠을 뿐 별일을 하지 못했다.

두 번째 자객 지운영은 1886년 봄에 전권위임장을 휴대하고 일본에 도착했다. 자객전권(刺客全權)을 위임하는 포적전권위임장(捕賊全權委任狀)에는 옥새(玉璽)까지 찍혀 있었으니 수구당의 보복 계획이 정권 차원의 일이었음을 능히 짐작할 수 있다. 휴양 여행이라는 명목으로 한성을 출발한 지운영은 일본 명승지를 유람하면서 세 달을 보낸 뒤 도쿄의 한 여관에 투숙하였다. 지운영은 김옥균이 옛날에 자기 상관이었음을 핑계 삼아 편지를 보내 면회를 청했다. 지운영은 김옥균이 호조참의로 있을 때 그 밑에 주사로 있었던 사람이다.

그러나 지운영의 의도를 간파한 김옥균은 이렇게 답장을 보냈다.

"당신이 일본에 건너온 것은 반갑소. 마땅히 영접해야 할 것이나 당신은 조선 관리요, 나는 일개 국사범이오. 오늘의 상봉이 훗날 당신에게 누를 끼칠까 두렵소."

이와 같이 면회를 사절한 김옥균은 한편으로 유혁로, 신응희, 정난교에게 지운영을 농락할 계책을 일러 주었다.

"조선을 출발할 때 일본에서 쓸 거금을 갖고 왔을 것이니 이러이러한 꾀를 써서 그 돈을 뺏으오."

김옥균 지시에 따라 세 사람은 우연한 기회처럼 가장하여 지운영을 방문하고 자기들 고충을 털어놓았다. 그리고 같은 망명객이면서도 김옥균은 원조해 주는 사람들이 많아 풍족한 생활을 하고 있으나, 자기들은 고생이 이만저만이 아니며 고기 맛을 본 지 오래됐다고 궁상을 떨었다. 이를 듣고 지운영은 일이 잘되어 간다는 생각으로 크게 동정을 나타내면서 음식 대접을 해 주었다. 그 후부터 세 사람은 자주 지운영과 접촉하여 그의 환심을 사고 한편으로는 김옥균을 은근히 악평하였다. 김옥균에게 접근할 기회가 없어 고심하던 지운영은 세 사람을 이용하리라 마음먹고 그들을 더욱 환대하였다.

하루는 세 사람이 지운영을 만나 전과 같이 고충을 토로하며 신세타령을 했다. 그러자 지운영은 넌지시 한마디 던지면서 드디어 비밀의 문을 열었다.

"부질없이 걱정일랑 일삼지 말고 조선을 위해 충성하면 당신들은 자유의 몸이 될 것이오."

"우리는 나라에 죄짓고 도망한 몸이니 비록 뜻이 있다 하더라도 어떻게 조국에 충성을 다한단 말이오?"

"그 방법은 바로 조선 정부의 해독을 제거하는 것이오."

"조선 정부의 해독이란 또 무엇이오?"

"해독은 바로 김옥균을 말하는 것이오. 그를 제거하는 일은 조선 정부에 대한 크나큰 충성이 될 것이오. 사실 나는 김옥균을 제거하고자 파견 나온 밀사라오."

"그러면 여러 가지 준비가 있을 터이니 증거를 보여 주시오."

그러나 지운영도 그것만은 밝히려 들지 않았다. 이에 세 사람은 성난 듯 말했다.

"우리들은 진실을 토로했는데도 당신이 아직 우리들에게 감추는 것이 있다니 참으로 불쾌하오. 당신은 우리를 농락하는 게 아니오? 일이 이렇게 된 바에야 당신을 죽이고 우리도 자결하는 수밖에 없소!"

놀란 지운영은 황급히 국왕의 위임장과 단도를 보여 주었다. 세 사람은 다시 정색하여 말했다.

"당신의 충성심과 진심을 확인했으니 우리도 당신 뜻에 따르겠소. 다만 일본 정부에서 당신을 몹시 주목하는바 불시에 당신을 구속하여 소지품을 검사하리라는 소문이 마음에 걸리오. 만약 그리 되면 국교 문제가 야기될지도 모르오. 차라리 우리에게 맡겨둠이 안전하지 않겠소?"

이렇게 유혹하면서 위임장을 빼돌리려 했으나 지운영은 그것만은 한사코 내놓지 않았다. 그 대신에 지운영은 세 사람에게 성사 후 본국 정부에 구명 운동을 알선해 준다는 약정서와 성사 후 닷새 안으로 오천 원을 지급한다는 대사증표(大事證票) 등 세 가지 문서를 친필로 써 주었다. 하지만 세 사람은 지운영이 가진 돈이 예상과 달리 많지 않음을 알고는 기어이 위임장과 칼을 빼앗아서 그 길로 경시청에 고발하였다. 이리하여 지운영은 일본 경찰에게 구속되어 밀령(密令)을 받은 사실을 자백하였다. 지운영은 본국에 급히 전문(電文)을 보냈다.

"역적 김옥균을 살해하려는 일이 발각되어 일본 정부에 붙잡혔는데 그 물음에 왕명의 위임장을 받들고 있다고 답했습니다. 의당 먼저 우리 정부에 문의할 일임에도 불구하고 먼저 구속하여 욕을 보고 있으니 선처토록 해 주십시오."

외교적으로 볼 때 참으로 부끄러운 일이었다. 김옥균은 이 사건에 대하여 자기 일신상의 위험 여부보다도 국가적인 수치를 통분히 여기고 국왕에게 상소문을 보내었다. 개혁을 통해 국력을 키우는 국제 정세를 논하는 한편 위안스카이의 수중에서 농락되는 국내 정세를 개탄하면서 다시 국정을 쇄신할 것과 박영효, 서광범, 서재필을 귀국시켜 등용할 것을 호소하였다. 그러나 당시의 조선 정치계 사정으로 보아 그의 의견이 받아들여질 리 없었다.

그로부터 8년이 흐른 1894년(고종 31) 2월 27일.

중국 상하이의 미국 조계(租界 : 외국인 거주지)에 있는 3층 양옥 여관 동화양행에 네 사람의 일행이 찾아들었다. 이틀 전 일본 고베를 떠난 선박 사이코마루[西京丸]에서 내린 손님들이었다. 숙박부에는 그들의 성명이 이렇게 적혀 있었다.

> 이와타 산와 44세[岩田三和 四四歲]
>
> 기타하라 엔지 22세[北原延次 二二歲]
>
> 다케다 주이치 40세[竹田忠一 四十歲]
>
> 우바오런 36세[吳葆仁 三六歲]

일본인 세 명과 중국인 한 명이었다. 살결이 희고 눈빛이 빛나는 중년 신사 이와타 산와는 앳된 기타하라 엔지란 청년과 함께 2층 1호실에 짐을 풀었고, 몸집이 크고 눈이 부리부리한 다케다 주이치는 3호실에 방을 잡았다.

다음 날 아침, 3호실의 다케다는 한복으로 옷을 바꿔 입고 나타났다. 일행은 그날 일정을 계획하면서 오후 1시부터 거류지를 구경하기로 하고 마차 세 대를 부르기로 하였다. 그때까지는 각자 시간을 갖기로 했다. 중국인 우바오런은 이와타의 부탁을 받고 중국옷 한 벌을 사러 나가고, 다케다 역시 은행에 볼일이 있다고 뒤따라 나갔다. 이보다 앞서 이와타는 근처를 돌아보겠다며 여관을 나간 뒤라 호텔에는 앳된 청년만이 남아 있었다.

얼마 지나지 않아 이와타가 돌아왔다. 그는 신수가 좋지 않다면서 2층 자기 방으로 들어갔으며, 침대에 누워 『자치통감(資治通鑑)』을 펼쳤다. 심란한 마음을 가라앉히기 위해 글 속에 빠져들기 위함이었다. 그때 다케다가 이와타를 뒤따라 들어와서는 이리저리 방안을 거닐었다. 뭔가 찾는 것처럼 보였지만 별말은 없었다. 이와타는 흘끔 다케다를 쳐다보고는 이내 앳된 청년을 불러 말했다.

"아래층 사무실에 가서 사이코마루의 마쓰모토 사무장에게 잠깐 오시라고 전해 다오."

말을 마친 이와타는 안약을 꺼내어 눈에 몇 방울 넣은 후 침대에 누웠다. 청년의 발자국 소리가 층계 아래로 사라져 갔다. 그러자 서성거리고 있던 다케다는 돌연히 몸에 지녔던 권총을 꺼내 눈을 감고 있던 이와타의 얼굴을 향해 한 방 쏘았다. 느닷없이 저격을 받은 이와타는 비호처럼 몸을 일으켜 다케다에게 덤벼들었으나, 다케다는 계속하여 두 방을 더 쏘았다. 두 번째 총탄은 그의 배꼽을 뚫었고 세 번째 탄환은 그의 등덜미를 맞혔다. 너무나 순식간에 벌어진 일이었다. 이와타는 이내 절명했다.

이와타의 죽음을 확인한 다케다는 황망히 그 방을 벗어난 다음 청년을 앞질러 밖으로 빠져나갔다. 사무실을 찾아가던 청년은 다케다의 날랜 걸음걸이를 보고 이상하게 생각하여 걸음을 돌려 2층으로 뛰어 올라 갔다. 이와타는 피를 흘리며 복도에 넘어져 있었다. 청년은 그의 머리를 부둥켜안고 처절하게 연거푸 외쳤다.

"김 선생님! 김 선생님!"

두 중년 신사, 즉 이와타와 다케다는 일본 사람이 아니었다. 필요상 가명을 썼던 이와타는 다름 아닌 김옥균이었고 다케다는 프랑스 유학*을 다녀온 조선 정부 자객 홍종우(洪鍾宇, 1854~1913)였다. 또한 앳된 청년 기타하라의 본명은 와타 엔지로[和田延次郎]로서, 그는 일본에서부터 김옥균을 수행하였으나 심부름을 하느라 미처 참극을 막지 못했다. 갑신정변이 있은 지 만 10년 만에 혁명가 김옥균은 남의 나라 여관에서 비장한 최후를 맞았다.

• 우리나라 최초의 프랑스 유학생

홍종우는 어린 시절 불우하게 보내다가 서른두 살 때인 1886년 일본으로 건너가 신문사 식자공으로 일하면서 돈을 모았다. 프랑스행 뱃삯을 모은 홍종우는 1890년 프랑스로 자비 유학을 떠났다. 우리나라 사람으로서는 최초로 프랑스로 공부하러 떠난 것이다. 홍종우는 프랑스에서 서양 문화를 배우면서 파리 기메 박물관에서 일했는데, 이때 조선을 알리는 일에도 힘썼다. 홍종우는 『춘향전』을 프랑스어로 번역하여 『향기로운 봄』이란 제목으로 책을 냈고, 『심청전』도 번역하였다.

20세기 초 가장 혁신적인 안무가로 평가받는 러시아 안무가 미하일 포킨은 『향기로운 봄』을 원작으로 1936년 〈사랑의 시련〉이란 발레 작품을 제작했으니, 홍종우는 우리 고전을 유럽에 소개한 문화 전도사인 셈이다.

한편 홍종우는 김옥균을 암살했기에 보수파 인물로 오해받기도 하지만 사실 왕에게 충성하면서 서양 문명을 받아들이자는 자주적 개화파 인사였다. 홍종우는 왕에 대한 충성심에서 김옥균을 암살했으며 외세 의존적 태도를 배격했기에 조선에 돌아왔을 때 청나라에 의존적이었던 수구파의 환대를 단호히 거절했다.

조선 최초의
해외 비자금 밀반출 사건

"뭐라? 돈이 온데간데없이 사라졌다고?"

1886년 1월 15일 놀라운 사건이 일어났고, 민영익은 엄청나게 큰 충격을 받았다. 은행에 맡긴 거액이 온데간데없이 사라졌기 때문이다. 그 돈은 조선 정계 실력자 민영익이 맡긴 비자금이었다. 당시 중국에 대한 홍삼(紅蔘)* 수출을 장악한 민영익은 막대한 돈을 모아 그 일부를 홍콩에 있는 프랑스 은행에 맡겼다. 일설에는 그 돈이 고종의 밀명을 받고 홍삼 일만 근을 팔아 국가 비상시에 쓰려고 조성한 해외 비자금이었다고 한다.

"도대체 누가 그 돈을 찾아갔다는 말이오?"

은행을 찾아가 확인하니 민주호와 윤정식이라는 두 젊은이가 범인이

었다. 두 사람은 조정이 양성한 통역관(通譯官) 후보생으로 중국에 유학 중이었는데, 이들은 홍콩에 놀러 갔다가 민영익이 거금을 예치했다는 소문을 듣고 몰래 그 돈을 빼돌려 달아난 것이었다. 액수는 영국 돈으로 2천 파운드, 미국 돈으로는 1만 6천 달러에 해당되었다. 실로 천문학적인 거액이었다.

이 얼마나 놀라운 일인가. 조선에 근대 문명이 형성되기 전인 19세기 말엽에 해외로 자금을 빼돌리는 일이 있었고, 그 자금을 밀반출하는 대형 금융 사고가 일어난 것이다.

"나라를 위해 쓰려고 잠시 맡겨 둔 돈을 훔친 역적들이 있으니 빨리 잡아들여야 합니다."

화가 잔뜩 난 민영익은 위와 같이 본국에 보고하고, 상하이에 있는 정부 관리에게도 알려 그들을 체포해서 돈을 회수하려 하였다. 그러나 돈을 훔친 민주호와 윤정식은 곧 홍콩을 떠나 일본 나가사키로 재빨리 도망쳤다. 조선 정부는 일본 정부에게 두 사람을 체포해 달라고 요청했으나 그들은 어느새 미국으로 떠난 뒤여서 목적을 이루지 못하였다.

이들은 미국으로 가기 전에 요코하마에 있는 김옥균을 찾아갔다. 열일곱 살 정도 되는 어린 나이였기에 막상 일을 저질러 놓고 보니 어찌할 바를 몰랐던 까닭이다. 어떻든 김옥균은 이들을 반가이 맞이하였지만 쫓기는 그들을 일본에 오랫동안 머물게 할 수 없었다.

"이곳 일본은 불안하니 멀리 미국으로 건너가고 싶습니다."

그들이 미국으로 달아나고 싶다고 하자 김옥균은 갑신정변 동지로 같이 일본에 머물고 있던 변수(邊燧, 1861~1892)에게 의견을 물었다.

"자네가 그들을 미국으로 안내하는 것은 어떠한가?"

1883년에 보빙사(報聘使 : 한 국가를 대표해 외국을 방문하는 사절) 일원으로 미국에 갔었던 변수는 다시 미국에 가고 싶어 했던 터이므로, 김옥균이 그 같은 제의를 하자 망설임 없이 받아들이고 그들과 같이 미국으로 떠났다. 1886년의 일이었다. 변수 일행은 일본을 떠나면서 훔친 돈 중에서 4천 달러를 김옥균에게 떼어 주고 떠났다고 하는데, 얼마 후 김옥균이 미국행을 시도했을 때 여비가 없어 포기한 것으로 미루어 사실 여부는 알 수 없다.

한편 변수는 1887년 미국 메릴랜드 대학교에 입학해 농학을 전공하고 1891년 졸업하여 한국인 최초의 미국 대학교 졸업생이 되었다.

• 왜 고려인삼이 유명할까

인삼 원산지는 중국 타이항[太行] 산맥으로 알려져 있으며, 백제 온조왕 때 당나라에 갔던 사신이 인삼 종자를 우리나라에 처음 들여왔다는 설이 전해진다.

'고려인삼'이라는 말은 중국 문헌에 처음 등장한다. 양(梁)나라 때 의학 서적인 『신농본 초경집주』 및 『명의별록』에 백제와 고려의 인삼에 관한 기록이 나오는데, 여기서 고려는 고구려를 가리킨다. 『양서(梁書 : 당나라 요사렴이 지은 양나라의 역사서)』에도 무제 시대 (武帝 時代)에 고구려 및 백제가 자주 인삼을 조공했다는 기록이 있고, 1123년 송나라 사 람 서긍(徐兢)이 고려를 다녀간 뒤에 저술한 『선화봉사고려도경』에도 고려인삼에 관한 기 록이 나온다. 특히 서긍은 홍삼이 고려의 자랑이라고 적었다. 정리해서 말하자면 고려인 삼은 본디 고구려인삼을 가리키는 말이었으나, 고려가 고구려 후계자임을 표방하면서 고 려인삼으로 널리 알려지게 됐다.

최남선(崔南善, 1890~1957)[1]의 『조선상식문답』에 따르면, 옛날 우리나라에는 어디나 산삼이 많아서 1년에 수만 근을 채취할 수 있었다. 정부는 수백 년 동안 산삼을 주고 일 본에서 은과 동을 사다가 그대로 중국에 팔아 이익을 얻는 국제 무역을 행하였다. 그러나 지나친 채취로 인해 조선 시대 중엽에는 산삼이 부족해지는 사태가 벌어졌다. 이에 부득 이 여러 지역에서 시험적으로 인공 재배를 시도했는데, 개성에서 가장 좋은 성적을 내었 으므로 그때부터 '개성인삼'이 유명해졌다고 한다.

인삼은 산지에 따라 약효 차이가 많이 나는 까닭에 예부터 재배지를 속인 가짜가 많 이 나돌아 다녔다. 1922년 금산에서 인삼 조합이 형성된 것도 가짜 금산인삼을 막기 위 한 운동에서 출발했다.

일반적으로 다른 나라의 약초와 구별하기 위하여 고려인삼은 '蔘(삼 삼)'으로 쓰고, 외 국 삼은 '參(삼 삼)'으로 쓴다. 따라서 동양삼(東洋參), 관동삼(關東參) 등은 외국 삼을 일 컫는 말이다. 우리는 인삼을 '人蔘'으로 쓰지만 중국이나 일본에서는 '人參'으로 쓴다.

---

❶ **최남선** : 한국의 사학자이자 문인. 잡지 『소년』을 창간하고 최초의 신체시 '해에게서 소년에게'를 발표하였으며, 3·1 운동 때는 독립 선언서를 기초했다. 하지만 이후 일제의 침략 전쟁을 미화하는 친일활동을 하기도 했다.

한편 인삼은 대체로 백삼(白蔘)과 홍삼 두 가지로 나뉜다. 백삼이란 흙에서 캔 삼을 그대로 말린 것이요, 홍삼이란 그것을 가마에 넣고 쪄서 붉은 빛이 나게 한 것이다. 보통 좋은 것을 골라 홍삼을 만들고 기준에 합격되지 못한 것은 백삼으로 한다. 홍삼은 12세기경부터 만들어졌으며 고려인삼의 명성을 드높이는 데 결정적 역할을 했다.

조선 후기 농민들이
동학에 적극 동참한 이유

"시천주(侍天主 : 하느님을 내 마음 속에 모신다는 뜻)!"

1860년 수운 최제우(崔濟愚, 1824~1864)가 동학(東學)을 창시하면서 내세운 말이다. 천주(天主), 즉 하늘님, 천제, 한울님을 마음에 모시는 종교가 동학이며, 동학은 또한 서학(西學 : 천주교)과 반대되는 개념에서 나왔다.

'조선의 종교'라는 뜻인 동학은 19세기 후반 서양 세력이 다투어 한반도를 집어삼키려 하고 조선 사회가 여러 방면에서 어지러울 때 백성을 구원하고자 등장했다. 당시 유교는 성리학적 명분주의에 빠져 변화하는 사회에 적극적으로 대처하지 못했고, 불교 역시 조선 시대 5백여 년 동안 정책적으로 탄압받아 온 탓에 새로운 사회를 주도할 힘이 부족했다.

그 무렵 천주교가 서학이라는 이름으로 조선 사회에 들어와 많은 사람들을 끌어들이기 시작하면서 사람들은 종교적 혼란에 빠졌다. 이러한 서학에 대항하는 한편 새로운 이상 세계를 건설하고자 등장한 게 동학이다.

"사람을 하늘같이 여기라!"

동학 2대 교주 최시형(崔時亨, 1827~1898)은 시천주 대신에 '사인여천(事人如天)'이라는 개념을 강조하면서 "모든 사람은 평등하며 귀천 차별이 없어야 한다."는 말로 사람들 마음을 움직였다.

"내 나라를 지키고 나 자신을 지켜야 한다는 건 지당한 말씀!"

민족적 자존심을 지키면서 사람을 귀히 여기라는 동학은 농민들에게 잘못된 현실에 맞서 일어설 용기를 주었다. 1894년에 일어난 고부 농민 봉기는 그 대표적 사건이다.

그 무렵 전라북도 고부 군수 조병갑은 농민에게 불필요한 저수지(만석보)를 억지로 짓게 한 다음 수세(水稅 : 물값)를 걷는가 하면 각종 죄명을 백성에게 씌워 벌금을 받아 내는 등 포악하고 가혹한 정치를 행하였다. 이에 일부 농민들이 시정을 요구했으나 조병갑은 듣지 않았다.

"이대로는 안 됩니다. 직접 나서야 합니다!"

1894년 2월 15일 전봉준(全琫準, 1855~1895)*❶은 동지 천여 명을 이끌고 만석보를 파괴한 다음 고부 관아로 쳐들어갔다. 깜짝 놀란 조병갑이 그대로 달아나자 농민들은 불법 징수한 세곡을 빼앗아 빈민에게 나

❶ 전봉준 : 조선 후기 동학 농민 운동의 지도자. 고부 군수 조병갑의 수탈에 대항하여 동학 농민 운동을 일으켰다.

뒤 주었다. 얼마 후 신임 군수가 와서 이들을 달래자 농민들은 자진하여 해산했다.

"이건 동학도의 반란이야. 역적죄를 엄히 물어야 해!"

그런데 정부에서 안핵사(민란을 수습하기 위한 임시 벼슬)로 파견 나온 이용태가 관련자들을 동학도로 몰아 혹독히 탄압하였다. 이에 분노하여 전봉준은 김개남, 손화중과 함께 봉기하였다. 동학 농민 운동이 일어난 것이다.

동학군은 고부를 점령한 다음 그 기세를 몰아 태인, 금구를 거쳐 호남의 수부(首府 : 관찰사의 관아가 있던 곳)인 전주성을 차지하였고, 이내 호남 일대를 휩쓸다시피 했다. 동학군은 탐관오리는 물론 외국 세력을 몰아내라고 나라에 요구했으며, 이것이 받아들여지지 않자 관군과 싸우면서 세력을 넓혔다.

동학군은 평등을 내세웠고 모든 계층이 크게 동감하여 기꺼이 동학군에 가세하였다. 동학군은 서로를 '접장(接長)'으로 통일하여 부르게 했다. 예컨대 어린이는 동몽접장, 아녀자는 부인접장으로 불렀다. 이렇듯 남녀노소를 가리지 않는 평등 의식은 동학군의 단결력으로 이어졌다.

동학군은 많은 호응을 받았지만 정부 요청에 의해 개입한 일본군에게 패배했다. 청나라와 일본의 개입에 따라 동학군은 1894년 6월 11일 전주성을 자진 포기하였고, 이로써 동학 농민 운동은 비극적으로 끝나고 말았다.

동학 농민 운동 혹은 동학 혁명에 대한 평가는 다양하다. 우선 동학의 적통(嫡統)을 강조하는 천도교 측은 동학과 동학 농민 봉기를 같은 테두리에서 파악한다. 동학이 없었다면 반봉건 농민 운동은 일어나기 어려웠을 것이라며 '동학 혁명'이라는 용어를 사용하고 있다. 그런가 하면 동학 혁명을 조선 후기의 정치 부패와 사회 경제적 모순의 반영으로 파악하는 역사가들도 많다. 즉 농민의 자생적인 항거로서 동학 농민 봉기를 19세기 이래 계속된 농민 봉기의 최종적 분출로 이해한 것이다.

동학은 차별 없는 평등을 강조하면서 처음으로 근대적 신분 해방을 구현했다. 양반과 상놈, 적자와 서자의 차별을 타파하려는 노력은 실학 사상에서도 나타났지만, 동학만큼 사회적 실천으로 이어지지는 못했다. 게다가 새로운 세상이 열린다는 '후천개벽(後天開闢)' 이념은 억압과 수탈의 현실을 뛰어넘으려는 당대 민중의 강렬한 염원을 담아내고 있다.

• 전봉준이 '녹두장군'으로 불린 까닭

전봉준은 몸집이 작았지만 몸의 아래 위가 한판에 찍은 듯하고 녹두처럼 야무지다고 해서 어린 시절 '녹두(綠豆)'로 불렸다. 그래서 훗날 동학 농민 운동을 이끌 때에는 '녹두장군(綠豆將軍)'으로 불렸다.

전봉준의 아버지는 흥덕 소요산 암자에서 글공부할 때 소요산 만상봉이 목구멍으로 들어오는 태몽을 꾸었다고 한다. 전봉준은 어려서부터 담력과 재기가 넘치고 기상이 활달하였다. 그러나 아버지가 고부 군수 조병갑의 학정에 저항하다가 모진 곤장을 맞고 한 달 만에 죽음을 당하자 이때부터 사회 개혁의 뜻을 품었다.

전봉준은 농민들을 이끌고 봉기한 후 각지에 격문을 돌려 총궐기하자고 호소했다. 이후 관군을 압도하며 승승장구했지만 일본 군대에 패배하여 퇴각했다. 그 후 전봉준은 재기를 기도했으나 배반자의 밀고로 11월 순창에서 붙잡혀 서울로 압송되었다. 이듬해인 1895년 4월 23일 재판에서 사형을 선고받았고 이튿날 새벽 2시에 처형되었다. 전봉준은 갑오경장 이후 마련된 사형 제도에 따라 참수형이 아닌 교수형을 당했다.

전봉준은 처형 직전 다음과 같은 유언을 남겼다.

"나를 죽이고자 할진대 종로 네거리에서 목을 베어 오고 가는 사람들에게 내 피를 뿌려 주기 바라노라."

민중들은 그에 대한 애정과 안타까움을 '파랑새'라는 민요로 표현하였다.

> 새야 새야 파랑새야
> 녹두밭에 앉지 마라.
> 녹두꽃이 떨어지면
> 청포 장수 울고 간다.

여기서 '파랑새'에 대해서는 두 가지 풀이가 있다. 하나는 '팔왕새'에서 나온 말로 팔왕(八王)은 전봉준의 성인 전(全)을 풀어 나눈 파자(破字)이니 곧 민중의 희망인 녹두장군 전봉준을 가리킨다는 해석이다. 다른 하나는 파랑새는 파란 군복을 입은 일본군, 녹두밭은 전봉준, 청포 장수는 백성을 상징한다는 해석이다. 어느 풀이든 간에 전봉준의 희생에 대한 안타까움을 담고 있다.

손병희의 배짱과 기지

　동학 혁명이 실패한 후 의암 손병희(孫秉熙, 1861~1922)[1]가 도망 다닐 때의 일이다. 어느 마을을 지나가려는데 저만치 주막(酒幕) 앞에서 관군들이 투전(投錢 : 돈치기)을 하면서 행인들을 수색하고 있었다. 되돌아가자니 의심을 사기 쉽고 그대로 간다면 붙잡힐 게 뻔한 진퇴양난의 상황이었다. 일행 중 한 명이 난감한 표정으로 손병희에게 물었다.

　"어떻게 하면 좋을까요?"

　"글쎄. 잠깐 생각 좀 해 봅시다."

　"재빨리 도망가는 게 좋지 않을까요?"

---

❶ 손병희 : 동학 3대 교주로, 동학을 천도교로 개칭하고 대도주(大道主)가 되었다. 이후 일제 강점기에는 항일 독립운동을 주도했다. 3·1운동을 이끈 민족 대표 33인의 한 사람이기도 하다.

"그건 안 될 말이외다. 저기서 빤히 보이는데 지금 되돌아 도망친다면 관군이 즉시 쫓아올 것이오."

"그럼 어찌할까요?"

손병희는 뭔가 떠오른 듯 미소 짓더니 일행에게 귓속말로 뭐라 말했다. 일행은 알아들었었다며 고개를 끄덕였다. 손병희는 앞장서서 주막에 들어서며 씩씩한 목소리로 말했다.

"참새가 방앗간을 그냥 지나칠 수 없지. 실례지만 나도 한몫 낍시다."

"돈은 있소?"

관군 중 한 명이 손병희를 위아래로 훑어보며 묻자 손병희는 돈을 꺼내면서 대답했다.

"하하, 돈 없이 노름판에 끼어들 리가 있겠소."

손병희는 일부러 돈을 잃어 주면서 도박판 분위기를 달구었다. 그러고는 한창 흥이 날 무렵 판돈을 쓸어 쥐면서 벼락같이 호통 쳤다.

"이놈들을 냉큼 묶어라!"

그러자 일행은 하인 흉내를 내면서 순식간에 포졸 둘을 묶었다. 묶였거나 곧 묶일 처지가 된 포졸들은 느닷없는 일에 당황해하며 불안한 목소리로 물었다.

"아니, 누구신데 이러십니까?"

손병희는 위엄 있는 목소리로 꾸짖듯 말했다.

"이놈들! 잡으라는 동학군은 안 잡고 노름을 해? 이런 놈들은 군율에 따라 목을 쳐야 하니 당장 포도청으로 끌고 가자!"

그 말에 깜짝 놀란 포졸들은 손병희 일행이 암행어사인 줄 알고 손이 발이 되게 빌었다.

"아이고, 한 번만 살려 주십시오."

"나리, 다시는 이런 짓을 하지 않겠습니다. 선처해 주십시오!"

손병희는 한동안 훈시한 뒤 못 이기는 척 포졸들을 풀어 주었다. 포졸들은 연신 고개를 숙여 가며 큰 은혜를 입은 양 감사함을 나타냈다. 손병희 일행은 포졸들의 배웅을 받으며 주막을 떠났고 이로써 위기를 무사히 넘겼다.

동학 3대 교주 손병희의 배짱과 기개를 잘 보여 주는 일화이다. 손병희는 누구인가? 충청북도 청주에서 아전 손의조의 서자로 태어난 손병희는 어린 시절 장난이 심했지만 의협심이 강해 불쌍한 사람을 잘 도와주곤 했다. 나이가 들면서 신분 차별을 느끼자 반항심으로 잠시 불량배 생활을 하다 1882년에 권유를 받고 스물한 살 나이에 동학에 입도했다.

"인간 평등과 보국안민(나랏일을 돕고 백성을 편안하게 함)이라, 그것 참 할 만한 일이군."

손병희는 이때부터 탐욕적 욕망을 절제하고 이전과는 전혀 다른 생활을 시작했다. 손병희는 날마다 주문을 외면서 수도했으며 3년 후 동학 2대 교주 최시형을 만나 뵈었다. 이때 손병희가 진지하게 물었다.

"어떻게 해야 도통할 수 있습니까?"

최시형은 그 질문에 매일 짚신 두 켤레를 삼으라고 답했다. 손병희는 그 말을 따라 행했고 얼마 지나지 않아 눈 감은 채 짚신을 삼을 수 있게 됐다고 한다. 1897년 최시형은 손병희를 후계자로 지목했으며, 1898년 최시형이 관군에게 붙잡혀 처형된 뒤 손병희가 3대 교주로 동학을 이끌었다. 1901년에는 일본으로 망명하여 머물면서 자동차*를 직접 타 보는 등 새로운 문명을 적극 접했고 동학교도 자제 64명을 선발하여 일본에 유학시켜 신문명을 느끼게 했다. 1905년에는 이용구가 배신하여 동학을 매국 행위에 이용하려하자, 손병희는 1905년 12월 1일 동학을 천도교(天道敎)로 개칭하면서 '사람이 곧 하늘'이라는 인내천 사상을 내세웠다.

한편 손병희는 무척 대범한 인물이었으니 그 일면을 보여 주는 일화가 있다. 3·1 운동을 추진하면서 각계 대표들을 은밀히 교섭할 때의 일이다. 그는 매국노까지 포섭해야 2천만 동포가 모두 참여하는 것이라고 생각하여 직접 이완용❷ 집으로 찾아갔다. 이완용은 민족 지도자의 뜻밖 방문에 감복하여 그를 정중히 맞았다. 손병희는 이완용에게 독립 거사에 가담할 것을 종용했다. 이에 이완용은 한참 망설이다가 "나는 이미 매국노이니 성스러운 독립운동에 나설 수 없다."고 대답했다 한다.

❷ **이완용** : 조선 고종 때의 문신. 1910년 총리대신으로 한일 병합 조약을 체결하여 민족을 반역하는 등 친일 행각을 벌였다.

• 최초로 자동차를 탄 민간인

우리나라에 자동차가 처음 선보인 것은 1903년이다. 당시 고종 황제가 제위 40주년을 기념하고자 미국 공관을 통해 포드 A형 리무진 승용차 한 대를 들여옴으로써 한국 자동차 역사의 막을 열었다.

"참으로 빠르고 편리하군."

국내는 아니지만 자동차를 탄 첫 민간인은 독립선언 민족대표 33인 중 한 명인 손병희이다. 그는 1901년부터 1907년까지 일본에서 망명 생활을 했는데, 1905년 미국제 자동차를 구입해 손수 운전하면서 자가용으로 타고 다녔다고 한다.

손병희는 귀국한 뒤 1915년 미국제 캐딜락을 구매해 이 땅에 들여옴으로써 민간인 최초의 자동차 소유주로도 기록되었다. 그런데 같은 차종으로 1912년에 구입한 왕실의 어차(御車)가 낡았다는 소문을 듣고, 민간이 국왕보다 나은 차를 사용할 수는 없는 일이라면서 순종(純宗, 1874~1926)❸에게 자기 차를 바치고 왕실의 낡은 차를 대신 받아 타고 다녔다고 한다.

---

❸ **순종** : 조선의 제27대 왕. 대한제국 최후의 황제이다. 1910년에 일본에 통치권을 빼앗겼다.

여우 사냥

동쪽 하늘에 먼동이 터서 세상이 조금씩 밝아 오고 있었다. 대부분 사람들이 평화롭게 잠들고 있는 그때 광화문 왼쪽 성벽에 어른거리는 사람들이 있었다. 그들은 긴 사다리를 타고 성을 넘어 문안으로 내려섰다. 느닷없는 침입이었다. 광화문을 경비하던 조선 순검(巡檢 : 조선 후기 경무청에 속해 있던 벼슬로, 지금의 순경과 같다)과 병사들은 겁에 질려 아무 대항도 하지 못하고 도망쳐 버렸다.

"끼이익."

침입자들은 굳게 잠겼던 왕궁 대문을 활짝 열었고 일본 수비대와 조선 훈련대 일당이 가마를 호위하며 경복궁에 들어섰다. 가마에는 흥선 대원군이 타고 있었다. 병사들은 총검을 총대에 꽂고 낭인들은 시퍼렇게 날이 선 일본도를 빼어 들었다. 이들의 눈에는 살기가 번뜩였다. 무언가를 노리고 있음이 분명했다.

이들은 몇 무리로 나뉘어 흩어졌다. 선봉대가 광화문을 들어서 두 번째 작은 문을 통과할 무렵, 뒤편에서 요란한 총성이 울렸다. 훈련대 연대장 홍계훈이 군부대신 안경수와 함께 시위대(侍衛隊 : 구한말 왕의 호위를 위해 조직된 군대) 병력 1개 중대를 이끌고 뒤늦게 달려와 흉악한 무리들의 대궐 침입을 저지하려고 충돌을 일으킨 것이다. 홍계훈이 외쳤다.

"군부대신이 여기 있다. 연대장도 여기 있다. 장병들은 함부로 궁중을 범하지 말라."

그 명령은 아무 소용이 없었다. 오히려 쌍방 간에 총격전이 벌어졌고 전투는 10분 만에 끝났다. 홍계훈은 전사했고 안경수는 도주했으며 지휘자를 잃은 시위대 병력은 사방으로 흩어지고 말았다.

침입자들은 고종의 편전(便殿 : 평소에 거처하는 궁전)인 건청궁(乾淸宮)을 향해 진입하였다. 이번에는 미국인 교관 다이(W. M. Dye) 장군이 지휘하는 시위대가 길을 막았다. 그러나 이번 전투도 10분 만에 시위대의 패주로 끝났다. 이윽고 일본인 장교가 지휘하는 병사들이 궁궐 안을 완전히 장악했고, 왕비의 거처로 통하는 두 개의 문과 마당에는 칼로 무장한 낭인들로 차 있었다.

건청궁 앞뜰에 다다르자 오카모토 류노스케[岡本柳之助]가 호령했다.

"여우를 베어 버려라!"

이날의 암호 명령인 '여우 사냥'이 떨어지자 낭인들은 내전(內殿)을 짓밟기 시작했다. 현관 동쪽에 있는 왕의 침전인 곤녕전(坤寧殿)에서는 고종과 왕세자가 함께 떨고 있었다. 침입자들은 방문을 부수고 들어가 왕을 거칠게 붙잡고 왕후의 거처를 대라고 다그쳤다. 어떤 자는 권총을 발사하고 어떤 자는 왕의 어깨를 잡아끌기도 하면서 공갈 협박을 했다. 고종은 짐짓 다른 방을 가리켰다. 주의를 그쪽으로 집중시킴으로써 왕후가 도망갈 시간을 주기 위해서였다. 침입자들은 칼을 번뜩이면서 그 방으로 돌입하였다. 이처럼 참담한 광경을 때마침 궁중에 있던 러시아인 기사(技師 : 전문 기술 업무를 맡아 보는 사람) 사바틴(Sabatine)이 목격하였다.

그러나 이보다 더 비극적인 참상은 건청궁 서쪽에 있는 왕후의 침전인 옥호루(玉壺樓)에서 벌어졌다. 그곳에는 여자 10여 명이 새파랗게 질려 와들와들 떨고 있었다. 침입자들은 여자들의 머리채를 끌어당기면서 왕후가 어디 있는지 캐물었다. 일본어를 모르는 여인들은 오로지 비명만을 질렀다.

"으악!"

이에 침입자들은 우아한 복장을 한 부인을 세 명이나 살해하였다. 그러나 아무래도 왕후를 놓친 것만 같았다. 사실 왕후는 상궁 옷을 입고 상궁 무리 안에 섞여 있었다. 침입자들은 누가 누구인지 알 수 없자 곱상해 보이는 궁녀 몇 명을 더 살해했고 방 한 구석에 숨은 작은 여인을 잡아채 일격을 가했다. 그녀는 왕세자 이름을 세 번이나 부른 다음 절명하고 말았다. 침입자들은 궁녀들을 다그친 끝에 왕후의 볼 윗부분에 점 얽은 자국이 있다는 말을 들었다. 피살된 여자들을 점검하자 과연 얼굴에 얽은 자국이 있는 시체가 발견되었다. 한 놈이 초상화를 꺼내어 얼굴을 비교해 본 뒤 궁녀 몇 명에게 확인시킨즉 모두 왕후가 틀림없다고 증언했다. 당시 이 사건에 직접 가담한 흉도(兇徒)의 하나인 고바야카와 히데오[小早川秀雄]는 왕후의 마지막 모습을 다음과 같이 기록했다.

> 나는 방 안으로 들어가 쓰러져 있는 부인을 보았다. 아직 잠자리에서 나온 그대로였는지 상체에는 짧은 속적삼을 입었을 뿐이고 허리 아래로는 흰 속옷을 입고 있었으나 무릎 아래로는 흰 살이 그대로 드러나 있었다. 잘 보니 가냘픈 몸매에 유순하게 생긴 얼굴로 아무리 보아도 스물대여섯 살로밖에는 보이지 않았다. 당시 왕비는 마흔네 살이었는데, 팔도를 움직여 호령하고 조종했던 국모(國母)의 유해라고 생각되지 않을 정도였다. 왕비의 치명상은 이마 위에 교차된 두 개의 칼날 자국이었던 것 같다.

이제 흉도들의 목적은 달성된 것처럼 보였다. 하지만 흉도들은 왕비의 시체마저 남겨 두지 않았다. 그들은 시체를 홑이불로 싸서 녹원(鹿園) 수풀 속으로 운반한 다음 석유를 끼얹고 장작더미를 쌓아 불을 질렀다. 그들은 타오르는 불꽃에 계속 석유를 뿌려 가며 모든 것을 태워 버리고 뼈 몇 조각만 남겼다. 때는 1895년 8월 20일 오전 8시경이었다.

이른바 명성 황후 시해 사건이 벌어진 것이다. 을미년에 빚어진 참극이라 해서 '을미사변(乙未事變)' 혹은 '을미참변(乙未慘變)'이라 말하기도 한다. 한 나라의 왕비가 흉도에게 너무나 어이없이 목숨을 빼앗겼으니 통탄할 일이었다. 그러나 고종은 슬퍼할 겨를이 없었다.

"일본 공사를 어서 들라 하라!"

그날 아침 일본 공사 미우라 고로[三浦梧樓]가 왕명을 받고 짐짓 시간을 끌다가 대궐로 들어갔다. 이와 전후하여 강녕전(康寧殿 : 경복궁 안에 있던 왕의 침전)에서 대기하고 있던 대원군도 건청궁에 들어가 고종과 대면하였다. 그들은 공포에 떨고 있는 고종에게 이번 변란의 목적은 궁중을 숙청하고 올바른 개혁 정책을 시행하기 위한 것이라고 강변했다. 미우라는 왕후의 행방에 대해서도 일단 행방불명으로 해 놓았다. 고종의 심정은 실로 참담했다.

"허어……."

그뿐만이 아니었다. 미우라는 이 사건을 은연중 대원군의 음모로 몰았다. 훈련대의 불평과 대원군의 불만이 원인이라는 것이었다. 그러는 한편 미우라는 왕후 시해의 사실이 해외에 소개되는 일을 막기 위해 외국 통신 기자에게 압력을 가해서 전보 발신을 억제하였다. 한 예를 들면 「뉴욕 헤럴드」의 특파원 코커릴(C. Cockerill)이 이 사건을 송신하려고 하자 그것을 중지시키고 선불했던 송신 요금을 반환시켰다. 이 땅에서 최초로 보도 기관을 통제하는 일이 벌어진 것이다.

미우라는 그 이전에 일본 정부에 보고할 때도 일본의 개입을 부인하고 훈련대와 시위대의 충돌이라고 허위 보고하였다. 미우라는 또 자기부하인 스기무라 후카시[杉村濬]에게 '왕비는 시해당했느냐?'라는 내용의 전보를 침으로써 사건 자체와 무관한 듯한 행태를 연출하기도 했다.

미우라는 왜 본국에 허위 보고를 했을까?

그것은 사전에 치밀하게 계획된 행동이었다. 당시 일본은 청일 전쟁(1894)에서 승리한 뒤 기고만장하여 조선에 대하여 내정 간섭을 심하게 하였다. 그러나 삼국 간섭으로 일본의 위신이 땅에 떨어지고, 이에자극 받아 왕비를 중심으로 민씨 일파가 러시아 세력을 등에 업고 일본 세력을 몰아내려 하였다. 그러자 일본은 이노우에 공사를 무인 출신인 미우라로 교체하여 세력 만회를 도모했고, 그 결과 을미참변을 일으킨 것이다.

을미참변은 표면상 미우라가 주동이 되고 낭인들이 행동대원으로 가담한 사건이지만 실제는 일본 정부의 음모였음이 분명하다.

한양대학교 최문형 교수 등 전문가 여섯 명이 공동 연구한 바에 따르면, 그 무렵 일본 정계 상황으로 미루어 이토 히로부미[伊藤博文, 1841~1909]❶와 함께 일본 권력의 핵이었던 이노우에가 미우라를 주한공사로 추천했고 그로부터 비밀 보고를 받는 등 시해에 깊이 개입했음을 확인할 수 있다는 것이다.

다시 말해 왕비 시해의 주도자는 이노우에이고 일반적으로 주범으로 알려진 미우라 공사는 행동 총책에 불과했을 것이라는 주장이다. 전·현직 주한공사였던 이노우에와 미우라는 시해 사건 직전 서울에 함께 머물면서 임무 교대를 했는데 이때 세부 계획을 논의했을 가능성이 크다고 한다.

또한 일본이 왕비 시해라는 야만적 방법을 택할 수 있었던 데에는 러시아가 직접 개입하지 않으리라는 확신도 한몫했다. 당시 일본은 청일 전쟁에서 전력을 소진하여 러시아와 직접 대적할 수 없는 상황이었지만 러시아 또한 시베리아 철도 건설에 국력을 쏟아붓는 실정이어서 조선 문제로 일본과의 충돌을 원치 않았다는 것이다.

왕비 시해에 동원됐던 일본인들이 보통 낭인이나 깡패로 알려져 있

---

❶ 이토 히로부미 : 일본의 정치가. 주한 특파 대사로서 을사조약을 강제로 체결하였다. 우리나라 국권 강탈을 준비하던 중 1909년에 하얼빈에서 안중근(安重根, 1879~1910) 의사에게 피살되었다.

지만 이것 또한 책임 회피를 위한 일본 정부의 조작이라는 해석이다. 시해에 참여했던 일본인들 대부분은 사족(士族 : 선비나 무인 집안) 출신의 지식인으로 일본에 돌아간 뒤 형식적인 재판을 거쳐 무혐의로 전원 석방되었으며 그 후 정치적으로도 크게 출세했기 때문이다.

"원통하고 원통하도다!"

고종은 크나큰 충격을 받았으면서도 일본을 응징하지 못했다. 국력이 미약했기 때문이었다. 차선책으로 러시아 공사와 미국 공사를 연이어 만나 이 문제를 협의했으나 '흉도 처벌을 요구하기로 하되 강요하는 것은 정부 역량으로 무리'라는 결론을 얻었을 뿐이었다.

이리하여 10월 15일 고종은 정부 대신들과 합의하여 왕후의 시해 사실을 발표하고 동시에 국상(國喪)을 반포하는 것으로 슬픔을 달래야 했다. 사정이 이렇게 되니 대원군은 자책을 느껴 스스로 물러나고, 그의 손자 이준용은 유학이란 명목으로 일본에 망명하였다.

을미사변은 약소국의 비애를 단적으로 보여 준 사건이었다. 경제가 파탄 나고 군사력이 취약한 나라가 얼마나 비참해질 수 있는가를 여실히 느낄 수 있으니 말이다. 그러나 조선의 운명을 살펴볼 때 그 무엇보다도 큰 손실은 고종의 참모가 사라졌다는 점이었다. 사실상 이 나라의 국정을 좌지우지한 심지 강하고 총명한 명성 황후˚가 사라졌다. 이로써 고독해진 고종은 제 살길 찾기에 바쁜 대신들의 뜻에 따라 이리저리 쏠려 다니다가 마침내는 나라를 일본에 넘겨주는 비운의 왕이 되고 말았다.

• 민비와 명성 황후의 호칭 문제

"민비라고 불러야 하나, 명성 황후라고 불러야 하나?"

고종의 정비인 민비의 어린 시절 이름은 자영(玆暎)이다. 민비는 흥선 대원군의 섭정을 물리치고 고종의 친정을 유도했으며, 민씨들을 기용하여 세도 정권을 부활시켰고 급진 개화파의 개화 정책을 막았다. 고종이 황제로 등극하기 이전에는 '민비'로 불렸는데 이는 조선 시대 국왕의 부인인 왕비를 축약해 부르는 용어이다.

민비는 비극적으로 생을 마감한 뒤 강제 폐비되는 수모를 겪었으나, 1897년 조선이 대한제국이 되면서 '명성 황후(明成 皇后)'로 추봉되었다. 따라서 생존 시의 이야기에서는 민비로 호칭해도 무방하지만 일반적으로는 명성 황후로 부름이 옳다.

한편 황후로 추봉된 그해 10월에 경기도 구리에 있던 숙릉(肅陵)을 청량리 밖 홍릉(洪陵)으로 이장했는데 그날따라 날씨 변화가 심했다. 따뜻한 날임에도 갑자기 천둥 벼락이 내리치고 소나기가 내리는가 하면 찬바람이 강하게 불어 사람들을 추위에 떨게 했다. 이에 사람들은 황후의 울분이 날씨에 반영된 것으로 생각했다고 한다.

차라리
내 목을 자르시오

참봉 조병용이 상투를 자른 서양식 머리에 양복을 입은 채 집으로 돌아왔다. 아내 김씨 부인은 그 꼴을 쏘아보더니 이렇게 말했다.

"당신은 도대체 누구이기에 남의 방에 함부로 들어오시오?"

조병용은 어안이 벙벙하여 순간 할 말을 잃었다. 자기 집 자기 방에 들어섰는데 누구라는 말을 듣다니 황당했기 때문이다.

'이 여자가 미쳤나?'

조병용이 위와 같이 생각할 때 김 씨는 더욱 큰 목소리로 꾸짖듯 이어 말했다.

"선왕(先王)의 법복(法服)을 버렸으니 곧 난신(亂臣 : 나라를 어지럽히는 신하)이요, 부모가 주신 머리를 잘랐으니 적자(賊子 : 불효한 사람)가 분명하오. 나는 차마 난신적자의 아내가 될 수 없으니 어서 여기에서 나가시오!"

조병용은 뭐라 설명하려 했지만 김 씨는 들으려 하지 않았고 아예 상대조차 하지 않았다. 그날 밤 김씨는 유서 한 통을 써서 장롱 속에 넣어 둔 채 자결했다. 그때 김씨 나이가 열여섯 살이었으니, 1895년 단발령(斷髮令)이 낳은 비극 중 하나였다. 왜 이 같은 일이 일어났을까?

명성 황후 시해 사건 후 조직된 김홍집 내각은 새로운 개혁안을 추진하였다. 그 핵심적인 내용을 살펴보면 이듬해부터 태양력(太陽曆)을 사용하고 한성에 소학교(小學校)를 설치하며 어린이에 대한 종두(種痘 : 천연두를 예방하기 위한 접종) 실시하고 단발령을 내려 강행한다는 것이었다. 이 개혁안은 사안에 따라 다양한 반응을 불러일으켰다.

"일주일 단위로 쉰다고? 그거 좋네."

태양력은 생활 리듬을 열흘 단위에서 일주일 단위로 바뀌는 것이기에 큰 저항을 유발하지 않았고, 교육 대상을 확대한 소학교도 어느 정도 환영을 받았다. 이에 비해 질병을 귀신의 소행으로만 알던 미신적 관념을 일소하는 혁신적 의술인 종두법은 일반인의 인식 부족으로 널리 퍼지지는 못했다. 하지만 얼굴을 엉망으로 만드는 천연두에 대한 두려움을 익히 아는 사람들은 용감하게 아이에게 종두를 맞히기도 했다.

문제는 단발령이었다. 단발령 실시에 관한 조칙은 다음과 같았다.

"짐이 머리카락을 잘라 신민(臣民)에게 먼저 모범을 보이노라. 너희는 짐의 뜻을 극체(克體 : 마음에 잘 새겨 둠)하여 만국(萬國)으로 병립(竝立)하는 대업을 이루게 하라."

단발령을 주장한 개화파는 서양식 짧은 머리가 위생에 이롭고 작업에 편리하다는 이유를 내세웠지만 사실 그 이면에는 한국 전통 문화를 끊음으로써 민족 정서를 약화시키려는 일본의 의도가 숨어 있었다. 개화파는 일본의 그런 의도를 간과하고 실용성에만 주목하여 단발령을 강행하였다.

고종이 시행을 머뭇거리자 일본군은 왕궁을 포위한 가운데 유길준 등 개화파를 내세워 단발을 강요하였다. 고종은 결단을 내려 11월 15일 밤에 황태자와 함께 가장 먼저 머리를 깎았고, 이튿날인 16일 아침에는 각부 관리와 병정, 순검들까지 모두 단발을 단행하였다.

"몸과 터럭과 살갗은 부모에게서 받은 것이니, 손상시키지 않음이 효의 시작입니다."

이때 학부대신 이도재(李道宰, 1848~1909)는 단발을 반대하는 상소문을 올리고 사직 후 귀향하였다. 이렇게 궁중에서부터 불기 시작한 단발 바람은 백성에게 파급됐으나 '신체를 온전히 보존해야 한다.'라는 관념에 젖은 사람들이 쉽게 응할 리 없었다. 일부 사람은 초상화°를 남긴 후 상투를 잘랐지만 대부분 사람들은 단발을 불효, 불충으로 생각하여 따르지 않았다.

"단발은 일본을 본떠 만든 제도라던데 왜놈 풍습을 따라할 수는 없어."

백성들이 자발적으로 상투를 자르지 않자 순검들은 도로에서 만나는 사람마다 마구 붙들고 상투를 자르거나 민가에 난입하여 강제로 머리를 깎았다. 머리카락을 붙잡힌 백성들은 울부짖으며 말했다.

"차라리 내 목을 자르시오!"

이윽고 단발령은 국민들의 커다란 반대에 부딪혀 정부와 백성의 대립을 초래하였다. 국모 시해로 가뜩이나 자극되었던 반일 감정이 드디어 폭발하고 만 것이다. 이리하여 국모 시해에 대한 복수와 단발령 반대를 외치며 민족정신을 강조한 의병(義兵)이 전국적으로 봉기하였다. 정부에서는 친위대를 파견하여 의병을 진압했고 이 과정에서 많은 사람이 죽었다.

안타까운 일이었다. 정부와 백성이 힘을 모아 외세에 대항해도 힘겨운 상황에 정부와 백성이 극단적 대립으로 치달았으니 이 나라 국력은 자꾸만 쇠약해졌던 것이다.

• 구한말에 집집마다 초상 사진을 걸어 놓은 연유

"상투를 잘라 다른 나라와 공존하라!"

정부에서는 단발령을 시행하면서 '위생에 이롭고 활동하기 편하다.'라는 장점을 내세웠다. 하지만 예부터 우리나라에서는 머리카락을 매우 소중히 여겨 승려나 백정들만이 머리카락을 깎는 것으로 알았기에 반발이 심했다.

그런데 단발령은 엉뚱한 유행을 낳았다. 머리카락을 깎기 전에 상투 튼 자신의 모습을 기념으로 남겨 두려고 사람들이 비싼 값을 치르고서라도 초상 사진을 찍은 것이다. 이런 사회적 현상은 부모로부터 물려받은 신체를 훼손하면 안 된다는 관념도 작용했지만, 한편으로 머리카락을 깎게 되면 상놈·양반 구분이 안 된다는 신분적 자괴감도 한몫했다. 다시 말해 사진으로나마 자신이 상투 튼 양반이었음을 남기고 싶은 몸부림이었던 것이다. 사진 촬영비가 부담인 사람은 초상화로 자신의 상투 튼 모습을 남기기도 했다.

사람들은 이렇게 마련한 초상 사진 또는 초상화를 안방 벽 한쪽이나 출입문 위에 소중히 걸어 놓았다. 집안 어른의 초상화를 벽에 걸어 두는 유행은 1960년대까지 계속 이어졌으나 이후 사진기가 대중화되면서, 또 가족사진에 대한 관심이 싹트면서 사라져 갔다.

러시아의 치밀한 음모, 아관파천

"소중한 머리카락을 자르라는 왜놈 풍습을 도저히 받아들일 수 없다!"

"국모를 시해한 왜놈들을 때려 죽여라!"

단발령 이후 각지에서 의병이 들고일어나 일본의 침략과 무능한 정부에 대항하여 무력 항쟁을 감행하기 시작했다. 정부는 다급한 나머지 왕궁을 호위하던 병사들을 지방으로 내려보냈다. 때문에 일본군의 서울 방위가 허술해졌다.

이와 같이 전국이 소란한 와중에 러시아 공사 베베르(Karl Ivanovich Veber, 1841~1910)는 공사관 보호라는 명목으로 인천에 있던 러시아 수병(水兵) 백여 명을 한성으로 이동시켰다. 그리고 친러파 이범진과 결탁하여 새로운 음모를 꾸몄다. 그는 궁녀 김씨와 고종이 총애하는 엄상궁(嚴尙宮 : 뒷날 고종이 다시 장가가 아내로 맞는 엄비)을 통하여 다음과 같이 국왕에게 말하도록 사주했다.

"대원군과 친일파들이 국왕 폐위 음모를 추진 중이므로 왕실 안전을 위해 옥체를 잠시 러시아 공사관으로 옮기시는 게 좋겠습니다."

베베르는 친일파에게 역모 음모를 뒤집어씌우며 고종을 러시아 공사관으로 모시려 했다. 미국 공사와 영국 공사, 프랑스 공사는 일본의 독주에 불만을 품고 있었기에 이 계획에 대해 암묵적으로 동의했다.

고종은 처음엔 망설였으나 거듭된 간청에 마음을 바꾸었다. 하지만 그 계획을 실행에 옮기기는 쉽지 않았다. 고종에 대한 일본군의 감시가 심했기 때문이다. 하여 아관(俄館 : 러시아 공사관)으로 옮기는 데도 전략이 필요했다. 엄상궁이 꾀를 내어 말했다.

"교자(轎子)를 이용하시면……."

여기서 '교자'는 주로 여성이 혼인하거나 외출할 때 사용하는 가마*를 가리키는 말이다. 그 무렵 수문군(守門軍 : 궁궐의 문에서 통행인을 단속하던 군인)이 궁녀의 교자에 대해서는 조사하지 않고 통과시킨다는 점을 역이용하자는 계산이었다.

1896년 2월 11일 새벽, 왕과 왕세자는 교자 두 틀에 몸을 숨긴 채 대궐을 빠져나와 러시아 공사관에 당도하였다. 이렇게 하여 친러파와 베베르의 파천(播遷 : 임금이 도성을 떠나 다른 곳으로 피란하는 일) 음모는 성공하였다. 말하자면 국왕이 일본군 손안에서 러시아군 손안으로 넘어간 셈이다. 이른바 아관파천(俄館播遷)이었다.

"뭐라고? 조선 국왕이 러시아 공사관으로 갔다고?"

일본은 뒤늦게 발을 굴렀고 아관파천은 이 나라 정국을 새로운 혼란 속으로 몰아넣었다. 러시아가 득세하고 일본이 무력화되자 친일파로 몰린 김홍집, 정병하 등이 군중에게 살해되었고 이범진, 이완용 등이 주축이 된 친러 내각이 조직되었다.

"이제부터는 우리 러시아가 조선 군대를 교육하겠습니다."

러시아가 조선에 대한 실세로 등장했음을 나타내는 단적인 변화는 조선 군대에 대한 군사 훈련으로 나타났다. 러시아는 육군 대령 푸탸타 (D. V. Putyata)를 비롯한 군사 교관 한 명을 파견하여 그전까지 일본이 교육했던 조선군을 지휘했는데, 그 교육은 러시아어로 진행되었다. 그해 12월 푸탸타는 조선 군대 교육 성과에 대해 다음과 같이 본국에 보고하였다.

"교관들은 10월 22일부터 수업에 착수했습니다. 처음 며칠은 적잖은 어려움이 있었습니다. 병사 8백 명에 비해 통역원 숫자는 겨우 세 명밖에 안 됩니다. 조선인 병사들은 많은 노력을 보여 주고 있습니다. 그러나 몇 가지 교련은 그들의 신체적 후진성 때문에 모두에게 성공적으로 진행되지는 않습니다. 부동자세로 계속 서 있게 하면 몇몇 병사들은 눈물을 흘리기도 합니다. 그러나 한 손으로 총을 겨누는 것에는 많이 익숙해졌습니다. 때때로 과실을 범한 사람에게 완전 군장을 메게 합니다. 일에 대한 장애는 불성실이나 태만이 아니라 조선 육군 관료들의 준비가 전혀 없다는 점입니다."

러시아는 조선 군대 장악을 계기로 이권을 손에 쥐기 시작했다. 동시에 미국, 프랑스, 독일, 영국 등 구미 열강이 이권의 균등한 배분을 요구하고 나섰으며, 친러파 내각의 배려에 따라 각 분야의 많은 이권이 그들에게 넘어갔다. 러시아에는 경원 광산 채굴권과 압록강 유역 벌채권이, 미국에는 경인철도 부설권과 한성전차 부설권 그리고 운산 금광 채굴권이, 프랑스에는 경의철도 부설권이, 독일에는 당현 금광 채굴권이, 영국에는 은산 금광 채굴권이, 일본에는 경부철도 부설권과 직산 금광 채굴권이 넘어감으로써 우리나라는 그야말로 강대국의 밥그릇이 되었다.

조선의 모든 이권이 외국인 손에 넘어가는데도 국왕이 외국 공사관에 피신한 이유는 일본군 무력 앞에 불안한 국내 정세 때문이었다. 당시 고종은 왕비의 횡사(橫死) 후 거의 잠을 이루지 못한 채 밤을 새웠으며 자기 신하들도 신임하지 못하는 상태였다. 미국인 다이 장군과 선교사 알렌이 권총을 휴대한 채 한동안 입직(入直 : 관아에 들어가 숙직)했고, 식사도 러시아 공사관 혹은 미국 공사관에서 요리하여 굳게 자물쇠를 잠가 궁중으로 가져오는 형세였다. 러시아 공사 베베르는 이 기회를 타서 고종에게 정성을 다했으므로 고종은 더욱더 베베르를 신뢰하였다.

'여기도 그리 마음이 편하지는 않지만 궁궐보다는 덜 불안하군.'

국왕은 다음 해인 1897년 2월 20일까지 1년여를 러시아 공사관에 머물면서 국정을 돌보았다. 그러나 일국의 국왕이 자기 국가에 주재하고 있는 일개 외국 공관에 피신하여 그 보호에 몸을 맡긴다는 것은 매우 수치스러운 사건이었다. 주권자이자 최고 통치자로서 스스로 자기 대궐에서 벗어난다는 것은 겁약한 면모를 드러내는 것임에 틀림없는 일인바, 훗날 일본이 협박을 통해 나라를 강탈한 데에는 이런 심성이 상당 부분 반영되었을 터였다.

더군다나 러시아 공사관에서 제1차로 내린 김홍집, 정병하를 비롯한

다섯 대신에 대한 포살(捕殺) 명령은 국왕의 일관성 없는 처신을 보여준 사건이었다. 김홍집은 고종에게 환궁을 호소하고자 주위 반대를 무릅쓰고 러시아 공사관으로 가다가 친러파 밀령을 받은 보부상들에게 참살당했다. 총리대신을 세 번 역임하면서 험난한 시기의 정부를 이끌어왔던 김홍집을 아무런 공식 판결을 거치지 않고 이렇게 무참하게 학살당하도록 한 것은 어느 모로 보나 국왕의 경솔한 처사임에 분명했다.

김홍집의 죽음은 조선 장래를 위해서도 불행한 일이었다. 많은 대신들이 출세를 위해 친러파, 친청파, 친일파 등으로 갈려 사리사욕을 채울 때 김홍집은 중도 온건 노선을 추구하며 개혁의 길을 걸었던 인물이었다. 일찍이 일본에 사신으로 가서도 당당한 몸가짐을 보여 줌으로써 「도쿄신문」으로부터 다음과 같은 극찬을 받은 바 있었다.

"수신사 김홍집은 매우 침착한 인물인 만큼 조선국 정부가 그 인선에 얼마나 신중을 기했는지 짐작된다."

또한 김홍집이 개화파 정권에서나 보수파 정권에서 모두 중용된 데에는 뛰어난 외교술과 원만한 일처리 능력이 크게 작용했다. 당시 조선에는 청렴하면서도 능란한 외교가가 드물었고 외교 중요성은 아무리 강조해도 지나치지 않은 상황이었다. 이런 때 그가 억울하게 죽었으니 김홍집을 위해서나 나라를 위해서나 참으로 불행한 일이었다.

• 신부용 가마에 호랑이 가죽을 씌운 까닭

'가마'는 옛날 교통수단의 하나이다. 가마가 언제 생겨난 것인지는 확실히 알 수 없지만 신라 기와에 바퀴 달린 연(輦 : 가마의 하나) 비슷한 교통수단이 새겨진 것으로 미루어 이미 삼국 시대 이전에 존재했으리라 짐작된다. 고구려 안악 3호분 벽화에도 호화로운 가마에 앉은 주인과 부인의 모습이 그려져 있다.

가마는 조선 시대에 들어서 널리 활용됐는데, 관리 품계에 따라 그 명칭과 모양이 달랐다. 차등을 명시했던 '교여지제'에 따르면 평교자(平轎子)는 1품, 사인교(四人轎)는 판서, 초헌(軺軒)은 종2품, 남여는 3품 승지, 장보교는 하급 관원이 탔다. 궁녀는 주로 4인용 가마인 교자(轎子)를 이용했으며, 임금은 연(輦)과 가교(駕轎)를 탔다.

조선 시대에는 관리가 곧 출세자로 통했다. 따라서 등급이야 어찌 됐든 백성들에게 있어 가마는 성공의 상징물로서 인식되었다. 가마를 신분 과시 상징물로 삼은 것이다. 이런 인식은 자연스럽게 혼례식에 반영되었으니, 신부는 시집으로 갈 때 상징적으로나마 최고 예우를 받는다는 의미로 가마를 탔다. 서민 여성은 평소에 가마를 탈 수 없지만 혼례 때만큼은 존귀한 여자로 대접한 것이다. 이때 신부용 가마 지붕에는 호랑이 가죽을 덮어씌웠는데 이는 잡귀를 물리치고 행운을 기원하기 위함이었다.

제 2 장

대한제국

고종은 왜 나라 이름을
'대한제국'으로 바꿨을까

'여기가 가장 안전하니 되도록이면 밖에 나가지 않는 게 좋겠지.'

고종이 러시아 공사관으로 파천하자 내각 관료들도 러시아 공사관에서 사무를 처리했는데 이들은 좀처럼 다른 곳으로 나가려 하지 않았다. 반대파 자객(刺客)에게 암살당할까 두려워했기 때문이다. 이와는 대조적으로 친러파 대신들은 자기들 세상인 양 활개 치고 다니면서 사리사욕을 채웠다. 예컨대 1896년 9월 9일 외부대신 이완용과 농상공부대신 조병직은 러시아에 두만강 상류와 울릉도의 벌채권을 주면서 막대한 이권을 챙겼다. 그 이전 4월 17일에는 일본 공사 고무라가 이완용에게 서신을 보내어 '경인철도 부설권을 제삼국인에게 주는 것은 부당하다.'고 항의할 정도로 이권 나눠 먹기는 절정에 달했다.

"하루 속히 환궁하셔야 합니다. 통촉하여 주시옵소서!"

이런 한심한 현실을 통탄한 서재필은 여러 번 왕에게 환궁을 진언했다. 하지만 고종은 일본 세력이 무섭다면서 이를 듣지 않았다. 이범진 같은 친러파 대신은 서재필을 역적으로 몰아대며 러시아 공사관에 계속 머물러야 한다고 주장했다.

"환궁하시어 이 나라를 다스리셔야 합니다!"

그러나 고종을 압박하는 여론이 서서히 거세졌다. 충청도 유생들의 상소를 시작으로 전국적인 상소 운동이 일어났고, 나아가 팔도에 격문이 돌아 유생들의 일제 상경을 촉구하기에 이르렀다.

"특정한 날에 한성으로 가서 목소리를 합쳐 환궁을 진언합시다."

"환궁이 실현될 때까지 장안의 시전(市廛)을 문 닫고 폐점하는 방안도 논의합시다."

이처럼 환궁 여론이 드높아지자 견디다 못한 고종은 2월 19일 밤 환궁에 대한 조칙을 발표하고 하룻밤 사이에 모든 수속을 끝마쳐 2월 20일을 기하여 환궁하였다. 그런데 고종의 집무실은 경복궁 근정전(勤政殿)이었지만, 고종은 러시아 공사관이나 미국 공사관 가까이에 기거하고자 경운궁(慶雲宮 : 현 덕수궁)으로 환궁했다.

"이참에 칭제건원(稱帝建元)을 추진합시다."

고종의 환궁 뒤에 모처럼 개화파와 수구파들은 힘을 모으는 사건이 생겼다. '칭제건원'은 바로 국왕을 황제라 부르고 독자적인 연호를 사용하자는 움직임이었다. 조선의 대신들은 칭제건원이 조선의 자주독립을 강화하는 하나의 방법이라고 보았기에 적극적으로 협력하였는데, 그 배경에는 러시아가 일본의 속박으로부터 벗어나고자 했던 조선에 실질적인 도움을 주지 않은 배신감이 크게 작용했다.

1896년 5월 러시아 황제 니콜라이 2세 대관식 때 조선 공사로 참석해 재정적 군사적 지원을 요청했던 민영환(閔泳煥, 1861~1905)[1]에게 러시아 정부는 소극적 태도로 일관하여 조선 정부의 신임을 잃었던 것이다. 한 예를 들면 당초 민영환이 요구했던 군사 교관 인원은 2백 명이었지만 러시아는 13명만 파견하였다. 러시아 정책이 만주(滿洲)에 치중한 까닭에 조선의 중요성을 간과한 결과였다. 이에 크게 실망한 민영환은 귀국하자마자 이제까지의 친러적 태도를 수정하고 고종 환궁을 앞장서 주장하며 일본과 협상했다. 일본은 조선인 사이에 퍼지기 시작한 반러 감정을 틈타 재빠르게 관료들에게 접근하였다. 또한 의지할 만한 열강이 없음을 새삼 느낀 관료들은 구겨진 민족 자존심을 세울 방법 중 하나로 칭제건원 운동을 벌이게 된 것이다.

이에 국왕은 8월 16일 연호를 광무(光武)라 개칭하고 10월 12일 문무백관을 거느리고 원구단(圜丘壇 : 고려 시대부터 하늘과 땅에 제사를 드리던 곳)으로 나아가 황제 즉위식을 거행하였다. 이와 동시에 황제와 정부는 조선의 국호를 '대한제국(大韓帝國)'으로 고쳐 내외에 선포하였다.

아울러 고종은 대한국새(大韓國璽), 황제지보(皇帝之寶), 대원수보(大元帥寶) 등 옥새[2] 여덟 개를 새로 주조해 사용했으며 여기에도 황제의 상징성을 부여했다. 즉 조선 시대 옥새의 뉴(紐 : 손잡이)는 거북이였으나 고종은 중국에 대한 사대 관계에서 벗어났음을 밝히고 우리 민족이 하늘이 내린 천손 민족임을 나타내기 위해 용으로 뉴를 만들었다.

● 민영환 : 조선 고종 때의 문신. 을사조약이 체결되자 조약 폐기를 상소하였으나 뜻을 이루지 못했다.

이처럼 대한제국 성립은 대한의 자주독립 강화를 국내와 세계에 알린 중요한 역사적 사건이었다. 그런데 고종은 왜 4백 년 넘게 써 온 국호 '조선'을 버렸을까?

안타깝게도 거기에는 국력이 쇠약해져 이웃 나라들의 눈치를 봐야하는 서글픈 운명이 숨어 있다. 1876년 외국에 항구를 연 이후 조선은 물밀 듯 밀려오는 강대국의 군사력에 제대로 대응하지 못하고 쩔쩔맸다. 구식 무기와 적은 수의 군대로는 거대한 군함과 신식 무기로 무장한 외국 군대를 당하기 어려웠던 까닭이다. 하여 중국, 러시아, 미국, 프랑스, 일본 등 여러 나라 군대가 이 땅에 머물면서 자기 나라에 유리한 일을 조선에게 강요하는 비극이 벌어지고 말았다. 심지어 1895년 일본인들에게 민비가 시해되고 임금이 감금되는 참변이 일어나기까지 했다.

고종은 고심 끝에 중립적인 정책을 펴기로 결심했다. 어느 한 나라에게 혜택을 주면 다른 나라가 비슷한 혜택을 달라고 하므로 누구의 편도 들지 않는 중립주의를 내세운 것이다. 그러기 위해서는 중국에 협조적이었던 전통적 태도를 버리고 중국과 대등한 관계로 나설 필요가 있었다. 고종이 새로운 국호를 내세우며 황제 즉위식을 거행한 이유가 바로 여기에 있으니 황제보다 낮은 왕에서 황제로 올라섰음을 널리 알린 것이다.

한편 '대한(大韓)'이라는 국호는 어떻게 시작되었을까?

한자(漢字) 자원(字源 : 글자의 구성 원리)을 살펴보면, '한(韓)'은 '해 돋는 방향에서 병사들이 국경을 지키는 나라'라는 뜻이다. 그러나 최남선은 다른 의견을 보였다. 그에 따르면 옛날 조선 반도 북쪽에 조선(朝鮮 : 고조선)이라는 나라가 번듯하게 생겨 있었을 때 반도 남쪽에는 작은 부락

들이 여기저기 나뉘어 각각 조그만 나라를 만들고 있었는데, 이 작은 부족을 다스리는 웃어른이나 큰 사람을 '한'이라 불렀다. 이 한을 뒤에 한자로 표기할 때에 '韓'이란 글자를 빌려 써서 부족 국가를 일컫게 됐으며 서쪽의 마한(馬韓), 동쪽의 진한(辰韓), 남쪽의 변한(弁韓)을 삼한(三韓)이라 표기하였다. 대한의 '韓'은 여기에서 유래한다는 것이다.

어느 설이 옳은지는 아직 단언할 수 없다. 하지만 분명한 것은, 후세 사학자들이 한을 조선과 마찬가지로 온 나라를 가리키는 이름으로 그 뜻을 늘려 씀에 따라 한민족(韓民族) 개념이 형성되었다는 점이다. 그리고 1897년 고종이 청나라 속국에서 벗어난 자주독립국임을 상징적으로 선언하고자 황제 즉위식을 거행할 때 '대한(大韓)'이라는 국호를 정식으로 발안(發案)함으로써 우리 민족을 지칭하는 말이 되었다.

고종은 황제 즉위식 날 경운궁으로 돌아가 나라 이름을 정했는데 이에 참여한 대신은 심순택, 조병세, 민영규, 김영수 등 네 명이 고작이었다. 고종은 말했다.

"우리나라가 본래 삼한(三韓)의 땅으로 국초에 통합하였으니 대한(大韓)이라고 정함이 어떠한고……."

대한이란 국호는 곧 고종이 생각해 낸 것이며, 이 경우 대한의 '韓'은 옛날의 작은 '韓'이 아니라 지금은 커다란 '韓'임을 강조하고 있음을 알 수 있다. 같은 맥락에서 일제 강점기에 독립운동가들은 웅비하는 한민족의 기상을 드러내고자 조선이 아닌 대한이란 이름을 그대로 눌러 썼다.

• 옥새의 유래

옥새는 국왕의 권위를 상징하는 인장(印章)을 뜻하는데, 인장은 문서나 서화에 찍어 증명으로 삼기 위해 만든 도장을 의미한다.

동양에서 인장은 주인의 권위와 품격을 상징했기에 인장과 전각(篆刻 : 도장을 새기는 일)은 밀접한 상관관계를 이루며 발전했다. 인장은 도장 재료에 글씨, 그림, 문양을 조각하여 찍을 수 있도록 만든 신물(信物), 새(璽), 보(寶), 도장 등 시대에 따라 여러 가지 명칭이 있었으며, 등급에 따라 그 이름을 달리했다. 일반인이 쓰는 것은 '인(印)'이라 했으며 임금의 정식 인장은 '새'라 지칭하였다.

임금 인장을 새라 칭한 사람은 중국의 진시황(秦始皇)이다. 그는 중국을 통일하면서 황제 인장을 옥으로 만들어 새라 부르고 그 외 신하들 인장은 모두 동인(銅印)으로 정했으니, 이로부터 중국 인장 제도가 시작되었다. 한(漢)나라 때는 도장을 허리에 차도록 해 관직을 드러내게 했다. 새는 조선에서도 중국과 마찬가지로 옥(玉)으로 만들었기 때문에 흔히 '옥새(玉璽)'라고 불렸다.

우리나라에 옥새 풍습이 전래된 시기는 한(漢)이 낙랑을 지배했던 때이다. 『삼국사기』에 의하면 "신라는 국왕이 바뀔 때마다 명당에 앉아 국새를 손수 전했다."라고 한다. 고려 시대 이후 옥새 없는 왕이란 생각할 수 없는 일이었으며 옥새는 곧 왕가의 정통성을 상징했다. 조선 시대의 경우 외국에 보내는 외교 문건에만 옥새를 사용하였다.

고종 커피 독살 미수 사건

고종 황제의 만수성절(萬壽聖節 : 탄신일) 이튿날인 1898년 9월 11일 저녁이었다. 이재순, 심상훈, 민영기 등 세 대신과 근시 몇 명이 경운궁에 입시(入侍 : 궁궐에 들어가서 임금을 뵙는 일)한 가운데 한 시종이 커피 (coffee)*를 가져왔다.

"가비를 대령했사옵니다."

가비는 커피를 가리키는 말이다. 그 무렵 고종은 날마다 커피를 마셨는데, 이는 러시아 공사관으로 파천했을 때 처음 커피를 맛본 후 들인 습관이었다. 이때의 커피는 모난 설탕 덩이 속에 커피 가루가 들어 있는 형태였고, 왕족이나 즐기는 고급 음료로 통했다. 고종은 밤을 새워 근무하는 버릇을 지녔던 까닭에 커피에 금방 중독됐다. 고종이 얼마나 커피를 좋아했는가 하면 경운궁으로 환궁한 뒤에도 커피 맛을 잊지 못해 러시아 공사관에 있을 때 식사 시중을 들던 독일 여인 손탁(Sontag)에게 커피를 가져오게 할 정도였다. 고종은 그 답례로 손탁에게 정동(貞洞)의 한 가옥을 하사하니, 여기에서 우리나라 최초의 다방이 생기기도 했다.

이처럼 고종은 커피를 광적으로 좋아하였기에 아예 커피 타임까지 만들어 황태자(뒷날의 순종)와 더불어 날마다 즐겼다. 지금이 그 시간이었다.

먼저 황제와 황태자 앞으로 커피가 진상되었고, 나머지 대신들에게도 나누어졌다. 예법에 따라 황제가 먼저 마시기를 기다렸다. 황제는 기분 좋은 표정을 지으면서 천천히 잔을 들어 입으로 옮긴 뒤 먼저 코로 향기를 음미했다.

"음?"

평소와 달리 순수한 커피 향내가 나지 않고 이상한 냄새가 나는 것 같았다. 고종은 한 모금 마셨다가 이내 뱉어 버리면서 잔을 내려놓았다. 고종 못지않게 커피를 좋아했던 황태자는 아버지가 커피를 마신 줄 알고 거의 동시에 우선 한 모금 마셨다. 그때였다. 갑자기 황태자가 커피를 토하고 쓰러졌다. 황제는 놀라 쓰러진 황태자를 껴안고 고함을 쳤다.

"독차(毒茶)!"

암살 위협에 시달렸던 고종은 직감적으로 독차임을 알았던 것이다. 궁궐 안은 삽시간에 아수라장이 되었고, 근시들이 맛을 보고자 커피를 마셨다가 모두 인사불성이 되고 말았다. 기절한 황태자의 입안을 씻어 내고 응급치료를 한 뒤 진찰한 결과 아편 독소를 마셨음이 판명되었다.

누군가 몰래 커피에 다량의 아편을 넣은 것이 분명했다. 황태자는 목숨을 건졌지만 치아가 모두 손상되는 후유증을 앓았다. 황태자는 이가 모조리 빠져 틀니를 해야만 했다.

그런데 이상하게도 세 대신은 놀라지도 않고 태연자약하게 앉아 있었다. 마치 별일 아니라거나 그럴 줄 알았다는 듯한 태도였다. 하지만 그들을 의심할 증거는 없었다.

"당장 범인을 잡아 오너라!"

독차를 올린 요리사 김종화가 체포되었다. 심문 결과 외국 요리 관리 책임자 공홍식이 주동자였음이 탄로 났다.

"너는 어찌하여 이런 대역죄를 꾸몄느냐?"

"김소사의 부탁을 받아 그랬사옵니다. 죽을죄를 지었사옵니다."

김소사는 김홍륙(金鴻陸)의 아내였다. 즉시 김소사를 붙잡아 취조한 결과 남편에게서 황제 수라상에 독약을 투입하라는 지시를 받았음이 밝혀졌다. 이로써 사건의 대략적인 윤곽이 드러났다. 김홍륙은 당시 세 명뿐인 러시아어 통역관 중 한 사람으로 권세를 남용하고 뇌물을 탐하다가 거액을 착복한 비리가 드러나 흑산도로 유배됐던 차였다. 그런 그가 유배지로 떠나기 직전에 원한을 품고 아내에게 고종 독약 살인을 교사했던 것이다.

"또 다른 배후는 없느냐?"

"죄인을 죽여 주시옵소서!"

김소사와 김홍륙은 입을 다물었으나 이 독차 사건에는 김홍륙보다 더 고위층이 관련되어 있음이 분명했다. 이중 삼중으로 감시가 철저한 황제의 요리에 독약을 넣기란 매우 어려운 일이었기 때문이다.

"분명히 누군가가 관련되어 있을 것이옵니다."

독립 협회가 사건의 이면을 파헤치자고 나서며 총대위원 세 명을 경무청에 파견하여 심문 방청을 신청했다. 그러나 경무사 민영기는 독립 협회의 방청 요구를 거절하였다. 전례가 없다는 이유였지만 어딘지 모르게 석연치 않았다.

9월 23일, 몇 년 만에 소집된 중추원 회의는 이미 폐지된 노육률(孥 戮律 : 죄인 자식까지 죽이는 형벌)과 연좌법(連坐法)을 김홍륙 독차 사건에 적용하기로 의결했다. 출석 의관 34명 가운데 반대자는 독립 협회의 윤치호뿐이었다. 독립 협회는 전근대적인 법률 시행을 반대하고 이를 결의한 중추원 의장과 의관의 사임 권고안을 내기로 하였다. 그러나 중추원 의장 신기선은 국가 변란을 막기 위해서는 비록 폐지된 구법이라도 다시금 채택할 수 있다고 반박하였다.

이때 공홍식이 옥중에서 누군가로부터 공격을 받아 부상당한 사실이 알려졌다. 독립 협회는 직감적으로 공홍식의 부상은 단순한 우발적 사고가 아니라 배후자 폭로를 막고자 고위층에서 지시한 것이라 단정하고 10월 2일 고발장을 법사에 제출하였다. 하지만 강직한 성품의 재판소 검사 함태영은 일요일이라는 이유로 접수를 거부하였고, 이튿날에는 '법부대신이 피고인이라니 안 될 말'이라는 이유로 재판 청원을 각하하였다.

최후 방법으로 독립 협회는 신기선을 비롯한 이재순, 심상훈, 민영기 등에 대한 탄핵 운동을 벌였다. 이에 대한 황제의 반응은 독립 협회의 기대와 다르게 나타났다. '신기선에 대해 1개월분 감봉(減俸) 처분을 내렸고, 사법신(司法臣)에 대해 깨우침을 보였으니…… 이제 의심치 않을 일을 의심하는 것은 불가한 일'이라 하여 도리어 독립 협회를 문책하고 중추원에 대해서는 두둔하는 태도를 보였다.

왜 그랬을까? 왜 고종은 중추원을 두둔했을까? 아마도 고종은 감정적 분노로 인해 죄인에 대해 강력한 처벌을 원했던바, 배후자를 가려야 한다는 이성적 판단보다는 죄인의 처자까지 단호히 처벌해야 한다는 쪽에 마음이 기울었던 것 같다. 이런 정서는 독립 협회가 물러서지 않고 거듭 상소를 올리자 황제가 즉각적으로 독립 협회 회장 윤치호를 견책하겠다고 위협한 데서도 잘 드러나고 있다. 그럼에도 불구하고 독립 협회가 연좌시위(연달아 앉아서 하는 시위)를 하자 마음이 약해진 황제는 신기선을 파면하고 이재순 등에게 체직(遞職 : 교체) 처분을 내렸다.

결과적으로 이 사건 배후는 드러나지 않았다. 오히려 독립 협회는 황제에게 두려움의 대상으로 강하게 인식되어 끝내 그해 12월 해체되는 비운을 맛보았다. 독립 협회 해산 배경에 황제를 감싸고 있던 '인(人)의 장막'이 작용했음은 불문가지의 일이다.

• 우리나라에서 가장 먼저 커피를 마신 사람

우리나라에 커피가 들어온 것은 언제일까? 커피는 1882년 구미, 일본 등과 수교를 함에 따라 이 땅에 처음 들어왔다. 조선에 부임한 서양 외교관들이 커피를 마셨으며, 진귀한 음료라며 왕실에 진상했다. 왕실에서는 귀한 손님을 대접할 때 커피를 내주었다. 한 예를 들면 1884년 조선에 선교하러 들어왔다가 의사 겸 고종의 외교 고문으로 활약한 알렌은 '궁중에서 시종들로부터 홍차와 커피를 대접받았다.'고 회고한 바 있다.

문헌상으로는 1882년 가을에 청나라에서 파견되어 조선의 외교 고문으로 활동한 독일인 묄렌도르프가 조선에서 가장 처음 커피를 마신 사람으로 여겨진다. 1883년 11월 조영 수호 통상 조약 체결 때 조선에 들어왔다가 한 달간 체류한 영국 외교관 윌리엄 칼스는 『조선 풍물지』에서 "한 독일인 집에서 훌륭한 목욕과 따뜻한 커피라는 사치를 누렸다."고 밝혔다. 여기서의 독일인이 묄렌도르프이므로 그는 이미 그 이전부터 커피를 마셨음을 짐작할 수 있다. 알렌은 1884년 7월에 입국했으므로 기록상 묄렌도르프는 조선에서 커피를 가장 먼저 마신 사람인 것이다.

커피는 초창기에 가비, 가배, 가배차, 가비차, 가피차 등으로 불렸으며 한자로는 珈琲茶(가배차), 咖啡茶(가배차), 加皮茶(가피차) 따위로 썼다. 커피(coffee) 발음을 들리는 대로 표기한 것이다. 후에 민간에서는 커피 색이 검고 쓴맛이 난다 하여 양탕(洋湯) 혹은 양탕국이라 불렀다고 전한다.

치하포 사건과
고종의 전화 한 통

'조선인처럼 변장한 것은 국모 시해 공범으로 도피 중이기 때문일 거야.'

1896년 당시 나이 스무 살 청년이 황해도 치하포의 여관에서 단발에 한복을 입고 조선인 행세를 하는 일본인을 발견하고 을미사변 공범으로 생각하여 때려 죽였다. 청년은 그 이전에 동학에 입도하여 본명 김창암을 김창수로 개명하고 동학 접주로 활약한 바 있는 열혈 민족주의자였다. 김창수는 자기 거처를 적은 포고문을 길거리 벽에 붙이고는 돌아가 집에서 기다렸다가 붙잡혔다.

"너는 어찌하여 일본인을 죽였느냐?"

"국모의 원수를 갚기 위해 왜구 한 명을 때려 죽였소!"

김창수는 자신의 행위가 개인적 원한이 아니라 국모 시해 원수를 갚기 위한 일이었음을 당당히 밝혔다. 그는 해주 감옥, 인천 감옥으로 옮겨져 옥고를 치르며 판결을 기다렸다.

당시 우리 정부는 법적으로 국권(國權)을 빼앗기지 않은 상태였지만 일본의 눈치를 보던 형편이었다. 일본 정부는 김창수를 사형으로 몰고 가려 했다. 우리 정부는 심정적으로 김창수의 편을 들었으나 마지못해 국모 보수(國母 報讐) 죄목으로 사형 재가를 국왕에게 올렸다.

국왕은 여러 사형수들에 대한 재가를 하였는데, 그때 입직하였던 승정원 승지 하나가 김창수의 죄명이 국모 보수임을 보고 이상하게 여겼다.

'국모 보수라면 국모의 원수를 갚았다는 말인데……. 그냥 지나칠 일이 아니구나.'

승지는 이미 재가받은 안건을 다시 가지고 어전에 나아가 임금께 보인즉, 고종은 즉시 어전 회의를 열고 김창수의 사형을 정지하기로 결정하였다. 그리고는 직접 인천 감리 이재정에게 전화를 걸어* 사형을 집행하지 말라는 명을 내렸다.

"김창수의 사형을 멈추어라!"

이로써 김창수는 죽기 직전에 목숨을 구했으니 구사일생 주인공 김창수는 훗날 김구(金九, 1876~1949)❶로 이름을 바꾸고 독립운동에 헌신한 백범(白凡)이다.

사실 백범은 운이 좋았다. 고종이 인천 감옥에 직접 걸었던 전화는

❶ 김구 : 독립운동가이자 정치가. 황해도 해주에서 동학 농민 운동을 지휘하다 일본군에 쫓겨 만주로 피신하였다. 3·1 운동 후 중국 상하이 임시 정부 조직에 참여하였다. 1944년 임시 정부 주석으로 선임되었고 신민회, 한인애국단 등에서 활동하였다.

우리나라 최초의 시외 전화로 기록되고 있는데, 서울 인천 간 전화 개통이 바로 사흘 전에 이루어졌기 때문이다. 더군다나 우리나라에 전화가 최초로 도입된 것은 1893년 11월경이지만 대중용 공중전화가 선보인 것은 1902년 3월 20일 대한제국통신원이 한성과 인천 사이에 시외전화 한 회선을 개통하면서부터였다.

이런 상황에서 만일 전화가 없었다면 백범은 젊은 나이에 부득이 생을 마감해야만 했을 것이다. 고종이 전화를 걸은 날이 사형 집행 예정일이었던 까닭이다. 예전처럼 파발마로 어명을 전하였다면 목적지 전달까지 하루는 족히 걸렸을 것이므로 어명이 당도한 뒤에는 이미 사형이 집행되었을 터였다. 그런 점에서 백범은 우리나라에서 전화 덕분에 목숨을 건진 최초의 사람이라고도 할 수 있다.

그런데 여기서 의문이 하나 생긴다. 어찌하여 시내 전화보다 시외 전화가 먼저 개설됐을까 하는 점이다. 왜 사람들이 많이 사는 도시에서 시내 전화를 먼저 개통하지 않았을까? 그 이유는 당시의 도시 생활이 그다지 광활하거나 번잡하지 않았다는 데 있다. 또한 당시 사회 체제 아래서 전화를 가질 만한 상류층은 시내에 소식을 전달할 때 하인을 마음대로 동원할 수 있었기에 먼 거리, 즉 지방과의 연락에만 전화가 필요했다고 볼 수 있다. 같은 맥락에서 전화 도입 초창기 전화 요금은 시내와 시외의 구별을 없이 하여 시외 전화에 더 중점을 두고 그 편의를 도모하였다.

• '전화 걸다'라는 말의 어원

전화는 미국인 벨(Alexander Graham Bell, 1847~1922)이 발명했는데 그의 이름을
기념하고자 전화 신호음을 '벨'이라 했다. '텔레폰(telephone)'이란 말은 '소리(phone)를 전
송한다(telegraph)'라는 뜻이다.

전화는 발명되자마자 멀리 있는 곳에 소식을 빠르고 정확하게 전달할 수 있는 매력
때문에 순식간에 세계로 번져 나갔다. 우리나라에는 1890년경 궁궐 내에 처음 설치되었
는데, 고종은 전화를 적극 이용한 것으로 유명하다. 당시 고종은 동구릉에 안장된 대비
조씨의 무덤에 전화로 조석 문안을 드리기도 했으며, '덕률풍(德律風 : 텔레폰의 음역)'으
로 칙령을 자주 내렸다. 관리들이 친러파와 친일파로 나뉘어 자신의 이해관계에 따라 국
왕 명령을 왜곡하기 일쑤였기 때문에 고종은 주변 신하들을 극도로 불신했고, 고육지책
으로 덕률풍을 내렸던 것이다. 하지만 얼굴이 보이지 않는다고 해서 전화를 받는 사람의
자세가 불경스럽지는 않았으며 직접 알현했을 때와 마찬가지로 예의를 지켰다.

벨이 울리면 신하는 먼저 세 번 절을 하고 전화를 받았다. 국왕에게 삼배(三拜)하는

관습을 지킨 것이다. 그런 다음 신하는 국왕 말씀을 들었다. 이때 철선(鐵線)을 이용한 탓으로 전화 감도가 너무 나빠 통화가 끝날 때까지 방 안 사람들은 모두 숨죽인 상태에서 일손을 멈추었다 한다.

한편 우리는 전화기를 사용할 때 자판을 누르거나 돌리면서도 '전화 걸다'라고 표현하는데, 이 말은 전화 도입 초창기의 전화기 사용 관습에서 유래됐다. 즉 당시의 자석식 전화기는 수화기를 고리에 '걸고' 손잡이를 돌려 교환수를 찾아야 했는데 여기서 비롯된 표현이 지금까지 남아 있는 것이다. 또한 신호가 갈 때 '뚜우우' 하는 소리와 신호 중일 때 '뚜뚜뚜' 하는 소리는 전화가 발명되기 이전 사용되었던 모스 부호에서 나왔다.

매국노 송병준과 이용구의
정략적 만남

"처음 뵙겠습니다."

"어서 오시오."

러일 전쟁이 한창이고 우리나라 국운이 쇠퇴해 가던 1904년 가을 어느 날, 한성 진고개에 있는 일본식 요정 청화정에서 두 사람이 남의 눈을 피해 비밀리에 만났다.

한 사람은 변장을 위해 항상 상복(喪服)과 상립(喪笠 : 주로 상제가 밖에 나갈 때 쓰던 갓)을 착용하고 다니던 이용구(李容九, 1868~1912)❶였으며, 또 한 사람은 주한 일본군 사령부 통역관 송병준(宋秉畯, 1857~1925)❷이

---

❶ **이용구** : 친일파의 거두로 한일합방 건의서를 제출파는 등 친일행동을 자행했다. 원래 동학에 입교하였으나 시천교를 창설하여 교주가 되었다.

었다. 이용구와 송병준은 누구인가?

이용구는 동학 혁명 때 항일 의병장으로 활약하다 탄압을 피해 일본으로 망명했다. 이후 손병희의 밀명을 받아 귀국하여 포교 활동에 종사하다가 1904년 9월에 동학교도를 중심으로 진보회(進步會)를 조직하고는 매국노로의 변신 기회를 엿보던 진보회 회장이었다.

이에 비해 송병준은 1876년 강화도 조약 이후 국법을 어기면서 일본인과 함께 우리나라 최초로 한일 합작 상회를 차려서 왜놈 앞잡이라는 말을 들었다. 1884년에는 수구파로 돌변하여 조선 정부의 밀명을 받아 김옥균을 암살하러 일본에 건너갔다가 오히려 감화되어 개화파로 변신했다. 이후 조선인 최초로 노다 헤이치로[野口平次郎]라는 이름으로 창씨개명(이름을 일본식으로 바꾸는 것)하고 숨어 지내다 1904년 일본군을 따라 통역관으로 귀국하여서는 완전히 친일파로 변신한 전형적인 간신이었다. 그 무렵 송병준은 일본 사령관 하세가와[長谷川好道]를 등에 업고 친일 단체 일진회(一進會)●를 조직하고는 우두머리로 행세하며 기세등등하였다.

한마디로 두 사람은 척왜(斥倭)와 친일(親日)의 극단성을 띤 대조적 단체의 수장이었다. 그런데 이들이 왜 만난 것일까?

두 사람은 저마다 고민이 있었다. 이용구는 백만 명에 달하는 진보회원을 거느리고 있지만 동학이 정부로부터 사이비 종교로 낙인찍혀 공개적으로 활동할 수 없었으며, 송병준은 일본군을 배경으로 일진회를 만들었지만 전국적 기반이 전혀 없어서 고민하고 있었다. 따라서 이용

❷ **송병준** : 조선 후기 친일 정치가. 헤이그 밀사 사건 후에 황제 양위(讓位 : 임금의 자리를 물려줌) 운동을 벌이는 등 친일 활동에 앞장섰으며, 이완용 내각에서 농상공부대신, 내부대신 등을 역임하였다.

구는 세상을 활개 치며 돌아다니기 위해 송병준을 필요로 하였고, 송병준은 지방의 기반을 확보하기 위하여 백만 회원을 가지고 있다는 이용구를 필요로 하였다. 송병준이 단골 요정 청화정으로 이용구를 초대하고 이용구가 그에 응한 이유가 여기에 있었다.

이용구가 먼저 자기 생각을 토로하였다.

"현재 내 밑에는 백만 교도가 있습니다. 그러나 일한(日韓) 양국의 질시로 그들 생명은 물론 처자들도 보호하지 못하고 숨어 살아야 하니 안타깝습니다. 더욱이 우리나라에서 일본과 러시아가 맞붙어 싸움까지 벌이고 있으니 시국 안정을 찾기가 어렵습니다. 이러한 때에 몸 바쳐 나라를 문화로써 지도했으면 하는 것이 저의 소원입니다."

이용구보다 열한 살 많은 송병준은 그 말을 듣고 회심의 미소를 지었다. 두 사람 모두 절박한 처지였으나 엄밀히 말해 송병준은 아쉬운 입장이었고 이용구는 난처한 입장에 있었기 때문이다. 이용구를 심복으로 만들려는 생각을 가지고 있던 송병준이 말했다.

"동학은 우리나라의 국금(國禁: 나라의 법으로 금함)으로 되어 있소. 또한 갑오년에는 배일(排日)한 사실까지 있지 않소. 다시 교도들이 망동하면 세상에 누가 이를 용서하겠소."

그러자 이용구가 그 말에 반박했다.

"당신은 아직 동학을 이해하지 못하는 것 같습니다. 어찌 우리 동학의 목적이 배일에 있겠습니까. 당시는 한마디로 말해 우리 교조(최제우)의 신원(伸寃: 원통한 일을 풀음)이 목적이었고, 백성을 곤궁한 지경에서 구하자는 것이었습니다. 이 일이 격화하여 관민이 충돌하고 우리 정부가 일본에 청하여 동학을 소탕하게 했습니다. 따라서 갑오년 일은 동학이 배일한 것이 아니라 일본이 동학을 배척한 것이지요. 다만 지금은 교도 백만을 들고 일본을 돕고 백만 회원의 생명을 보장받기 위하여 선생을 찾았습니다."

송병준은 곧 백만 동학도가 자신의 기반이 된다고 생각하니 마음이 흡족하여 한발 물러서듯이 말했다.

"알겠소. 불초 송병준이 힘닿는 데까지 백만 생명을 위하여 희생을 무릅쓰겠소."

송병준은 한마디 말을 잊지 않고 덧붙여 말했다.

"동학당은 당신을 믿을지 모르나 그들이 나도 믿을지 의문이오. 우리 나라 사람들은 원래 단발(斷髮)을 단두(斷頭)와 같이 생각하고 있소. 그러니 당신이 동학당원에게 단발을 시켜 나를 지지해 준다면 백만 생명도 보호하면서 정치도 개혁하겠소."

송병준은 이용구보다 한 수 위 인물이었다. 그는 무부기(無夫妓 : 포주혹은 기둥서방이 없는 기생) 조합을 뒤에서 후원하면서 기생들로부터 정보를 빼낼 만큼 술수에 관한 한 이용구를 능가했으며, 그런 두뇌를 십분활용하여 이용구를 손안에 넣었다.

이와 같이 두 매국노가 서로 손을 잡으니 1904년 11월에 진보회가 일진회에 흡수되었고, 그 뒤로 두 매국노는 경쟁적으로 앞서거니 뒤서거니 하며 매국의 길을 걸었다. 이때 회담에서 약속한 대로 이용구는 진보회원에게 모두 단발하고 모자를 쓰게 했다. 이 조치로 인해 진보회원 중에는 탈퇴자가 속출했지만 수십만 명이 그 지시를 따랐다. 존엄한 정의를 추구하기보다 사리사욕을 챙기기 위함이었다.

"우리도 한번 개화해 보자."

당시 일진회원들은 머리를 깎고 검은 두루마기에 서양식 모자를 착용하면서 마치 시대의 첨단을 걷는 양 행세하였다. 나아가 일진회원들은 때로 정치 개혁을 주장하고 때로는 정부를 협박하여 이권을 챙기는 등 무슨 큰 벼슬이나 한 듯이 갖은 행패를 부렸다. 이러한 때 일진회에 통합된 진보회 회원마저 단발하고 '하이칼라 잡놈' 흉내를 내면서 안하무인격 횡포를 자행하니 그들의 언동은 사회적으로 비난을 받았다.

하이칼라 잡놈이란 이 무렵 머리를 깎고 서양 의복을 입은 사람을 가리키는 말이었는데, 그들은 비난의 대상인 동시에 선망의 대상이 되면서 건실한 농민 정신을 오염시켰다. 지주의 아들은 논을 팔아 하이칼라 잡놈질을 했고, 소작인들도 몇 말 안 되는 추수 곡식을 장터 술집에서 젓가락 장단으로 날리고 마는 풍조가 생겼던 것이다.

이런 상황에서 거대한 일본 군부를 배경으로 한 일진회는 더욱 팽창했다. 이때부터 본격적으로 러일 전쟁에 개입하여 군수, 군량 조달, 간첩 따위의 행위를 맡았고 경의선 부설에 거의 무보수로 응하였다. 러일 전쟁에 일본 밀정으로 참가한 일진회원이 50명이었으니 그야말로 구한말 세상은 친일파 천지가 되었다.

• 구한말 일진회와 학생 폭력 조직 일진회

일진회는 일찍이 민씨 일파의 박해를 받아 10여 년간 일본으로 망명한 송병준이 러일 전쟁 때 일본군 통역으로 귀국한 뒤 조직한 정치적 친일 단체이다. 송병준은 1904년 8월 18일 구(舊) 독립 협회 잔당인 윤시병, 유학주 등과 유신회(維新會)를 조직했다가 20일에 다시 일진회로 명칭을 고치고 회장에 윤시병, 부회장에 유학주를 추대했다.

일진회는 발족과 동시에 왕실의 존중, 인민의 생명과 재산 보호, 시정의 개선, 군정(軍政)과 재정(財政)의 정리 등 4대 강령을 내걸고 국정 개혁을 요구했다. 그리고 회원은 모두 단발(斷髮)과 양복 차림을 하는 등 개화를 서둘렀다.

송병준은 1904년에 진보회를 흡수 통합하여 전국적 기반을 다졌으며 그해 11월 총회에서 일진회 회장에 이용구, 부회장에 윤시병이 선출되도록 했다. 송병준 자신은 지방 총장을 맡으며 배후에서 일진회를 조종했다.

이후 일진회는 일본의 자금 지원을 받으며 일제의 한국 침략에 앞잡이 역할을 하였다. 바로 이해 11월 17일에 체결된 을사늑약에 대해서도 유독 매국적 지지 선언을 했으며, 기관지인 「국민신보」를 통해 온갖 친일적 망발을 퍼뜨렸다. 또한 송병준은 이완용 내각과 결탁하여 농상공부대신으로 입각했고, 헤이그 밀사 사건을 계기로 고종의 양위를 강요했다. 1907년 7월 마침내 고종이 양위하고 한국 군대가 해산당하자 전국에서 의병이 일어나 일진회원들을 토살하고 국민신보사를 습격했다.

그러나 일진회원들은 1909년 10월 이토 히로부미가 하얼빈에서 저격당한 후부터는 더욱 매국 행위에 열을 올려 이른바 '한일합방안'을 황제에게 상주(上奏 : 임금에게 말씀을 아룀)하고 각하되면 다시 올리기를 반복하였다. 일진회는 1910년 8월 22일 망국의 병합 조약이 체결된 뒤 해산 권고를 받았고 대략 한 달 뒤인 9월 26일 강제 해체되었다.

한편 우리나라 학생 폭력 조직인 일진회(一陣會)는 구한말 매국노 단체 일진회(一進會)와 아무 관계가 없다. 한글 발음은 같지만 한자 자체가 다르고 그 어원도 다르다.

중고등학교에 음성적으로 존재하는 일진회의 유래는 1980년대 말로 거슬러 올라간다. 1988년 일본인 만화가 모리타 마사노리[森田 まさのり]는 『로쿠데나시 블루스(ろくでなし BLUES)』라는 학원물 만화를 발표하여 선풍적 인기를 끌었다. '로쿠데나시'는 '쓸모없는'

'별 볼일 없는'이란 뜻이며, 이 만화는 42권까지 발행될 만큼 큰 관심 속에 학원 폭력 만화의 유행을 선도했다.

우리나라에는 『캠퍼스 블루스』라는 제목으로 출간된 이 작품의 영향으로 1990년대 이후 학생 폭력 조직 이름을 일진회라 하게 됐다고 한다. 폭력 서열을 일진(一陣), 이진(二陣)으로 구분하여 싸움 잘하는 학생을 일진으로 불렀던 까닭이다. 이 만화는 1997년에 일진회 폭력이 사회 문제로 대두되어 우리나라에서 한때 절판되었지만 2001년 『비바! 블루스』라는 제목으로 다시 출판되었다.

2009년 발표된 형사정책연구원의 조사 보고서에 따르면 조직폭력배 상당수가 중고등학생 시절 일진회 회원이었다고 하니 요즘 일진회는 성인 폭력 조직의 공급원인 셈이다. 참으로 안타까운 일이다. 좋지 않은 문화를 바꿀 대책이 시급하다.

'을사조약'이 아니라 '을사늑약'인 까닭

1905년 11월 9일 이토 히로부미가 특파대사라는 자격으로 일본 국왕 친서를 가지고 내한하였다.

"친서를 전해 드리고자 찾아뵈었습니다."

이튿날 12시 고종을 알현한 이토는 정중하게 말했지만 서신은 상당히 위협적이었다. '대사의 뜻에 따라 조처하라.'는 강압적 내용을 담고 있었기 때문이다. 고종은 알겠다는 의례적 말로 간단히 대답하고 외면하려 했으나 이토는 짐짓 대한제국을 위하는 듯이 말했다.

"동양 평화와 한국의 안전을 위하여 한일 두 나라는 친선과 협조를 강화해야 하며, 그러기 위해서 한국은 일본의 보호를 받아야 합니다. 이것이 또한 왕실의 안녕과 존엄을 유지하는 길입니다."

이토는 통역관을 통해 위와 같이 일차적 위협을 가하고는 짐짓 여유로운 척 물러났다.

'조선이 일본의 뜻을 따르지 않고 별수 있겠어.'

노회(경험이 많고 교활함)한 이토는 다음 작업을 진행했다. 일주일 뒤인 17일 오후 3시, 일본의 강압에 의해 덕수궁에서 어전 회의가 열렸다. 일본군이 궁궐 주위를 완전히 포위하고 궁궐 안에도 착검한 헌병들이 다수 침입하여 살기를 내뿜고 있어 공포 분위기가 덕수궁 안팎을 휘감았다. 어전 회의는 팽팽한 긴장감 속에서 길고 긴 입씨름을 하였다.

"자, 이 문서를 조인(調印 : 약속한 문서에 도장을 찍음)합시다."

"그렇게 할 순 없소. 이건 결코 받아들일 수 없는 내용이잖소."

정부의 여덟 대신들은 찬성파와 반대파로 나뉘어 이미 전날 일본의 강요 속에 살펴본 협약안을 받아들일 것인지 말 것인지 논의했지만 결론을 내지 못했다. 문서 조항에 '일본이 조선의 안전을 보호해 준다'느니 '일본이 조선을 대신해서 다른 나라와 외교 관계를 수립한다'느니 하는 내용이 들어 있었기 때문이다. 쉽게 말해서 일본이 대한제국의 외교권을 빼앗아 가는 내용인지라 우리 정부로서는 받아들일 수 없었다.

처음에는 반대파 목소리가 높았다. 참정대신 한규설, 탁지부대신 민영기, 법부대신 이하영, 외부대신 박제순이 일본 요구를 거절하자고 말했다. 외교를 관장하는 박제순은 유서까지 써 놓았다는 말과 함께 완강하게 반대했고, 한규설이 박제순을 격려하며 반대에 힘을 실었다. 주무대신이 버티면 어떤 조약이든 성립되지 않으므로 회의는 부결로 갈 수밖에 없었다.

이에 학부대신 이완용, 군부대신 이근택, 내부대신 이지용, 농상공부

대신 권중현이 현실적으로 일본 요구를 거부하며 맞설 힘이 없다면서 찬성하자고 말했다. 회의가 길어지자 이토와 주한 일본 공사 하야시 곤스케[林權助]가 회의장에 들어와 빨리 결정하라고 강요했다.

"어서 결정해 주시지요."

이토는 한 명 한 명 개인적으로 의견을 묻는 압박 전술을 펼쳤다. 먼저 박제순부터 공략하고자 강압적으로 의견을 재차 물었다. 위협을 느낀 박제순은 소극적으로 말했다.

"외교 담판으로 본인에게 타협하라고 한다면 감히 찬성할 수 없다. 그러나 만약 명령이 있다면 어쩔 수 없을 것이다."

이토는 '명령'이라는 단어를 꼬투리로 삼아 아래와 같이 다그쳤다.

"명령이란 무슨 뜻이오? 폐하의 명령이 있다면 조인하겠다는 의미로 받아들여도 되겠소?"

박제순이 순간 당황해서 말을 못하자, 이토는 계속 몰아대어 박제순으로부터 '마음대로 하시오.'라는 사실상 항복을 받아 냈다. 이토는 여세를 몰아 외부대신의 말을 찬성으로 간주하겠다면서 회의 분위기를 확 바꾸어 버렸다.

이후 이완용이 '조약을 거부하면 일본이 무력 침공할 터이니 차라리 들어주자.'면서 찬성 분위기를 이끌었다. 결국 이완용을 비롯하여 이근택, 이지용, 박제순, 권중현 다섯 대신, 이른바 을사오적(乙巳伍賊)은 고종에게 책임을 떠넘기면서 찬성을 표시했다. 한규설과 민영기만 끝까지 반대했지만 대세를 뒤집지는 못했다.

외부대신 박제순과 일본 공사 하야시는 조약을 체결했고 18일에 이를 발표했다. 이를 '을사늑약(乙巳條約)'*이라고 한다.

한편 고종은 병환이 중하다는 이유를 대고 애초부터 어전 회의에 참가하지 않았다. 조약 체결에 대한 반대를 표시하고 조약 무효를 상징적으로 선언하기 위해서였다. 을사늑약이 무효임은 황제가 직접 수결(手決 : 서명)을 하지 않아 문서 요건이 결여되었다는 점에서 확인된다. 황제는 또한 무효를 알리기 위해 깊이 신임하고 있는 이동령(李東寧), 이회영(李會榮), 이상설(李相卨), 이준(李儁), 김좌진(金佐鎭) 등 다섯 사람에게 직접 통기(通奇 : 통지)하였다. 그렇지만 이것만으로 을사늑약의 탈법 무효가 세계적으로 확인될 수 없었기에, 뒷날 헤이그에서 개최된 만국평화회의(萬國平和會議)에 밀사를 파견하였다.

을사늑약 체결이 발표되자 「황성신문」의 주필 장지연(張志淵)은 즉각 "시일야방성대곡(是日也放聲大哭)"이라는 논설을 발표했다. 그 전문은 다음과 같다.

오늘에 목을 놓아 통곡하노라.

지난번에 이토가 한국에 오매 우리 인민들이 서로 말하기를 이토는 동양 삼국 정족(鼎足 : 세 세력이 벌여 섬)의 안녕을 담당하여 주선하던 인물이라. 금일 내한함이 필시 우리나라 독립을 공고히 부식할 방략을 권고하리라 하여 경향 간에 관민상하가 환영하였더니, 천하 일이 측량하기 어렵도다. 천만 뜻밖에도 다섯 조약을 어떤 연유로 제출하였던고? 이 조약은 비단 우리나라만 아니라 동양 삼국이 분열하는 조짐을 나타낸 것인즉 이토의 본래 뜻이 어디에 있는가? 그러나 우리 대황제 폐하의 강경하신 거룩한 뜻으로 거절하고 말았으니 이 조약의 불성립함은 상상컨대 이토가 스스로 알 수 있을 바이다. 오호라 개돼지 새끼만도 못한 이른바 우리 정부 대신이라는 작자들이 영리에 어둡고 위협에 떨어서 이를 따르고 굽실거려 나라를 팔아먹는 적이 되기를 서슴지 않았으니 4천 년 강토와 5백 년 종사(宗社 : 나라)를 타인에게 바치고 2천만 생령(生靈)을 타인의 노예로 만들었으니 저들 개돼지 새끼만도 못한 외부대신 박제순 급 각 대신은 족히 책망할 여지도 없으려니와 이름을 소위 참정대신이라 하는 자는 정부 우두머리라, 겨우 부(否)자로 책임을 면하여 이름을 남기고자 피하였던가. 청음 김상헌(金尙憲)이 책을 찢고 곡함도 이기지 못하겠고 동계 정온(鄭蘊)이 할복함도 이기지 못하겠으니 안연히 살아 세상에 남아 무슨 면목으로 강경하신 황상 폐하를 대하여 무슨 면목으로 2천만 동포를 대하겠느냐? 오호라! 찢어질 듯한 마음이여! 우리 2천만 동포 노예들이여! 살겠느냐? 죽겠느냐? 단군, 기자 이래 4천 년 국민 정신이 하룻밤 사이에 졸연히 멸망하고 멈추지 않았는가? 아프고 아프도다. 동포여, 동포여!

이 논설은 검열을 받지 않고 발행되었다. 장지연은 사전 검열제를 무시하고 이 신문을 전국 독자에게 배포케 한 뒤 철야 통음(痛飮 : 술을 많이 마심)하면서 닥쳐올 문책을 기다렸다. 이로 인해 장지연은 체포되고 황성신문사는 폐쇄되었다. 그렇지만 「대한매일신보」가 그 뒤를 이어 거리낌 없이 일제 만행을 규탄하였다.

「대한매일신보」는 민족 투쟁 전위지로서 베델(Ernest Thomas Bethell, 1872~1909)이라는 영국인을 배경으로 통렬하게 일제를 공격할 수 있었다. 외국인이 발행하는 신문은 검열을 받지 않았던 까닭이다. 베델은 영국 「데일리 크로니클(The Daily Chronicle)」 특파원으로 러일 전쟁을 취재하고자 1904년 3월 10일 한국에 들어왔다가 일제의 음모와 만행을 목격하고 그해 7월 18일 양기탁(梁起鐸)과 함께 「대한매일신보」를 창간한 의인(義人)이었다. 배설(裴說)이라는 한국 이름으로 유명했던 베델은 죽기 전날 양기탁의 손을 잡고 "나는 죽을지라도 신문은 영원히 살게 하여 한국 동포를 구제하라."는 말을 남길 만큼 한국인보다 더욱 치열하게 일제와 싸워 많은 존경을 받았다. 베델은 1909년 5월 1일 서른일곱 살 젊은 나이로 병사하여 한국인은 물론 해외 동포마저 애통하게 만들었다.

• '을사늑약'과 관계없는 '을씨년스럽다'의 유래

우리나라 외교권을 빼앗는 다섯 개 조문을 담은 이른바 '제2차 한일협약'은 국제법상으로 적법하지 않은 엉터리 조약이었다. 무엇보다 한글과 일본어로 된 조약문 첫머리에 조약 명칭조차 없는데 이는 국제조약에 필요한 최소한의 형식적 조건을 갖추지 못한 것이다. 또한 일본은 한일 양국이 각기 작성해야 하는 조약문을 일본인이 모두 작성하여 날조했으며, 고종이 반대했음에도 불구하고 동의한 것처럼 조작했다. 그러므로 제2차 한일협약은 '을사조약'이 아닌 '을사늑약'일 뿐이다. '늑약'이란 '억지로 맺은 약속'이란 뜻이다.

어쨌든 불공정한 조약이 발표되자 전국에서 일본을 물리쳐야 한다는 의견이 들고일어났다. 1905년 11월 20일 장지연이 「황성신문」에 "시일야방성대곡"이란 논설을 통해 일제의 노골적 침략성과 함께 매국 대신들을 비판했으며, 「제국신문」 「대한매일신보」 등도 조약 무효를 주장했다.

"나라를 팔아먹은 데 앞장선 을사오적을 처단하라!"

을사오적은 이완용, 이근택, 이지용, 박제순, 권중현 다섯 사람을 지칭하지만, 어떤 이는 권중현 대신 이하영을 넣기도 한다. 을사오적이든 을사육적이든 모두 조선인의 원흉으로 여겨졌으며 박제순은 주무대신이기에 더 크게 비난받고 암살의 표적이 되었다.

을사오적 중 한 명인 이근택의 경우 을사늑약이 체결된 날 집에 돌아와 그 아들과 첩에게 방금 전까지 궁중에서 있었던 일을 자세히 설명하고 자기는 조약에 찬성했기에 일생 동안 권력을 누릴 것이라며 의기양양해하였다. 그 집의 찬비(饌婢 : 부엌일하는 하녀)는 우연히 그 말을 듣더니 부엌칼을 던지면서 다음과 같이 큰소리로 외치고 밖으로 뛰쳐나갔다.

"너 같은 놈의 집에서 일해 주고 밥을 얻어먹었으니 이 치욕을 씻을 길 없다!"

그러자 오랫동안 일한 침모(針母 : 바느질을 맡아 하고 일정한 품삯을 받는 여자)가 찬비의 의기에 감동하여 뒤따라 그 집을 나갔다.

찬비와 침모뿐이 아니었다. 매국노에 대한 분노는 거의 전국적으로 폭발하였다. 이리하여 일제히 궐기하여 을사오적을 규탄하고 조약 반대 투쟁에 나섰다. 원로대신들은 상소 투쟁을 벌였고 상공회의소 회원들은 철시(撤市)를 결의하여 종로에 있는 육의전(六

矣廛 : 조선 시대에 독점적 상권을 부여받은 여섯 상점) 휴업을 단행했다. 이에 따라 시내의 각 상점들이 문을 닫았으며, 여러 학교 학생들도 자진 휴학하여 일제의 침략과 매국노의 망국적 행위를 규탄하였다.

기산도, 이종대, 김석항 등은 을사오적을 암살하려다 체포됐으며, 그 밖에 개별적인 투쟁이 끊임없이 일어났다. 결과적으로 한 사람의 매국노도 죽이진 못했으나 매국노들의 집은 불에 탔고 저격 대상에 오른 매국노들은 공포 속에서 전전긍긍하며 피신하기에 바빴다.

전국은 그야말로 을씨년스러운 풍경을 연출하였다. 이로 인해 '을씨년스럽다'라는 말이 을사늑약에서 비롯됐다는 오해가 생겼다. 흔히 날씨가 스산하고 썰렁하거나, 살림이 매우 군색할 때 '을씨년스럽다'라는 말을 쓰는데, '을씨년'은 '을사년(乙巳年)'이 변한 말로 을사년이 우리 민중에게 가장 치욕스러운 해로 기억됨에 따라 그런 뜻이 생겼다는 설이 널리 퍼진 것이다.

그러나 '을씨년스럽다'는 말은 그 이전에 이미 사용되고 있었다. 조선 후기 학자 조재삼(趙在三, 1808~1866)은 『송남잡지(松南雜識)』에서 다음과 같이 말한 바 있다.

"세상에서 을사년은 흉하다고 두려워하는 까닭에 지금 생전 낙이 없는 것을 '을씨년스럽다'고 한다."

조재삼은 『송남잡지』를 1855년(을묘년)에 썼으므로 1905년(을사년)보다 50년 전에 이미 '을씨년스럽다'란 말이 사용됐음을 알 수 있다. 그렇지만 외교권을 빼앗기고 실질적으로 일본 식민지로 전락한 을사년의 충격이 워낙 컸기에 '을씨년스럽다'의 어원이 잘못 알려지게 되었다.

우리나라 최초의 세계일주와
피를 먹고 자란 대나무

　구한말 민씨 세도 정권 속에서 관직에 진출한 민영환은 두 차례 해외여행을 통해 문명개화의 필요를 느껴 국왕에게 개혁 정책을 건의했다. 민영환은 러시아 황제 니콜라이 2세의 대관식에 참석하고자 처음으로 출국했는데, 이는 고종이 아관파천으로 러시아 공사관에 머물렀기에 그 소식을 알게 되어 이뤄진 일이었다.

　"러시아 황제 폐하에게 축하하려는 짐의 뜻을 전하라!"

　민영환은 특명전권공사로 임명되어 1896년 4월 1일 윤치호, 김득련, 김도일 등을 대동해서 인천에서 러시아 군함을 타고 러시아를 향해 출발했다. 민영환 일행은 중국 상하이, 일본 나가사키와 요코하마, 캐나다 밴쿠버, 미국 뉴욕, 영국 리버풀과 런던, 네덜란드 풀나싱, 독일 베를린, 폴란드 바르샤바를 거쳐 5월 20일에 러시아 모스크바에 도착하였다. 직행으로 가는 교통수단이 없었기에 배와 기차를 이용해 그렇게 한 것인데 이로 인해 민영환 일행은 우리나라 사람으로는 처음으로 세계일주를 한 셈이 되었다.

"대관식장에 들어갈 수 없습니다!"

그런데 민영환 일행은 러시아 황제 대관식을 식장 안이 아니라 식장 밖 발코니에서 구경해야만 했다. 러시아 관리들이 외교 사절이라 하더라도 모자를 벗지 않으면 들여보내지 않았기에 청나라, 터키, 페르시아 공사와 더불어 부득이 그리한 것이다. 이 경험 때문인지 민영환이 귀국한 후부터 외국에 나가는 관리들은 양복을 입게 되었다.

민영환은 6월 6일 저녁에 러시아 황제를 만나 악수를 나눈 뒤 고종의 축사를 외고 친서와 예물을 바쳤다. 이에 러시아 황제는 웃으며 화답했다.

"사절을 보내 주어 교의(交誼)가 더욱 두터워졌으니 영원히 동호(同好)할 뜻을 대군주 폐하께 아뢰시오."

민영환 일행은 대관식과 관련한 모든 행사가 끝난 뒤에도 세 달 동안 러시아에 머물면서 각지를 둘러보았다. 민영환 일행의 여행 소식은 「독립신문」에 소개되어 화제를 낳았으며, 민영환이 틈틈이 한문으로 쓴 기행문 『해천추범(海天秋帆)』은 우리나라 최초의 세계일주 여행기로 기록되었다. 『해천추범』 중 몇 가지 내용을 살펴보면 다음과 같다.

> 4월 1일 갬.
> 8시경에 양식을 처음 먹었는데, 요리가 깨끗해서 비위에 당겼

다. 갑판에 올라 군함을 돌아보니 구조와 모양이 정돈하여 가지런
하고 화려했다.

4월 29일 흐림.

밴쿠버 호텔에 묵었는데, 웅장한 5층 건물로 아래층에 기계실
을 설치하고 전기를 사용하여 마음대로 오르내리니 참 기이하다.

5월 6일 갬.

오후 9시에 뉴욕에 도착하니, 모든 시설과 구조가 몬트리올의
백 배나 되어 눈이 황홀하다. 역시 세계에서 이름난 도시라 할 만
하다. 월토프 호텔에 들었다. 10층 건물에 방이 일천 간이나 되고,
유숙객이 수천 명에 달한다.

5월 16일 흐림.

런던은 인구 5백 만으로 시가, 점포, 가옥, 마차 등이 모두 뉴욕
과 같으나 웅장하기는 뉴욕보다 더하다. 땅은 좁고 사람은 많아
서 시가에는 몇 층으로 땅굴을 파고 그 속에 가옥도 있고 점포도
있으며, 철도도 있고 마차도 왕래하니 번화함이 세계 제일이다.
또 길에 다니는 사람들은 다들 점잖아서 지껄이는 일이 없다.

5월 29일 갬.

박물관을 구경했다. 장서는 3만 권이 있는데, 마음대로 보거나
빌리지는 못한다. 또 옛날 유명인 초상들을 걸어 놓고, 각국 사람

의 인형과 의복, 기구들도 진열했다.

이 밖에도 민영환은 참으로 많은 것을 보고 감탄하면서 개화 필요성을 절감했으며, 시베리아를 횡단해 블라디보스토크로 가서 러시아 군함을 타고 그해 10월 21일 귀국하였다. 한성을 떠난 지 약 7개월 만이었고, 그가 다닌 여정은 6만 8,365리(里)에 이르렀다.

"독립 협회의 취지에 찬동하오."

민영환은 때마침 발족한 독립 협회를 적극 후원하다가 친일 내각의 견제로 인해 시종무관장(侍從武官長)으로 좌천당하였다. 그리고 1905년 11월 을사늑약이 체결되자 조약 파기와 을사오적 처형을 주장하는 상소를 올렸다. 그러나 일본의 방해로 뜻을 이루지 못하자 죽음으로 항거하며 백성의 각성을 촉구하고자 1905년 11월 30일 새벽에 스스로 목숨을 끊었다. 이때 자신의 명함(名衡)*에 외국 사절과 고종 황제 그리고 동포에게 유서 세 통을 한문으로 써서 남겼다. 이중 동포에게 남긴 유서를 풀이하면 대략 다음과 같다.

> 아, 나라의 수치와 백성의 욕됨이 이에 이르렀으니 우리 인민은 장차 생존 경쟁에서 진멸하리라. 무릇 살기를 바라는 자는 반드시 죽고, 죽기를 각오하는 자는 살 수 있는 법인데 여러분은 왜 이것을 모르는가. 영환은 한 번 죽음으로써 임금 은혜에 보답하고 2천만 동포 형제에게 사과하노라. 영환은 죽어도 죽지 않고 저승에서 여러분을 돕고자 하니 우리 2천만 동포 형제들은 천만 배로 분발하여 마음을 굳게 먹고 학문에 힘쓰며 한마음 협력하여

우리의 자유와 독립을 회복하면 죽은 몸도 저승에서 기뻐 웃으리라. 아, 실망하지 말라. 우리 대한제국 2천만 동포 형제에게 이별을 고하노라.

당시 급보를 받고 달려갔던 시종무관 어담(魚潭, 1881~1943)은 그의 회고록에서 자결 광경을 이렇게 전하고 있다.

"언뜻 얼굴을 보니 옆으로 두 치 정도의 구멍이 난 목줄기로부터 아직까지 피가 흐르고 있었다. 원망하는 듯, 노한 듯 딱 부릅뜨고 있는 양쪽 눈은 처절하고도 가엾었다. 다음 오른손에 꼭 쥐고 있는 작은 칼을 풀어내고 의복을 벗기니 배에 일자로 할복한 상처가 있었다. 손톱깎이용으로 쓰는 작은 칼로 깊이 찌를 수 없었기에 다시 상처 위에 좌로 우로 몇 번이나 칼질한 것 같았다. 그러나 이같이 하고도 목적을 이루지 못하자 인후를 옆으로 끊어 젖힌 것이 아닌가. 참으로 장절한 죽음이었다."

민영환의 순국 소식이 알려지자 조병세, 김봉학, 홍만식, 이상철 등이 그 뒤를 따라 스스로 목숨을 끊으며 일제에 항거했다. 민영환에게는 충정공(忠正公)이란 시호가 내려졌다. 그리고 그로부터 8개월이 지나서 놀라운 일이 일어났다. 민영환의 피 묻은 옷을 간직한 방에서 청죽(靑竹)이 솟아오른 것이다. 그에 대해 1906년 7월 5일자 「대한매일신보」는 다음과 같이 보도하였다.

"공의 집에 푸른 대나무가 자라났다. 생시에 입고 있었던 옷과 칼을 걸어 두었던 작은방 아래서 푸른 대나무가 홀연히 자라난 것이라 한다. 이 대나무는 선죽(善竹)과 같은 것이니 기이하다."

이 기사에서의 '선죽'은 고려 충신 정몽주가 선지교(善地橋)에서 피살되던 날 밤 다리 옆에서 참대가 솟아나왔다 하여 선죽교(善竹橋)로 고쳐 부른 그 선죽을 의미하니, 민영환의 순국 정신이 대나무로 되살아났다고 본 것이다.

이튿날인 1906년 7월 7일 「황성신문」은 '혈죽혈죽(血竹血竹)이여 혈족족(血簇簇)이로다.'로 시작되는 '혈죽지가(血竹之歌)'라는 제목의 현토문체(懸吐文體 : 한문에 한글 토를 단 것) 시가(詩歌)를 실어 피 묻은 대나무를 아예 '혈죽(血竹)'이라 명명하였다.

같은 달 21일에는 「대한매일신보」에서 지은이 대구여사의 이름으로 '혈죽가'를 발표하였다. '혈죽가'는 노래로서의 시가(詩歌)가 아닌 문학으로서의 시조였기에 오늘날 최초의 현대 시조로 여겨지는데 그 내용은 다음과 같다.

혈죽가

협실에 솟은 대는 충정공 혈적이라
우로를 불식하고 방 중에 푸른 뜻은
지금의 위국충심을 진각세계(하고자).

충정의 굳은 절개 피를 맺어 대가 되어
누상에 홀로 솟아 만민을 경동키는
인생의 비여 잡쵸키로 독야청청(하리라).

충정공 곧은 절개 포은 선생 우희로다

석교에 솟은 대도 선죽이라 유전커든

하물며 방 중에 난 대야 일러 무삼(하리오).

민영환의 피를 먹고 대나무가 솟아올랐다는 혈죽 소식에 민심이 술렁거렸다.

"대나무 잎사귀가 마흔다섯 개래. 공의 나이와 똑같다니 참으로 놀라워."

"얼마나 원통하시면 넋이 혈죽으로 부활했을까."

사람들은 혈죽을 직접 눈으로 확인하고자 민영환의 집으로 몰려들었고, 그를 통해 새삼 비분강개를 느꼈다. 당황한 일제는 혈죽을 인위적 조작으로 몰아가고자 조사에 나섰다. 대나무 전문가를 동원하여 집 주변을 샅샅이 훑어보게 했다. 대나무는 뿌리로 번식하므로 집 어디서든 대나무를 발견한다면 우연한 일로 치부해 버릴 수 있기 때문이었다. 하지만 마루를 뜯어내고 땅을 파헤쳤지만 그 어디에서도 대나무를 찾아내지 못했다. 그야말로 오직 그곳에서만 대나무가 솟아난 것이었다. 그러자 일제는 대나무를 쑥 뽑아 버리고는 일을 마무리했다.

고종을 측근에서 모셨던 정환덕(鄭煥悳)이 기록한 『남가록(南柯錄)』에 따르면, 그때 민영환 몸에서 나온 피는 대청에 흘러 일본칠간(一本七幹 : 한 몸체에 일곱 가지)의 푸른 대나무가 나왔다. 그러나 일본인이 서양의 대나무 박사를 대동하여 그것을 뿌리째 캐 버렸다고 한다. 전문가의 권위를 이용하여 그것이 절죽(節竹 : 절개를 상징하는 대나무)이 아님을 애써 말하고 사람들이 동요하지 못하게 하기 위함이었다.

민영환의 아내 박수영은 그 대나무를 자줏빛 보자기에 싸고 나무 상자에 넣어 몰래 보관했다. 그리고 광복 이후인 1962년 유족이 고려대학교 박물관에 혈죽을 기증함으로써 현재까지 전해 오고 있다.

• 처음으로 명함을 사용한 우리나라 사람

명함(名銜)은 성명, 주소, 직업, 신분 따위를 적은 네모난 종이쪽을 가리키는 말이다. 서양식 명함은 19세기 말엽 외국 외교관을 통해 이 땅에 처음 선보였고, 우리나라 사람으로는 민영익과 유길준이 명함을 처음 사용했다.

민영익은 1883년 보빙사 자격으로 공사관을 개설하고자 홍영식, 서광범 등과 함께 미국을 방문하였다. 민영익 일행은 아서 대통령 주선으로 6개월간 유럽을 여행했는데, 이때 민영익이 가지고 다닌 명함이 현재 연세대학교 동은의학박물관에 보관되어 있다. 민영익의 명함은 미국산 종이에 요즘 명함 크기와 비슷한 가로 5.5센티미터 세로 9센티미터이며, 민영익 특유의 필체로 이름이 쓰여 있다.

이에 비해 유길준은 보빙사의 수원으로 민영익 일행을 따라가서 미국 각 기관을 시찰한 뒤에 정사(正使) 민영익의 허락을 받고 현지에 남아 공부함으로써 한국 최초의 국비 유학생이자 한국인 최초의 미국 유학생이 되었다. 유길준이 당시 사용한 명함은 현재 구당명함(矩堂名啣)이란 이름으로 고려대학교 박물관에 보관되어 있다. 유길준 명함은 가로 6.2센티미터 세로 9.7센티미터 크기이며, 소속과 이름이 세로로 인쇄되어 있다.

이외에도 미국 보스턴 피바디 에섹스 박물관에 1880년대 김옥균, 서광범 등 개화파 핵심 인물들이 미국인 모스 박사에게 건네준 명함이 남아 있다고 한다.

금연 아이디어로 시작된
국채 보상 운동

"한국의 안전과 부원개발(富源開發)을 위하여 차관을 도입할 필요가 있습니다."

1906년 3월 통감부 초대 통감(총독)으로 부임한 이토 히로부미는 가장 먼저 위와 같이 역설하면서, 일본 흥업 은행으로부터 1천 만원을 빌리도록 조치하였다. 차관(借款) 조건은 연 6푼 5리(6.5퍼센트) 높은 이자에 5년 거치 5년 상환 실수금(實受金) 9백 만원이었으며, 한국의 관세 수입을 담보로 하였다. 한국은 계약 체결과 동시에 1906년 3월에 5백 만원을 받고 나머지는 수시로 받기로 하였는데 그 사용 계획은 대략 다음과 같았다. 도로비 150만원, 수도 공사비 437만 원, 농공 은행(農工銀行) 설립비 80만 원, 학교 신축 수리비 50만 원, 대한병원 신축비 28만

원, 기타 155만 원.

이토는 한국을 근대화하기 위한 배려처럼 말하면서 일을 추진했다. 도로를 확장하고, 수도 시설을 늘리고, 학교와 병원을 수리하거나 신축한다니 명목상으로는 그럴듯했다.

"수도 공사를 하는 곳은 주로 일본인이 사는 곳이잖아."

"어, 그렇군!"

그러나 이는 일제 침략을 위한 노림수였을 뿐 한국인을 위한 투자가 아니었다. 예컨대 4백여 만원에 이르는 막대한 비용을 들인 수도 공사는 거의 일본 거류민을 위한 시설이었다. 우리나라에는 본시 대중목욕탕*이 없었으나 수도 공사와 함께 일본인 거주 지역에 대중목욕탕이 등장했다. 일제는 농공 은행을 한성, 평양, 대구, 전주 등지에 설립하여 그 자금으로 일본인의 경제적 침투를 뒷받침했으며, 통감부 및 이사청의 수리, 증축과 인건비에 충당하였다.

"한국에서 근무하니 일본 경찰 급여도 한국 정부에서 부담해야 하오."

자기네 돈이 아니라 그런지 일본은 경찰 급여를 매우 높게 책정했다. 한국인 순검 월봉이 9원 50전인데 비하여 일본 경무고문은 480원, 경시는 300원이었고 순사도 50원으로 우리 순검의 다섯 배였다. 일본은 침략에 소요되는 비용을 온전히 한국민에게서 뜯어낸 것이었으니 한국 정부는 돈을 만져 보지도 못한 채 '빚을 졌다'는 차관증서만 통감부에 바친 꼴이 되었다.

"돈이 더 필요하니 차관을 더 해야 합니다."

이토는 한국에 대한 실질적 지배권을 행사하면서 차관 액수를 늘렸다. 하여 1907년에는 일본 은행으로부터 빌린 돈이 총 1,300원이 되었는데, 이는 한국 정부가 도저히 감당할 수 없는 금액이었다.

"거액의 나라 빚을 상환하지 못할 경우 우리 국토는 일본 차지가 될 거야."

"그렇다면 어떻게 하지? 그 많은 돈을 무슨 방법으로 마련해?"

나라 운명이 절박한 위치에 놓였음을 느낀 우리 국민은 무능한 지도자들을 탓하기에 앞서 발등 위의 불을 끌 묘안을 찾아보았다.

"십시일반이라는 말이 있듯 우리 민족이 힘을 합치면 돼!"

아이디어는 대구 기업인 서상돈(徐相敦)에게서 나왔다. 나라가 일본에 넘어간다는 설이 널리 유포된 가운데, 그는 전국 2천만 동포가 조금씩 부담한다면 국채를 갚을 수 있다면서 대구 광문사 사장 김광제(金光濟)와 함께 금연(禁煙) 운동을 주도했다.

"동포여, 일제히 담배를 끊어 그 돈으로 국채를 갚읍시다. 한 사람당 한 달 담뱃값을 20전으로 추산할 경우 3개월이면 국채액에 도달합니다."

서상돈은 1907년 2월 21일 단연회(斷煙會)를 창설하였고 먼저 8백 원을 내고 앞장섰다. 그 뒤를 이어 한성에서도 국채 상환 기성회가 조직되는 등 국채 보상 운동(國債 報償 運動)은 전국적으로 확대되었다.

"내가 담배를 끊으면 나라를 구할 수 있다니 동참해야겠어."

"나는 당분간 술을 끊어서 성금을 낼 테야."

이에 따라 한국 남자들은 자발적인 금연 혹은 금주를 통해 국채 보상 운동에 참여했다. 고종은 이 소식을 듣고 궁궐에서 금연하도록 특명을 내리면서 이렇게 탄식했다.

"신민이 나라를 근심하여 이런 일을 하는데 짐이 어찌 모른 척하겠느냐."

전국에 모금 단체가 생기고 남녀노소가 적극 호응하였다. 게다가 「황성신문」 「대한매일신보」 등 주요 언론 기관이 모금 운동에 나섬으로써 참여 열기가 뜨거워졌다. 부녀자들도 적극 동참했다.

"남자들이 금연한다면 우리는 비녀나 가락지를 팔아서 돈을 모읍시다!"

반지를 팔아 성금하는 부인탈환회(婦人脫環會), 반찬값을 절약하여 성금하는 부인감찬회(婦人減餐會) 등이 결성되었다. 가락지를 팔아 의연금(義捐金)으로 충당한 부녀자들의 참여는 '1997년 한국의 IMF 금 모으기 운동'과 비교될 만한 일이었다.

"비록 가진 것은 적지만 나라 망하는 꼴을 지켜볼 수만은 없지."

국채 보상 운동에 가장 열성인 계층은 가난한 하층민이었으며, 각 학교의 학생이나 군인 중에는 실제로 담배를 끊은 사람이 많았다. 반면 정부 고위 관리나 이름난 부자 상인들은 응하는 자가 적었다.

국채 보상 운동은 예상을 뛰어넘는 반향을 불러일으켰고, 뛰어난 선각자를 배출하는 계기가 되기도 했다. 당시 평양에서 사업가로 탄탄히 자리 잡은 남강(南岡) 이승훈(李承薰, 1864~1930)[1]이 그 대표적인 사람이었다.

이승훈은 국채 보상 운동이 한창이던 1907년 7월 평양에서 도산(島山) 안창호(安昌浩, 1878~1938)[2]의 '교육진흥론' 강연을 듣고 감동받아서

---

[1] 이승훈 : 독립운동가이자 교육자. 1907년에 오산 학교를 설립하였고 3·1 독립 선언에 민족 대표 33인의 한 사람으로 참가하였다.

민족 운동에 뜻을 굳혔다. 당시 마흔네 살이던 이승훈은 즉시 술과 담배를 끊고 상투를 잘랐다. 그리고 며칠 뒤에는 안창호, 이갑 등과 만나 신민회(新民會) 조직을 의논하였다. 이승훈은 그해 11월 24일 관서 지방 최초 중학교인 오산 학교를 개교하였으며 이후 생애를 바쳐 오산 학교를 민족 운동 요람으로 키워 나갔다. 이승훈은 걸음이 빨랐고 걷는 자세가 곧았는데, 행상(行商) 시절에 밴 이 걸음새에 대해 스스로 남다른 의미를 부여했다. '계속적인 전진'이라는 뜻으로 그는 학생들을 가르칠 때도 '항시 정진'을 강조했다.

국채 보상을 위한 단체가 각지에서 속출하자 돈 문제로 인한 분규나 부정이 없도록 각 단체 대표들은 국채 보상 연합회의소를 조직하고 규약을 정하여 대한매일신보사의 양기탁으로 하여금 주관케 하였다. 이제 국채 해결은 시간문제처럼 보였다.

그러나 통감부는 이 운동을 묵인하지 않았다. 이 일이 간접적인 배일 운동임을 간파한 통감부는 대한매일신보사에서 실제 접수한 헌금 13만 2,900여 원 중 일부를 사장인 영국인 베델이 신문에 공고하지 않은 채 영리사업에 이용한 일을 꼬투리 잡았다. 베델은 조금이라도 금액을 늘려 국채 보상 운동을 도와주고자 그리한 것이지만, 객관적 시각에서 보면 과실이 분명했다. 통감부는 베델을 추방하고, 1908년 7월 12일 국채 보상 운동 간사 겸 회계 양기탁을 횡령죄로 구속하였다. 통감부는 이로써 국채 보상 운동 열기에 찬물을 끼얹는 효과를 얻었다.

영국과의 외교 마찰을 우려한 일제는 이 사건에 대해 나중에 무죄를

---

❷ **안창호** : 독립운동가로 신민회, 청년 학우회, 홍사단 등을 조직했다. 3·1 운동 후에는 상하이 임시 정부의 내무총장이 되었다.

선고했으나, 그밖에도 갖가지 잡음이 일어나 국채 보상 운동을 타격했다. 일본의 사주를 받은 일진회는 집요하게 방해 공작을 벌였다. 결국 국채 보상 운동은 그 이상의 진전을 보지 못한 채 중단되고 말았다.

그렇지만 국채 보상 운동은 국민 힘으로 나라 빚을 갚으려 했던 역사적 유례를 찾기 힘든 경제적 구국 운동으로 일본을 놀라게 했다. 이후 일본이 한국인의 단결력을 와해시키려 이러저러한 술책을 부린 것도 이 사건의 영향이 크다.

• 대중목욕탕과 '목간하다'의 유래

대중목욕탕은 일본과 관계가 깊고, 일본은 동양에서 대중목욕탕 유행에 앞장섰다. 왜 그럴까?

전통적으로 일본에서 가장(家長)이 저녁에 집에 돌아오자마자 먼저 하는 일은 입욕이었다. 깨끗이 씻고자 하는 목적이 가장 크지만 한편으로 후로[風呂 : 욕조]에 들어가 몸을 매우 뜨겁게 해서 긴장을 풀고자 하는 목적도 있었다.

또한 일본인은 예부터 나가시라는 독특한 공간에서 목욕을 했다. '나가시'란 부엌 근처에 만들어 식기 따위를 씻거나 몸을 씻는 곳을 말한다. 나가시는 대나무로 마루처럼 지은 공간이며, 높은 곳에 있는 창으로 빛이 들어오게끔 되어 있다. 목욕할 때는 나무바가지를 이용해 나무통에 있는 뜨거운 물을 뜬다. 뜨거운 물이 아주 적으므로 몸을 물에 담그지 않고 물을 떠서 끼얹는 것이다. 물을 끼얹는 행위는 오늘날에도 일본에서 흔히 볼 수 있는 행위로서, 대중목욕탕 풍경을 보면 나무토막으로 만든 작은 물통 하나와 물수건을 각각 가진 채 씻는다.

이런 일본 목욕 문화에 변화의 바람이 불었으니 메이지 시대(1867∼1912)에 대중목욕탕이 등장했다. 1867년 고메이[孝明] 국왕의 뒤를 이어 왕위에 오른 메이지는 서구식 복장과 서양 요리를 즐기면서 점차 증가하는 근대화에 대한 국민적 요구에 호응하는 정책을 폈다. 이에 따라 의식주 전반에 걸쳐 서구화 바람이 불었으며 현대적 형태의 대중목욕탕이 성행하기 시작했다. 수도 에도[江戸 : 도쿄의 옛 이름]에만 목욕탕 6백 개가 생겼을 정도였다.

우리나라의 경우 전통 한옥에는 별도의 목욕탕 시설이 없었다. 조선 시대 말엽까지도 목욕탕이 따로 없었기에 서민들은 여름이면 냇가에서 몸을 씻었고, 겨울에는 물을 데워 부엌이나 헛간에서 몸을 씻었다. 양반들은 '목간통(沐間桶)'이라 하여 나무로 만든 둥근 욕조를 안방이나 사랑방에 들여놓고 하인들이 운반해 온 더운물을 끼얹는 방법으로 씻었다. 오늘날 목욕탕에 갈 때 '목간하러 가다' '목간가다' '목간하다'라고 말하는 것은 여기에서 연유된 표현이다.

그러나 구한말 서양인의 양옥(洋屋) 등장과 함께 우리나라에 목욕탕이 생겼다. 갑오경장 이후 인습 타파에 앞장섰던 중인 계급은 조상 위패를 모셨던 사당을 목욕탕으로 고쳐 지어서 근대적 목욕 문화를 즐겼다. 1900년경 부산에서 온천이 개발되면서 건강 증진을 위한 대중적인 온천 목욕탕이 생겼고, 1907년 수도 공사와 함께 일본인 거주 지역에 일본인을 위한 대중목욕탕이 등장했다.

우리나라 사람을 위한 대중목욕탕은 1924년 평양에 처음 설립되었고 서울에는 이듬해 세워졌다. 우리나라도 수도 사정이 좋지 않았기에 공중목욕탕이 널리 보급되었지만, 사실 공중목욕탕 문화는 일본인에 의해 유행되었다. 일제 강점기 때 일본인이 한국에 많이 이주해 오면서 끈적끈적한 해양성 기후로 인해 날마다 목욕하는 습관을 가진 일본인이 공중목욕탕을 많이 설치했기 때문이다

돌아오지 못한 헤이그 밀사

1907년 6월 15일부터 한 달간 네덜란드 수도 헤이그에서 제2회 만국평화회의가 개최된다는 소식이 들려왔다. 러일 전쟁(1904~1905)을 지켜본 세계 각국이 더 이상의 전쟁 위기를 막고자 평화회의를 열기로 합의한 것이다. 때마침 고종에게 헤이그에서 개최되는 제2회 만국평화회의 초청장이 왔다. 러시아 황제 니콜라이 2세가 자기 대관식(1896)에 특사를 파견해 줬던 고종을 기억하여 열두 번째 초청국으로 대한제국 황제를 초대한 것이다. 점점 국운이 쇠퇴해가는 현실에 절망감을 느끼던 고종은 다시없을 기회라고 생각하여 특사 파견 결심을 했다.

'일본의 굴레를 벗을 수 있는 호기로다. 배짱 있고 똑똑한 대표자를 비밀리에 파견해서 도움을 청해야겠어.'

황제가 직접 그곳에 갈 수 있는 상황이 아니므로 일본 몰래 밀사를 보내려 한 것이다. 오늘날 헤이그 밀사는 세 명으로 알려지고 있지만, 정환덕의『남가록』에 따르면 헤이그 밀사는 당초 세 명이 아닌 다섯 명이었다. 고종은 믿을 만한 사람들에게 조심스레 의견을 물었다.

"누가 좋겠는가?"

여러 사람의 추천을 통해 이상설(李相卨, 1870~1917), 이준(李儁, 1859~1907), 이위종(李瑋鍾, 1887~?), 김좌진(金佐鎭, 1889~1930), 남필우(南弼佑) 다섯 명이 선임되었다. 황제는 이들에게 친임장과 러시아 황제에게 보내는 친서, 그리고 내탕금(內帑金)* 2만 원을 하사하며 격려했다.

"신명을 바쳐 뜻을 받들겠사옵니다!"

이에 따라 이상설은 이준과 함께 블라디보스토크, 시베리아를 거쳐 당시 러시아 수도 상트페테르부르크에 가서 전 러시아 공사관 서기 이위종을 데리고 헤이그에 도착했다. 그런데 밀사 다섯 명 중 김좌진과 남필우는 블라디보스토크까지 갔다가 웬일인지 한성으로 다시 돌아왔다. 그래서 헤이그까지 도착하여 민족의 어려움을 호소한 이는 세 명으로 알려지게 되었다.

밀사로 추천된 사람들은 한결같이 담력이 크고 뚝심이 강했다.

이상설은 을사늑약 체결 당시 고종을 뵙고 순사소(殉死疏 : 왕 스스로 목숨을 끊으라는 상소)를 올려 사람들을 놀라게 했다. 도량이 넓은 고종은 그런 이상설을 탓하지 않았으며 이 일을 계기로 그의 담력과 애국심을 알게 되었다. 그 후 고종이 헤이그에 파견할 밀사를 엄선할 때, 이동령이나 이회영 등은 한결같이 똑같은 이유로 이상설을 추천하였다.

"이상설은 순사소를 올릴 만큼 애국심이 강하고 담력이 큽니다. 뿐만 아니라 그릇이 넓은 인물이므로 낯선 곳에 가서도 조금도 주저치 않고 말을 잘할 것입니다."

고종은 이전의 순사소를 떠올리며 그 의견에 동의하였다.

이준은 열두 살 때 향시에 낙방하자 분한 마음에 문루(門樓 : 궁문이나 성문 위에 지은 다락집)에 올라 자신이 쓴 시제를 큰 소리로 낭독하여 뭇 사람의 시선을 끌었던 일화가 있을 만큼 다혈질이었다. 1907년 1월 황태자 가례(성혼)를 기하여 고종이 특사 칙령을 내렸을 때도 대한제국 제1호 검사였던 이준의 혈기는 그대로 드러났다. 당시 친일파였던 법무대신 이하영과 평리원 재판장 이윤영이 을사늑약을 반대하다 투옥된 인사들을 석방하지 않자, 평리원 검사 이준은 황명(皇命)을 거역한 죄로 자신의 직속상관들을 고소했다. 체계상 있을 수 없는 항명이었으나 이준은 단호했다.

"법무대신과 재판장이 황제 명령을 어겼으니 처벌해야 합니다."

"아니, 이놈이 감히 누구를 제소해."

이에 대해 이윤용이 반소(反訴)하여 이준이 오히려 체포되어 공판을 받았다. 상관에 대한 불복종이기는 양쪽 모두 해당됐지만 그 무렵 일제가 실질적으로 지배를 했기 때문에 재판 결과는 이준의 패소로 끝났다. 이때 고종은 이준의 강직함과 기개를 알아보고 자신의 밀사로 점찍었다. 헤이그에서 이준 열사가 분사(憤死 : 분에 못 이겨 죽음)한 일도 울분을 참지 못하는 성격과 깊은 관계가 있었을 것이다.

외교관 이범진 아들인 이위종은 아버지를 따라 일찍부터 유럽 각국을 순회한 덕분에 영어, 프랑스어 등 외국어에 능통하였다. 그는 1905년 을사늑약에 의하여 외교권이 박탈되고 각국 주재 한국 공사관이 폐쇄

됐을 때 아버지와 함께 이에 응하지 않고 러시아 상트페테르부르크에 체류하면서 비공식 외교 활동을 했다. 이위종은 능통한 외국어 실력이 크게 고려되어 헤이그 밀사로 선정됐다. 각국 대표와의 외교 교섭과 문서 작성 등에는 프랑스어와 영어가 필수였기 때문이다.

김좌진이나 남필우는 다같이 자립 자주심과 황제에 대한 충성심이 강렬하기에 가장 적합한 사람이라는 평을 얻었다. 그러나 앞서 이야기한 대로 이상설, 이준, 이위종 세 사람만이 헤이그에 도착하였다.

그런가 하면 밀사 파견에 있어서 또 한 명 숨은 공로자가 있었다.

"제가 일본에 먼저 건너가서 일제의 신경을 분산시키겠습니다."

밀사 일행에 앞서 4월 초 고종을 측근에서 돕던 미국인 헐버트(Homer Bezaleel Hulbert, 1863~1949)가 한국을 출발하였다. 헐버트는 헤이그 밀사 파견 계획이 탄로 나는 것을 막기 위해 일본 정보망이 온통 자신에게 집중되도록 연막을 피웠다.

"나는 헤이그 만국평화회의에 참석하여 대한제국의 입장을 설명할 것이오."

헐버트가 일부러 일본에서 이처럼 소문내자 일본의 정보 촉각은 실제로 헐버트에게 집중되었다. 덕분에 밀사 일행은 일본 감시망을 뚫고 블라디보스토크에서 시베리아 횡단 열차를 이용하여 무사히 헤이그에 당도할 수 있었다. 러시아는 러일 전쟁의 앙금과 일본을 견제할 목적으로 대한제국의 특사 파견을 도와주었다.

헤이그에 도착한 밀사들은 넉넉하지 못한 여비 때문에 값싼 호텔에 묵으면서 조국을 구하기 위해 비장한 활동을 시작하였다. 이들 밀사는 헐버트의 도움을 받으며 백방으로 평화회의 참석을 시도하였다. 그러나 네덜란드 주재 일본 공사의 방해로 회의 참석이 끝내 좌절되었다.

본회의 참석에 실패한 이위종은 만국기자협회에서 유창한 프랑스어로 한국이 처한 어려움과 일제 침략을 규탄하는 열성적인 연설을 했다.

"일본의 개화된 면만 보지 말고 야만적이고 배신적인 면도 보아야 합니다. 또한 일본은 한국 정부에 대해 불공정한 조약을 강요했습니다. 한국인 대부분은 예속보다는 죽음을 택하려 하고 있고, 나라를 살리려 각자가 가진 모든 것을 바치고 있습니다."

이위종의 감동적인 연설문 '한국을 위한 호소'는 각국 신문에 게재되어 세계 여론을 자극하였다. 하지만 결과적으로 밀사 파견은 실패로 끝났다. 각국 대표들이 정치적 실리를 챙기고자 한국 대표의 호소를 외면했기 때문이다. 이준은 울분 끝에 병을 얻어 헤이그에서 순국했는데, 이

위종은 「만국평화회의보」와의 인터뷰에서 그의 임종을 다음과 같이 전했다.

"이준 선생은 뺨에 종기를 앓기는 하였으나 매우 건강했다. 세상을 떠나기 전까지 아무 것도 먹지 않았으며, 세상을 떠나기 전날 의식을 잃은 것처럼 잠들어 있었다. 저녁 때 의식을 되찾아 갑자기 벌떡 일어나더니 '이 나라를 구해 주소서. 일본이 우리나라를 강탈하려 합니다.' 하면서 가슴을 쥐어뜯다 숨을 거두었다."

이상설과 이위종은 헤이그에 이준을 안장하고 그곳을 떠났으나 다시는 조국으로 돌아가지 못한 채 러시아에서 항일 운동을 하다가 병들어 죽었다.

그리고 그 여파로 고종은 황제 자리에서 강제 퇴위당했으며, 일제와 친일 각료들은 '양위'로 왜곡 발표하였다.

• 내탕금 유래와 용도

'내탕금(內帑金)'은 문자 그대로 풀이하면 안(內 : 안 내)에 있는 금고(帑 : 금고 탕) 돈(金 : 쇠 금)이며, 조선 시대에 임금이 개인적으로 쓰던 자금을 가리킨다. 임금은 통치자이므로 별도 예산이 필요 없을 듯싶지만 공적인 일을 떠나 사적으로 챙겨야 할 일이 있기에 내탕금 제도를 두어 필요할 때마다 꺼내 썼다. 예컨대 충성스러운 신하나 어여쁜 후궁에게 특별히 선물을 챙겨 주고 싶을 때 내탕금을 썼다. 물론 이런 경비 역시 국가 예산으로 처리할 수 있으나 일일이 사용처를 밝히고 쓰기 귀찮은 면이 있으므로 그리한 것이다.

내탕금 제도는 태조 이성계로부터 비롯되었다. 이성계 집안은 원래 함경도 지역 토호였는데, 여기에 이성계가 고려 말엽 많은 무공을 세우며 왕실로부터 상당한 토지와 수많은 노비를 받아 재산을 크게 불렸다. 조선을 창업할 때 함경도 땅의 40~50퍼센트가량이 이성계 차지였다고 한다.

조선 건국 후 정도전 등이 이성계 재산을 국고 환수해야 한다고 주장했지만 이성계는 판단을 미루었고, 이성계 아들인 태종이 왕의 재산이라고 선포했다. 이때부터 내시들이 관장하는 내수소가 내탕금을 관리했으며, 왕은 내시에게 보상금을 두둑하게 주어 충성을 유도했다. 세조는 내수소를 내수사로 개편하면서 소금, 홍삼 등의 전매 사업(나라가 제품의 가공이나 매매를 독점하는 사업)을 맡게 하여 막대한 돈을 끌어모았다.

조선 국왕들은 내탕금을 사적인 용도로만 쓰지 않고 때로는 공적인 일에도 과감하게 썼다. 흉년이 들면 쌀을 사서 굶주린 백성들에게 나눠 주었고, 큰 공을 세운 이에게 국가적 차원과 별도로 상을 내렸다. 특수한 목적의 일에도 내탕금을 사용했으니 정조는 사도세자 묘를 이장할 때 내탕금 일만 냥을 꺼내 부근에 살던 백성들에게 땅값을 네 배로 쳐주었고, 태종은 1403년(태종 3)에 주자소(鑄字所)를 설치하여 금속 활자를 만들 때 거액의 내탕금을 썼다.

내탕금을 다양한 용도로 사용하기는 고종이 으뜸이었다. 고종은 자신이 거처할 건청궁을 내탕금으로 지었고 헤이그 밀사에게 내탕금 2만 원을 하사했다. 또한 워싱턴에 있는 주미 공사관 건물도 내탕금으로 지어 주었으며 1899년 우리나라 최초 은행인 대한 천

일 은행 설립 때 내탕금 3만 원을 쾌척하여 최대 주주가 되었는가 하면 독립운동가에게 군자금을 비밀리에 대 주었다. 또한 고종은 독일 베를린에 있는 디스콘토 게젤샤프트 은행에 백만 마르크(현재 추정 가치 5백억 원)를 예치하여 훗날의 일에 대비하려 했다. 그러나 고종은 갑자기 의문의 죽음을 당했고, 독일 은행에 맡긴 돈의 상당액은 일제가 찾아갔다고 한다.

내탕금은 일종의 통치 자금으로 현대 정재계의 은밀한 비자금과는 그 성격이 많이 다르다. 무엇보다 내탕금은 통치 효율을 높이기 위한 합법적 자금인 반면 비자금은 세금 추적을 피하여 몰래 조성한 불법 자금이라는 점에 차이가 있다.

일제의 고종 하야 음모와
군대 해산

"한국의 조세권, 병권, 재판권을 차지할 좋은 기회로다."

통감부 초대 통감 이토 히로부미는 헤이그 밀사 파견을 고종의 결정적 약점으로 만들고자 신속히 움직였다. 이토는 입궐하여 황제에게 노골적으로 협박하였다.

"밀사 파견과 같은 음험한 수단으로 일본의 보호권을 거부하려거든 차라리 일본에 대해 선전포고를 하십시오."

고종은 강력한 군사력과 충성스러운 신하들만 있다면 그렇게 하고 싶었다. 하지만 어찌할 것인가. 현실은 암담했고 측근에서 고종을 도와줄 신하는 아무도 없었다. 오히려 대한제국의 관료들은 일제의 앞잡이 노릇을 하느라 혈안이었다. 송병준이 그 선두에 섰다. 송병준은 일진회원 수백 명으로 하여금 등불을 들고 궁궐을 둘러싸게 했다. 시위 및 감시를 하기 위함이었으며 그런 상태에서 매국노 대신들이 황제에게 양위를 강요하였다. 어전 회의에서 송병준은 강압적으로 말했다.

"이번 일은 폐하에게 책임이 있으니, 친히 도쿄에 가서 사죄하든지 일본군 사령관에게 자수하든지 아니면 결연히 일본에 선전포고를 하십시오."

실로 어처구니없는 협박이었으니 그 철저한 친일성은 오히려 이토 히로부미를 놀라게 하였다. 이완용도 지지 않았다.

"일본 외상이 한성에 오기 전에 제위(帝位)를 황태자에게 넘겨야만 일본 요구를 완화할 수 있습니다."

발언 강도에 차이만 있을 뿐 여타 대신들도 이미 어느 나라 신하인지 헷갈릴 정도로 고종을 압박했다. 황제는 고독했고 처참한 심정이었지만 결코 대한제국을 포기할 수 없었다. 고종과 내각 사이에 험악한 감정이 흘렀다. 그렇지만 고종은 혼자만의 저항으로는 역부족이라고 생각했다. 황제 자신의 목숨조차 언제 어떻게 될지 모를 상황이었다. 그해 7월 19일 고종은 아래와 같은 조칙을 내렸다.

"짐은 지금 군국대사(君國大事)를 황태자로 하여금 대리(代理)케 하노니, 의식절차는 궁내부(宮內府)와 장례원(掌禮院)에게 마련하여 거행하도록 하라."

고종으로서는 마지못해 임시방편 고육책을 내놓은 것이었다. 그래서 '대리'라는 일시적인 단어를 선택하여 언제든 복귀할 수 있는 가능성을 남겼다. 그러나 교활한 이토와 친일 내각은 이를 양위한 것으로 굳히려 책략을 썼다. 일본 국왕에게 '신제 즉위 축전(新帝 卽位 祝電)'을 보내게 하고 이쪽에서 답전을 보내게 하는 등 대리를 양위로 만들어 버렸다.

"7월 20일 황제 양위식을 거행합니다."

양위 조처는 백성의 격렬한 반발을 불러일으켰다. 곳곳에서 일본 경찰에 대한 투석전이 벌어지고, 종로에서는 수만 시민이 항거 기세를 높였다. 온 거리는 일본군 총검 아래 전쟁터를 방불케 하였다.

그날 밤 양위를 반대하는 궁내부대신 박영효는 육군 교육국장 이갑(李甲), 시위연대 대대장 박재덕(朴載德) 등과 협의하여 병력을 궁내에 진입시켜 20일 아침에 거행 예정인 양위식을 기회로 각료들을 몰살할 계획을 세웠다. 국운을 좌우할 만한 중대 모의였다.

"뭐라? 우리 목숨을 노린다고?"

그러나 정보가 사전에 누설되어 오후 11시에 법부대신 조중응, 군부대신 이병무 등이 궁중에서 탈출하여 통감에게 달려가 보호를 청하였다. 이토는 일본군을 신속히 출동시켜 쿠데타 거사 시간보다 30분 앞선 오후 11시 58분 병력 배치를 끝냈다. 이리하여 모의는 실패로 끝나고 박영효는 제주도로 유배당했다. 박영효는 갑신정변, 왕후 시해, 각료 몰살 등 세 차례에 걸친 거사를 모두 실패하였는데, 불운이라고만 하기에는 치밀하지 못한 부분이 더 많았다.

1907년 7월 20일 아침 경운궁 중화전에서 대한제국 황제 양위식이 거행되었다. 고종과 황태자는 참석을 거부하고 모습을 드러내지 않았다. 그러자 일제는 환관 두 명을 대역으로 써서 용상에 앉힌 채 대신들이 하례를 올리도록 하여 양위식을 연출하였다. 일제는 의식을 그렇게 엉터리로 끝낸 후 황제 퇴위에 대한 절차를 마쳤다고 공포했다.

7월 22일 고종은 타의에 의해 태황제(太皇帝)로 물러앉는 수모를 당했다. 8월 2일 태황제 궁호는 덕수궁(德壽宮)으로 정해졌고, 고종의 연호인 광무(光武) 대신 융희(隆熙)가 새로운 연호로 정해졌다는 소식을 전해 들었다.

"이제 다음 단계를 진행하라!"

성공리에 고종을 하야시킨 이토는 또 다른 음모를 꾸몄다. 그들의 입장에서 눈엣가시 같은 한국 군대를 해산*하는 일이었다. 이제는 거칠 것이 없었다. 1907년 8월 1일을 기해 한성의 시위대가 해산되고 이튿날부터는 지방의 진위대(鎭衛隊)가 점차적으로 해산을 당했다. 시위대는 대한제국 시기에 황실을 호위한 황제의 호위 군대이고, 진위대는 1895년(고종 32)에 설치한 한국 최초의 근대식 지방 군대였지만 이처럼 황당하게 해체되었다. 이로써 한국은 군대 없는 꼭두각시 나라가 되고 말았다.

그러나 이러한 해산의 비운 속에서도 해산된 군인들은 최후 항쟁을 감행하였다. 즉 8월 1일 아침 시위연대 제1대대장 박승환(朴昇煥)이 자결한 일을 기점으로 하여 구 한국군이 일제히 궐기하였다. 해산당할 바에야 저항하겠다는 의지였다. 이런 분노는 이후 전국적인 항일 의병 운동으로 확대되었다. 강화도의 군대 해산 광경을 보도한 1907년 8월 18일자 「대한매일신보」에서 그런 면모를 여실히 느낄 수 있다.

"군대 해산 소식을 듣고 위관(尉官)이 포환(砲丸)을 거두어 지키고 있을 때 일본 군인 네 명이 이를 보러 왔다. 군인들이 (강제) 해산을 통분히 여겨 위관에게 포환 출급을 요구했으나, 위관은 군물(軍物) 지급과 회수는 정부 명령에 의해 움직이므로 출급할 수 없다면서 내주지 않았다. 이에 병졸들이 위관을 묶어 놓고 포환을 꺼내어 읍민(邑民)에게도 나눠 주며 의거(義擧)에 응하도록 하고 8월 9일 오후 6시에 난을 일으켰다. 일본군 네 명은 배를 타고 인천으로 도망가고 일본 순사 한 명은 군인들에게 살해되었다. 백성들이 놀라 흩어지고 울음소리가 산야(山野)에 울렸으며 포성이 진동하여 그 참혹한 광경을 볼 수 없었다. 때마침 갑관진(甲串津)에 정박 중인 일본 상선을 향해 병정들이 포를 쏘아 배에 탔던 한국인 한 명이 죽었고 유탄으로 여러 인명 피해가 발생하였다. 2일 오후 일본군이 갑관진에 상륙할 때, 강화 군인들이 일제히 포를 쏘아 일본군 53명을 죽였으나 뒤에서 공격해 오는 일본군 1개 소대에 의해 해산되었으며, 156명이 살해되었다.”

한편 한국 군대의 항쟁에 대한 이완용의 시국 수습책은 이러했다.

“지금 군인들이 각 지방에 흩어져서 어리석은 백성을 선동하여 소요를 일으키고 있다. 이를 일본 군대로써 진압시키려고 하면 민심은 한층 더 격앙될 것이다. 그러므로 우리나라 사람을 헌병 보조원으로 모집하여 진압에 대치해야 한다. 이는 오랑캐로써 오랑캐를 다스리는 방법이 될 것이다.”

이완용은 이이제이(以夷制夷) 방법을 쓴답시고 한민족이면서 같은 한민족을 괴롭히는 헌병 보조원을 모집하고자 한 바, 그 철저한 반민족성은 국민의 치를 떨게 만들었다. 머리 좋아서 공부는 잘하지만 애국심 없는 사람이 권력을 차지하면 어떻게 처신하는지 이완용은 이렇게 몸소 보여 주었다.

• '해산하다'와 '미역국 먹다'의 어원

오늘날 시험에서 낙방하거나 탈락했을 때 흔히 '미역국 먹었다'고 표현하는데 이 말의 유래는 군대 해산과 관계가 있다.

1907년 8월 초, 일제 침략자에 의하여 한국 군대가 강제로 해산되었을 때 그 '해산(解散)'이라는 말이 아이를 낳는다는 뜻의 '해산(解産)'과 말소리가 같았다.

그러자 아이를 낳으면 미역국을 먹는 풍속에 빗대어 군대가 해산되는 바람에 군인들이 일자리 잃어버렸음을 비유적으로 표현하게 되었다.

"갑자기 해산해서 일자리를 잃어버렸어."

"미역국 먹은 꼴이네."

또한 미역의 미끈미끈한 촉감이 주는 선입견으로 인해 미역을 먹으면 미끄러진다는 생각까지 더해져서 '미역국 먹다'라는 말은 탈락이나 실패의 의미를 지니게 되었다.

한편 '아기를 낳음'을 뜻하는 단어로 출산(出産)과 해산(解産)이 많이 쓰이지만, 출산은 일본식 한자어이므로 되도록 해산을 쓰는 것이 바람직하다.

안중근은 왜 위대한가

"백성을 위해 지방 순시에 나서시지요."

일제는 교활했다. 고종 강제 하야와 군대 해산에 대한 반발로 의병 항쟁이 끊이지 않자 재빨리 민심을 달래기 위한 수습책을 마련했다. 순종 황제로 하여금 지방 순시에 나서게 했던 것이다.

1909년 1월 27일 순종 황제는 관서 지방 순시 길에 올라 2월 4일 신의주에 도달했다. 그런데 이에 앞서 황제 일행이 평양에 도착했을 때의 일이다. 황제 열차에 같이 탔던 내부대신 송병준이 술에 취하여 열차 한쪽에 있는 궁녀들 칸으로 들어갔다. 그리고는 한 궁녀를 껴안으려 했다.

"제법 예쁘구나."

궁녀가 몸을 피하자 송병준이 화를 내며 다시 안으려 했다. 이때 시종무관 어담이 그 무례한 행동을 제지하며 말했다.

"지금 무슨 짓이오! 감히 황제의 여자를 건드리려 하다니!"

어담은 일본 육군 사관 학교를 제11기로 졸업하고 능력을 인정받은 인물이다. 일제로부터 황제를 최측근에서 호위 감시하라는 명령을 받고 시종무관으로 근무하던 중이었다. 그런 그의 눈에도 송병준의 짓거리는 거슬렸던 것이다.

"네가 지금 감히 누구에게 대드는 것이냐!"

그래도 직책상으로 송병준이 위였다. 송병준은 매우 화를 내면서 주먹으로 어담의 가슴팍을 때리고 칼을 뽑아 들었다.

"네가 정녕 죽고 싶은 모양이구나!"

"나도 더 이상 참을 수 없다!"

이에 어담도 칼을 빼어 들어 대응에 나섰다. 주변에서 급히 말려 둘의 다툼은 여기서 멈추었다. 하지만 사건이 사건인지라 이 일로 인해 송병준은 내부대신에서 쫓겨나고 박제순이 내부대신에 임명되었다. 이 사건은 권위를 잃은 채 허수아비처럼 움직이는 황제 위상을 여실히 보여 주는 슬픈 사건으로 기록되었다.

이처럼 대한제국 관리들이 제멋대로 놀아날 때 일본 정계는 또 다른 음모를 착착 진행하였다. 바로 군부(軍部)의 반격이었다. 이토 히로부미의 정치적 압력에 눌린 일본 군부는 호시탐탐 권력 장악을 노렸다. 이토의 조종을 받는 일진회에 대항시키기 위해 '대한협회(大韓協會)'를 창립시켰지만 별다른 성과를 얻지 못하자, 일본 군부는 최후 수단으로 통감부 관제를 변경시켰다. 과거에 일본 국왕 직속에 있던 통감부를 총리대신 직속으로 만들어 버린 것이다. 다시 말해 교묘하게 통감 지위를 낮춰 버린 것이었다.

'나를 기어이 움직이게 만드는구나.'

이렇게 되자 과거 추밀원 의장까지 지낸 이토로서는 더 이상 한국에 머물러 있을 수 없어 1909년 6월 그 자리를 사임하고 다시 추밀원 의장직으로 복귀했다. 그러다 그해 10월 하얼빈 역에서 안중근[1]에게 피살되었다. 안중근은 이토를 처단한 근거로 다음 15개조를 제시하였다.

내가 이토를 죽인 이유 15가지

1. 한국의 명성 황후를 시해한 죄

2. 고종 황제를 폐위시킨 죄

3. 5조약과 7조약을 강제로 맺은 죄

4. 무고한 한국인들을 학살한 죄

5. 정권을 강제로 빼앗은 죄

6. 철도, 광산, 산림, 천택(내와 못)을 강제로 빼앗은 죄

7. 제일 은행권 지폐를 강제로 사용한 죄

8. 군대를 해산시킨 죄

9. 교육을 방해한 죄

10. 한국인의 외국 유학을 금지시킨 죄

11. 교과서를 압수하여 불태운 죄

12. 한국인이 일본인의 보호를 받고자 한다고 세계에 거짓말을 퍼뜨린 죄

---

❶ 안중근 : 구한말 독립운동가이자 교육가. 만주 하얼빈 역에서 이토 히로부미를 사살하고 처형되었다.

13. 현재 한국과 일본 사이에 경쟁이 쉬지 않고 살육이 끊이지
않는데 태평 무사한 것처럼 위로 천황을 속인 죄
14. 동양 평화를 깨뜨린 죄
15. 일본 천황 폐하의 아버지 태황제(고종)를 죽인 죄

한마디로 이토는 대한제국 자주권과 한국인 인권을 빼앗은 원흉이
었다. 그렇지만 이토의 악랄한 짓은 그것만이 아니었다. 이토는 정치 공
세를 펴는 틈틈이 한국 문화재를 수시로 약탈했다. 이토가 수집한 뛰어
난 고려자기가 일천 점이 넘을 정도였다. 그 대부분은 고려 분묘에서 도
굴한 것이었는데, 너무 기분 좋은 나머지 하루는 고종에게 그중 하나를
자랑삼아 보이기도 했다. 고종이 그 같은 것을 본 일이 없어 어디서 나
왔느냐고 묻자 당황한 이토는 무덤에서 도굴한 것이라는 말을 차마 못
하고 답변을 흐렸다고 한다. 후에 이토는 이 수집품 중 103점을 메이지
국왕에게 헌상했으며 지금은 도쿄 박물관에 소장되어 있다.

이처럼 교활한 이토가 피살됐다는 소식에 한국민은 대단히 통쾌하게
생각하였다. 정당한 복수라고 여겼기 때문이다. 안중근 의거가 있은 뒤
고종은 곁에 있던 시종 정환덕에게 물었다.

"안중근이 그처럼 의기가 당당하더냐. 그 모습은 어떠했는고?"

"안중근은 이토를 죽인 뒤 조용히 포박을 당한바 사색이 변하지 않
았습니다. 대장부가 죽는다면 죽는 것이지 시시하게 문초를 받겠는가라
고 말했다고 들었습니다."

"그 얼마나 아까운 인물인가. 참으로 기특하고도 갸륵한 위업이도다!"

감동한 고종은 쉴 새 없이 눈물을 떨어뜨린 뒤 일제의 감시를 피해

안중근 구출 작전에 나섰다. 고종은 송선춘과 조병한 두 밀사에게 친서를 내려 주며 말했다.

"어떻게 해서든 일본 법정에서 러시아 법정으로 옮기도록 하라."

일본 법정에서 재판을 받는다면 사형이 뻔했기 때문이다. 고종의 밀명에 따라 두 밀사는 블라디보스토크로 가서 거류민회에 출석하여 말했다.

"황제 폐하의 칙명을 받고 이렇게 폐하의 친새(親璽)가 찍힌 밀서를 가지고 러시아령에 있는 우리 동포와 함께 뤼순 옥중에 있는 안중근을 구해 내어 러시아의 재판에 맡기기 위해 당지에 왔소이다."

불행하게도 이 일은 실패로 끝났다. 고종은 또다시 안타까운 눈물을 흘려야만 했다.

그런데 안중근은 어떤 인물일까? 안중근은 을사늑약 체결 소식을 듣고 독립운동에 나섰고, 손가락을 자르며* 조국에 대해 맹세했으며, 거사 당시 대한의군 참모중장이었다. 그는 어려서부터 익힌 사냥총 솜씨를 발휘해 저격에 성공했는데, 조준이 어려운 구식 권총 성능을 감안하면 안중근의 사격 솜씨는 실로 뛰어났음을 능히 짐작할 수 있다.

안중근은 거사 이후에도 의연한 처신을 함으로써 한민족의 기개를 드높였다. 안중근은 현장에서 러시아어로 "꼬레아 우라(한국 만세)!"를 외치고 일본 헌병에게 체포됐는데, 이때 그의 권총에는 총알 한 발이 남아 있었다. 안중근은 남은 총알로 자신을 체포하려고 덤벼드는 일본 헌병을 쏠 수 있었다. 그러나 그는 해야 할 일을 마쳤다는 듯 일본 헌병들에게 순순히 붙잡혔다.

그 늠름한 모습은 현장에 있던 한 일본인의 뇌리에 깊게 남았다. 그가 바로 안중근의 총알에 다리를 맞은 남만주 철도 이사 다나카 세이지로[田中淸次郞]였다. 이후 다나카는 평생 안중근을 존경하며 살았는데 그는 회고담에서 이렇게 말했다.

"나는 당시 현장에서 10여 분간 안중근을 볼 수 있었다. 그가 총을 쏘고 나서 의연히 서 있는 모습을 보는 순간, 나는 신(神)을 보는 느낌이었다. 그는 참으로 태연하고 늠름했다. 나는 그같이 훌륭한 인물을 일찍이 본 적이 없었다. 안중근 의사가 남긴 실탄 한 발에 그의 인격이 담겨 있었다."

안중근을 존경한 사람은 다나카만이 아니었다. 안중근의 특별 간수로 배치된 일본 헌병 지바 도시치[千葉十七]도 안중근이 사형당하기 직전까지 가장 가까운 거리에서 지켜보면서 그의 사상과 인격에 감복하였다. 지바는 처음에 일본의 위대한 정치인을 살해한 중죄인에 대한 불 같은 증오를 느꼈으나 검찰 취조 과정에서 안중근이 지적한 일본의 잘못을 깨닫고 그의 의거를 이해하게 되었다. 이때부터 지바는 안중근에게 일본의 죄를 사죄하고 서로 인간적 교감을 나누었다. 두 사람의 우정은 깊어갔고 처형당하기 직전 안중근은 '위국헌신 군인본분(爲國獻身軍人本分)'이라고 쓴 유필을 지바에게 건네주었다.

안중근 재판에 세계의 이목이 쏠렸다. 검찰관 신문과 공판정 진술을 통하여 안중근의 여러 면모가 자연스럽게 드러났다. 애국지사로서의 고매한 신념, 슬기로운 지성, 고결한 인격. 이 모든 것을 안중근은 갖추고 있었다. 1910년 2월 7일 오전 9시 뤼순 법정에서 안중근 재판을 참관한 영국 최대 주간지 「더 그래픽」의 찰스 모리머 기자는 그때 풍경을 다음과 보도하였다.

"안중근과 동료 셋이 일본에서 갓 들여온 음침하고 딱딱한 호송 마

차에 실려 법정에 도착했다. 그들은 조용히 행동했지만 지구상의 누구
도 슬리퍼를 끌고 법정에 들어섰을 때 그렇게 인상적이지 않았다. 그는
'나도 말 좀 합시다. 할 말이 너무 많소.'라며 말문을 연 뒤 폭포처럼 준
열한 질책을 쏟았다. '이토를 처치하지 않으면 우리나라는 영원히 망할
것이다. 누가 불화를 부추기고 일본에 대한 봉기의 원인을 제공했는가?'
당황한 일본인 판사의 제지가 이어졌지만 안중근의 애국적 발언은 그
치지 않았다. 방청객을 모두 내보낸 텅 빈 재판정에서 안중근은 법관과

통역사에게 말을 잇다가 끝내 빈 벽을 향해 독립 의지를 토해 냈다. 최후 진술을 통해 안중근이 드러낸 단 한 가지 두려움은 법정이 혹시나 자신을 자유롭게 풀어 줄 수밖에 없게 되는 경우였다. 그는 삶의 포기를 열렬히 염원했다. 이 사건으로 인해 재판에 오른 건 다름 아닌 일본의 현대 문명이었다. 세기적인 재판의 승리자는 안중근이었다. 그는 영웅의 월계관을 거머쥔 채 자랑스레 법정을 떠났다. 그의 입을 통해 이토 히로부미는 한낱 파렴치한 독재자로 전락했다."

안중근 의사는 이듬해 8월 26일 평상시와 조금도 다름없는 당당한 모습으로 뤼순 감옥 교수대의 이슬로 사라졌다. 안 의사는 면회 온 두 동생에게 다음과 같은 유언을 남긴 채 민족정기와 항일 정신을 상징하는 민족적 영웅답게 의연하게 죽음을 맞이했다.

"내가 죽은 뒤에 나의 뼈를 하얼빈 공원 곁에 묻어 두었다가 우리 국권이 회복되거든 고국으로 옮겨 묻어 다오. 나는 천국에 가서도 또한 마땅히 우리나라의 회복을 위해 힘쓸 것이다. 너희들은 돌아가서 동포들에게 각각 모두 나라의 책임을 지고 국민된 의무를 다하며 마음을 같이하고 힘을 합하여 공로를 세우고 업을 이르도록 일러 다오. 대한 독립 소리가 천국에 들려오면 나는 마땅히 춤추며 만세를 부를 것이다."

일제는 안중근 묘지가 한국 독립운동 성지가 될까 두려워 뤼순 감옥 근처에 안 의사 시신을 몰래 매장하고는 위치를 알려 주지 않았다. 백범 김구는 안 의사 가족을 돌봐 주면서 그 유해를 찾으려 여러 차례 애썼지만 뜻밖의 암살을 당해 뜻을 이루지 못했다. 2008년 남북한 정부는 공동으로 안 의사 유해 발굴에 나섰으나 끝내 찾지 못했다. 참으로 안타까운 일이다.

• 혈맹 혹은 혈서의 유래

한국인들은 안중근 의사하면 '대한국인(大韓國人)'이라는 글씨와 함께 단지(斷指 : 손가락을 자름)된 왼손 손바닥 인장을 떠올리곤 한다. 왼손 넷째 손가락 첫째 마디가 없는 안중근 의사의 수인(手印 : 손도장)은 세계에서 유래를 찾아보기 힘든 독특한 상징이기 때문이다. 안중근은 왜 손가락 하나를 잘랐을까?

일찍이 천주교를 받아들이고 석탄 장사를 하던 안중근은 1905년 을사늑약 체결에 분노하여 항일 독립운동에 나섰다. 1908년 적은 병력의 의병을 이끌고 함경북도에서 일본군 수비대를 공격하여 두 차례 승리를 거뒀으나 이내 일본군으로부터 반격을 받아 쫓기는 신세가 되었다. 구사일생으로 목숨을 건진 안중근은 1909년 2월 7일 밤 한 여관방에서 뜻 맞는 동지 열한 명과 함께 왼손 무명지를 자르고 그 피로 '대한 독립'이라는 글을 썼다.

"우리 열두 동지는 조국 독립을 위해 헌신할 것을 맹세하노라!"

안중근은 이 모임을 '동의정천동맹(同義正天同盟)'이라 이름 붙였으니, 대한 독립과 동양 평화를 추구한다는 의미였다. 이때 서로의 굳은 결심을 혈서(血書)로 확인하고자 손가락을 잘랐고, 안중근은 이후 글을 쓸 때마다 왼손 손바닥을 눌러 수인을 찍으며 결연한 의지를 확인했다.

그렇다면 혈서 문화는 언제 어떻게 시작됐을까? 그 유래는 '盟(맹세할 맹)'에서 찾을 수 있다. '盟' 자는 해와 달을 뜻하는 '日月(일월)'에 '血(피 혈)'을 받친 것이 원자체인데, 후에 '血'은 피를 담는 그릇이란 의미로 皿(그릇 명) 자로 바뀌었다. 옛날에 천지 신령에게 희생(犧牲 : 제물로 바치는 산 짐승)으로 바친 피를 마시며 약속을 지키겠다고 알리던 일을 나타낸 글자가 곧 盟이었던 것이다. 이런 연유로 서로 약속을 굳게 다질 때 피를 나눠 마시며 혈맹(血盟)을 맺었고, 나아가 혈서(血書)를 쓰기도 했다.

청명절 유래가 된 중국 진(晉)나라 충신 개자추(介子推) 일화에서도 혈서가 등장한다. 춘추 시대에 진나라 문공(文公)과 19년 동안 망명 생활을 함께 했다가 버림받은 개자추는 버드나무 아래에서 혈서를 쓰고 죽었다. 그 혈서에는 '살을 베어 주공을 모신 것은 진심을 다한 것이고, 단지 바라옵건대 주공이 항상 청명하시길 바란다.'라는 내용이 적혀 있었다고 전한다.

이밖에도 중국이나 우리나라에서는 혈서로 결의를 다지거나 진심을 증명하려 한 경우가 많았다. 손가락을 자른 것은 한층 강한 다짐의 표현이었고, 안중근의 동의정천동맹은 그런 정서를 반영하여 단지를 결행했다. 암울한 시대가 낳은 비장한 행위였던 것이다.

그렇지만 현대에 들어서 단지는 자해(自解)로 받아들여지며, 조직폭력배 집단에서 폭력성을 과시하거나 배신자를 응징하는 차원에서 행하기도 하는바, 따를 일은 아니다.

제 3 장

일제 강점기

경술국치일
막전막후 이야기

1909년 가을 송병준은 불미스런 일로 내각에서 물러났지만 전혀 부끄러워하지 않고 매국 행위에 열을 올렸다. 그는 일본으로 건너가서 총리대신 가쓰라 다로[桂太郞]에게 이른바 합방론을 강력히 주장했다. 가쓰라는 오랫동안 바라던 문제였지만 아직 여건이 갖추어지지 않은 때라 생각해서 송병준 의중을 떠보았다.

"만일 한국을 병합한다고 하면 어느 정도 자금이 필요하오?"

이에 송병준은 서슴없이 대답하였다.

"1억 엔만 내주면 책임지고 실행하겠습니다."

"1억 엔은 너무 많소. 또한 그 많은 돈을 마련하기란 쉬운 일이 아니오."

"국토 1만 2천 리와 거기에 따른 부원(富源) 및 2천만 인구가 병합되는데 1억 엔이 어찌 많다고 할 수 있습니까."

이처럼 송병준이 조국을 팔아먹겠다고 일본 정계 실력자들을 찾아다닐 때, 이토 히로부미가 저격당했다는 소식이 일본에 전해졌다. 이토 피살 소식은 일본 열도를 들끓게 만들었다.

"즉각 한국에 복수하자!"

"한국을 병합해서 일본의 현(縣)으로 만들자!"

"한국 황제로 하여금 일본에 사죄하러 오게 하라!"

이러한 과격한 주장들이 나왔고, 이토의 시체가 도착했을 때는 일본 지방 신문들이 한국인을 3일 동안 살해해야 한다고 선동하기도 했다. 그러나 일본 정계 고위층은 냉정을 유지하면서 병합으로 직행할 실무 방안을 내밀히 검토했다.

"이번 일을 계기로 한국 문제의 근본을 해결합시다."

"그러려면 병합을 시도했을 때 한국 민심이 어떤 반응을 보일지 미리 살펴봐야겠습니다."

일본은 한국의 민심이 얼만큼 저항할지 측량하기 위한 관측기구를 띄우기로 결정한 후 이용구와 송병준을 불러 은밀한 지시를 내렸다.

"합방 청원 여론을 조성하시오!"

"염려 마십시오. 그렇게 하겠습니다."

일제의 지령을 받은 이용구는 12월 3일 밤 일진회원 2백 명을 긴급 소집하여 비밀회의를 열었고, 이튿날인 12월 4일 합방 성명서를 발표하는 동시에 순종에게 상소문을 올렸다.

"신들이 생각하건대 합방을 이룩하는 것은 단군, 기자 이래로 4천 년 동안 없어지지 않은 대전(大典 : 나라의 큰 의식)을 추켜세우기 위한 것이고 신라, 고구려의 삼천리강토에 태산같이 굳건한 터전을 닦는 것입니다."

일진회는 내각 총리대신 이완용과 통감 소네 아라스케[曾禰荒助]에게도 비슷한 내용의 한일합방 청원서를 올렸다. 순종 황제는 12월 7일 일진회의 상소문을 물리쳤다. 계속해서 일본인들이 일진회의 대일병합 청원을 받아들이라고 황제를 압박하자 순종은 통곡하며 크게 소리쳤다.

"그런 조치에 서명하느니 스스로 생을 마감하는 것이 낫노라!"

이 같은 일이 장안에 알려지자 나라 인심은 분격하여 술렁대었다.

"일진회 놈들이 나라를 왜놈에게 넘기자는 상소를 올렸대."

일진회로부터 청원서를 받은 이완용도 분노하기는 마찬가지였지만 그 이유는 민심과 전혀 달랐다.

"이놈들이 선수 쳤네!"

당시 이완용은 송병준 및 이용구와 정적(政敵) 관계에 있었는데 엄밀히 말해 정치적 맞적수가 아니라 일제에 대한 충성에 있어서 경쟁자 관계였다. 이완용은 즉각 합방 반대 상소문을 올리면서 심복이자 핵심 참모인 이인직(李人植, 1862~1916)을 불렀다. 이인직은 일본에 3년 유학을 다녀온 후 1906년 신소설(新小說)* 『혈의 누』를 썼고 일본어를 못하는 이완용 곁에서 일본 정치가와의 통역을 겸하던 친일 언론인이었다. 이완용이 이인직에게 말했다.

"국시유세단(國是遊說團)을 움직여 일진회 반대 집회를 준비하시오."

국시유세단은 1909년 7월 결성된 정치 선전 단체로, 사실상 이완용이 조종하였다. 이에 따라 국시유세단이 주도하여 국민대연설회를 열었고 합방 반대를 외치며 기세를 올렸다.

"일진회의 합방론을 규탄한다! 일진회는 한국민이 아니다!"

국시유세단 외에도 유림이나 애국 단체들이 병합은 한국인으로 노예화할 것이라고 경고하며 반대했다. 일진회의 매국 행위에 분노한 몇몇 일진회원들은 탈퇴했다. 그러나 상당수 일진회원들은 출세의 길을 택했다.

애국 청년들은 이용구와 이완용 암살 계획에 나섰다. 1909년 12월 22일 오전 11시경 명동성당에서 학생복 차림의 이재명(李在明, 1890~1910)은 총리대신 이완용이 나오기를 기다렸다. 그날 이완용이 벨기에 황제 추도식에 참례하고 나온다는 정보를 입수했기 때문이다. 예상대로 이완용은 성당에서 나와 인력거(人力車)를 타려 했다. 그 순간 이재명은 이완용에게 짧은 칼을 든 채 달려들었다.

"이 매국노!"

그 모습을 보고 인력거꾼이 이재명을 가로막았다. 이재명은 인력거꾼을 찌른 다음 이완용을 올라타고 칼을 휘둘렀다. 그러나 이완용은 추운 겨울이라 두꺼운 외투를 입었고, 이재명은 너무 흥분하여 급소를 찌르지 못했다. 이완용은 중상을 입었지만 목숨은 건졌다.

이 밖에도 매국노를 처단하려거나 합방을 반대하는 성토는 1910년 봄까지 계속되었다. 그렇지만 이런 움직임은 대대적인 항일 무장 투쟁(抗日 武裝 鬪爭)으로 발전하지 못했다. 일본이 전면에 나서지 않고 한국인 조직인 일진회를 내세운 탓에 한국인끼리 합방 찬성과 반대로 여론이 분열됐기 때문이다. 같은 이유로 합방 반대 운동은 광범한 민중 운동으로 성장하지 못한 채 일부 유생, 양반과 기독교도의 성토 운동에서 멈추었다. 일제의 민족 이간책에 한국인이 시험당한 것이었고, 여기에서 항일 저항력은 일제의 예상보다 약하게 나타났던 것이다.

일제는 그 점을 확인하고 쾌재를 불렀다.

"이제 진행하면 되겠군!"

일제는 합방에 대한 속도를 내었다. 때마침 이완용과 송병준의 매국 경쟁은 일본 정계를 흐뭇하게 만들었으며, 특히 이완용의 반응은 일제의 병합 음모를 더욱 자극시켰다.

이완용은 애초부터 합방을 원하고 있었다. 단지 자기보다 일진회가 먼저 공을 세우려 하자 화가 나서 잠시 합방을 반대하는 듯 연기했을 뿐이었다. 이완용은 송병준 밑에서 빛을 보지 못하는 일진회 간부들을 돈으로 매수하거나 관직으로 유혹하며 표면상으로는 합방에 반대하는 척하면서 실제로는 일진회 힘을 빼려고 노력했다.

'나 이완용 이외에 그 누구도 합방의 최대 공로자가 되게 할 수는 없지.'

일제는 이완용의 진의를 잘 알고 있었기에 그의 행동을 유심히 지켜보기만 할 뿐 제어하지 않았다. 오히려 통감부는 이완용 내각을 와해시키고 그와 대립 관계에 있는 송병준으로 하여금 내각을 구성하려 한다고 소문을 냈다. 이완용과 송병준의 충성 경쟁을 부추기려는 간교였다.

상황이 이러하자 일진회장 이용구도 이완용의 견제를 보고만 있지 않았다. 그는 각 도의 지회장(支會長)으로 하여금 회원들에게 다음과 같이 사탕발림하라고 지시했다.

"한일합방을 이루면 서울 회원은 대신, 차관, 국장, 관찰사가 되고 지회원은 군수, 주사가 된다."

이처럼 일진회와 이완용은 일본인이 연출하는 연극의 주연과 조연을 도맡아 함으로써 한국과 일본 병합에 결정적 역할을 하였다.

1910년 8월 16일 일제는 비밀리에 총리대신 이완용에게 합방조약 안을 제시하고 그 수락을 독촉하였다. 이완용은 병합에 따른 막대한 보상을 보장받고는 흐뭇해했다. 같은 달 22일 이완용과 데라우치 마사다케[寺內正毅] 통감 사이에 합방조약이 조인되었다. 데라우치는 합방조약을 조인하는 과정에서 철저한 보안 조치를 취하는 신중함을 보여 주었으니 그날 아침 부하에게 이렇게 지시했다.

"신문 기자들을 모아 연회를 베풀라."

부하는 시키는 대로 했고, 신문 기자들은 웬일이냐 싶어 하면서도 연회에 참석하여 맛난 음식을 즐겼다. 그 때문에 조인식을 취재한 기자는 아무도 없었다. 기자들의 발을 묶어 놓으려는 데라우치의 모략이 적중했던 것이다.

데라우치는 조인 후에도 한국에서 그 사실을 극비에 붙였으며 일본인 신문기자에게는 29일까지 비밀로 하라는 조건부로 26일 내용을 설명하였다. 그리고 마침내 1910년 8월 29일 일제는 병합에 반대하는 대한제국 원로대신들을 연금한 채 순종으로 하여금 양국(讓國 : 나라를 물려 줌) 조칙을 내리게 하였다. 8개조로 된 이 조약은 제1조에서 '한국 전부에 관한 일체의 통치권을 완전히 또 영구히' 일제에게 양여할 것을 규정하고 있다.

치욕스런 경술국치(庚戌國恥)가 벌어진 것이다. 한국은 조선 왕조가 건국된 지 27대 519년 만에, 그리고 대한제국이 성립된 지 18년 만에 망하고 말았다. 대한제국이 국권과 국토를 송두리째 빼앗긴 일을 가리켜 '한일합방' '한일병합' '일제병탄' '국권피탈' '일제강점'이라고 말한다. 왜 이렇게 용어가 많을까?

일본은 1910년 당시에 '한일합방조약'이라고 불렀다. '합방(合邦)'은 둘 이상의 나라가 하나로 합쳐진다는 뜻으로, 대한제국도 동의한 일이라고 해석될 수 있는 용어이기에 그렇게 말한 것이다. '병합(倂合)'은 외국 영토를 자국에 편입한다는 의미로 흡수를 강조한다. 요컨대 합방이나 병합은 일제가 대한제국 강탈을 제멋대로 미화시킨 표현인 것이다.

이에 비해 '병탄(倂呑)'은 다른 나라 영토를 한데 아울러서 제 것으로 만든다는 뜻이며 '피탈(被奪)'은 억지로 빼앗겼다는 뜻이다. 그러므로 한국인이라면 '일제병탄'이나 '국권피탈' 혹은 '경술국치'로 표현해야 한다.

또 하나 바로잡아야 할 사항이 있으니 '일제 시대 36년'이라는 표현이다. 이는 잘못된 계산이다. 일제 강점기는 정확히 34년 11개월 16일이니 말이다. 식민 사학자들이 햇수만 따져 일제 36년이라 주입시켰는데 이제라도 '일제 35년'으로 표기해야 한다.

한편 경술국치일에 일제는 통감부를 폐지하고 총독부를 세워 한국 통치의 총본산으로 삼았고, 데라우치를 초대 총독에 임명하였다. 데라우치는 일진회를 그냥 놔두지 않고 9월 26일 강제 해산시켰다. 일진회는 이완용과 더불어 병합의 주역을 맡았지만 그렇게 이용만 당한 채 사라졌다.

그런데 일제의 주도로 맺어진 이른바 합방조약은 국제법상 무효이다. 합방조약의 대한제국 측 서명이 국새가 아닌 어새 칙명지보(勅命之寶 : 일반 행정 결재용)로 이뤄진 데다 반드시 있어야 할 황제 이름 이척(李拓)이 빠져 있기 때문이다. 즉 황제 동의 없이 강압에 의해 이뤄진 것이다. 일제는 나중에 통감부 직원 마에마 교사쿠[前間恭作]로 하여금 순종의 이름인 척(拓) 자를 쓰게 하여 마치 순종이 인정하여 서명한 것처럼 외교 문서를 날조하기까지 했다.

순종이 문서에 서명하지 않았다는 사실은 유조(遺詔 : 일종의 유서)에서도 확인된다. 미국 샌프란시스코에서 발행된 교민 신문 「신한민보(新韓民報)」 1926년 7월 8일자에는 순종이 궁내부대신 조정구에게 다음과 같은 유조를 받아 적게 했다고 실려 있다.

"지난날의 병합 인준은 강린(强隣 : 일본)이 역신(逆臣 : 임금을 반역한 신하) 무리와 더불어 제멋대로 만들어 제멋대로 선포한 것이다. 구차하게 살며 죽지 않은 지가 지금에 17년이라, 종사의 죄인이 되고 2천만 생민(生民 : 살아 있는 백성)의 죄인이 되었으니, 한 목숨이 꺼지지 않는 한 잠시도 이를 잊을 수 없는지라……. 지금 병이 침중하니 한마디 남기지 않고 죽으면 짐이 죽어서도 눈을 감지 못하리라. 내가 가장 존경하고 가장 사랑하는 백성들로 하여금 내가 한 일이 아님을 분명히 알게 하면 이전의 이른바 병합 인준과 나라를 양도하는 조칙은 저절로 파기에 돌아가고 말 것이리라. 노력하여 광복하라."

순종은 1926년 4월 26일 세상을 떠났으며 장례식을 계기로 6·10 만세 운동이 일어났다.

• 신소설의 선구자에 대하여

  '신소설'은 20세기 초 개화기에 등장한 과도적 형태의 소설을 가리키는 말이다. 근대 이전의 고전 소설과 다른 새로운 소설이라는 뜻에서 신소설이라 했으며, 1907년 출간된 『혈의 누』 초간본 표지에 신소설이라 쓰인 것을 시초로 본다. 이인직은 1906년 7월부터 10월까지 「만세보」에 『혈의 누』를 연재하고 이듬해 단행본으로 펴냈는데, 작품 속에서 일본 군인을 미화하는 등 은연중 친일 여론을 조성하였다. 이인직은 1907년 7월 「만세보」를 인수하여 「대한신문」을 창간했으며 노골적으로 친일 논조를 드러내면서 이완용의 비서 역할을 했다.

  이인직보다 약간 늦은 1906년 11월 이해조(李海朝, 1869~1927)는 잡지 「소년한반도」에 『잠상태』를 연재하며 신소설 작품 활동에 나섰다. 이후 이해조는 「제국신문」, 「황성신문」, 「매일신보」에 여러 소설을 연재했고, 1908년에는 한국 최초의 추리 소설로 불리는 『쌍옥적』을 발표했다. 이해조는 1908년에 『구마검』, 1910년에 『자유종』을 발표했으며 한국 고대 소설인 『춘향전』, 『심청전』, 『별주부전』을 각각 『옥중화』, 『강상련』, 『토의 간』이란 이름의 신소설로 고쳐 썼다. 이해조는 가장 많은 신소설을 발표하여 신소설 대중화에 기여했지만 작품 속에서 점차 친일적인 색채를 나타내 정치적 변혁기 지식인의 한계를 보여 주었다.

  오늘날 이인직을 '신소설의 아버지'로 평가하는 학자도 있지만 이는 과분한 호칭이다. 민족을 배반하고 적극적으로 친일한 작가에게 아버지라 칭함은 안 될 말이기 때문이다. 그냥 '신소설 창시자'라는 사실 정도만 인정해야 하지 않을까 싶다. 이해조 역시 초창기 계몽 운동에서 차츰 친일로 기울었으므로 그에게는 '신소설 개척자' 정도가 어울린다고 생각된다.

고종 해외 망명 시도와 독살

    고종은 결코 유약한 군주가 아니었다. 일본은 고종을 나약한 인물로 보고 수시로 협박했지만 고종은 쉽게 굴복하지 않았으며, 은밀히 독립운동가들을 후원하거나 외국과의 외교에 힘을 기울였다. 뿐만 아니라 고종은 여러 차례에 걸쳐 해외로 망명해서라도 일본에 대항하고자 했다. 그 전말은 이렇다.

    "폐하, 잠시 일본으로 나들이하시지요."

    1905년 초 일본 공사 하야시 곤스케는 고종에게 위와 같이 권했다. 기분 전환 삼아 여행해 보라는 가벼운 권유 같았지만 이 말 속에는 음모가 숨어 있었다. 고종이 일본으로 건너가기만 하면 거기서 발을 묶어 버릴 속셈이었던 것이다. 말하자면 여행을 가장한 억류 내지 납치 시도였으며 그렇게 하기 위해 사전에 영국과 미국에 의사를 타진하기까지 했다. 일본의 문의에 영국은 동의했고 미국은 비판적 반응을 보이면서도 한반도에 대한 관심이 없음을 나타냈다. 이에 일제는 한일강제병합의 가장 큰 걸림돌로 여겨지는 고종을 어떻게든 일본으로 옮기려 했다.

"호의는 고맙소만 몸이 좋지 않아 그냥 있겠소이다."

그 의도를 간파한 고종은 다시 돌아오지 못할까 우려하여 일제의 제안을 거절했다. 이로써 이토 히로부미가 기획한 고종 납치 음모는 실패로 돌아갔다. 그러나 이후에도 일제는 같은 권유를 계속했다. 고종은 심한 압박감과 위기의식을 느껴 타개책을 연구했다. 그 결과 다른 나라에서 죽더라도 외국으로 파천해야겠다고 결심했다.

'일본의 손이 미치지 않는 대한제국을 다시 일으키자.'

고종은 독일 점령지인 중국 칭다오[青島]에 별장 구입을 지시하는 한편, 러시아 블라디보스토크로의 망명을 검토했다. 고종은 왜 블라디보스토크를 점찍었을까?

그 무렵 블라디보스토크에는 한국에서 건너간 한인들이 상당수 자리 잡고 있었다. 1863년 함경북도 경흥에 살던 한인 13가구가 처음 연해주로 건너가 정착한 뒤 해마다 한인이 증가하여 20세기 초에는 10만 명을 넘어섰다. 특히 을사늑약 이후에는 많은 민족운동가와 의병들이 망명하여 조국 독립운동의 해외 기지로 삼으면서 십삼도의군(十三道義軍), 국민회(國民會) 등의 항일 결사를 조직하였다. 고종이 블라디보스토크를 고른 이유가 여기에 있었다.

'항일거점으로 블라디보스토크가 가장 좋도다.'

고종은 1909년 정초에 측근 신하를 시켜 주한 러시아 총영사 소모

프에게 은밀히 망명 가능성을 타진했다. 그해 1월 8일 소모프는 비밀 전보를 통해 러시아에 다음과 같이 보고했다.

"대한제국 신하들이 황제가 망명을 시도할 경우 영사관에서 보호해 줄 수 있는지 여부를 조심스럽게 물어 왔다. 황제가 의병들의 도움을 받아 일본 감시 요원을 속인 뒤 러시아나 중국 국경까지 탈출할 기회를 엿보고 있는 것 같다."

일제는 그런 고종을 감시하면서 고종에게 보호령을 인정해 달라고 밤낮으로 강요했다. 고종은 그 요구를 뿌리치면서 망명 방법을 계속 찾았다. 같은 해 6월 중순 고종은 한국군 대위 현상건(玄尙健)과 서북학회 (西北學會) 간부 이갑(李甲)을 불러 이렇게 지시했다.

"이 친서를 러시아 황제에게 전하도록 하라."

친서에는 러시아 황제에게 일본의 한일합병 추진에 동의하지 말아 달라는 부탁이 담겨 있었다. 고종의 밀명에 따라 두 사람은 주한 러시아 상무관 고이에르를 찾아가 러시아 황제에게 친서를 전해 달라고 부탁하면서 조심스레 망명 계획을 털어놓았다.

"이미 몇몇 사람들이 망명을 준비하고자 블라디보스토크로 출발한 상태이고, 함경북도로 가기만 하면 간도관리사 이범윤과 함경도 의병이 도울 예정입니다."

고이에르는 그 부탁을 거절하며 친서를 받지 않았다. 왜냐하면 당시 러시아는 일본과 제2차 러일 협약을 맺기 직전이었기 때문이다. 러일 협약에서 러시아는 몽골을, 일본은 한국을 각자의 세력권으로 인정한다고 타협할 예정이었다. 같은 달 22일 고이에르는 본국에 다음과 같이 보고했다.

"대한제국 황제가 신하와 의병의 도움을 받아 한국을 벗어난 다음 블라디보스토크에 머무르면서 항일 투쟁 거점을 만들려고 한다. 또한 황제는 가명으로 상하이 덕화 은행과 노청 은행에 해외 체재 자금을 맡겼으나 인출에 애를 먹고 있다."

고종의 망명 시도는 또다시 실패했다.

그로부터 1년 후인 1910년 7월 28일 블라디보스토크에서 십삼도의군 도총재 유인석과 의정부 참찬 이상설 두 사람이 상소문 '권황제아령파천소(勸皇帝俄嶺播遷疏)'를 작성했다. 황제에게 러시아 영토로 파천하기를 권한다는 뜻으로 내용은 대략 다음과 같았다.

"아, 지금 이러한 경지에 이르러서 폐하께서 한번 딴 나라에 파천해 계신다면 밖으로 세계 만방의 공론도 재창시킬 수 있을 것이며, 안으로 우리나라 민심도 움직일 수 있는 만큼 천하의 일을 단연코 해낼 수 있을 것입니다. 엎드려 바라옵건대 블라디보스토크에 있는 러시아령으로 파천하시도록 빨리 결정을 내리옵소서."

그러나 이 상소문은 고종에게까지 전달되지 못했고, 대한제국은 1910년 일제에게 국권을 빼앗겼다.

고종의 망명 시도는 그렇게 끝나는 듯싶었다. 하지만 아니었다. 고종에 대한 일제의 감시가 철통같은 가운데 어떻게든 고종을 국외로 탈출시키려는 이가 있었다. 우당(友堂) 이회영(李會榮, 1867~1932)[1]이었다. 이회영은 누구인가?

구한말 그는 당대 최고 명문가 출신으로 재산 많고 남부러울 게 없

---

[1] **이회영** : 독립운동가로 1908년에 안창호, 이동녕(李東寧, 1869~1940)과 함께 청년 학우회를 조직해 구국 운동에 나섰다. 장훈 중학교를 설립하는 등 근대 교육 보급에도 힘썼다.

는 사람이었다. 어린 시절부터 개방적이었던 이회영은 개화사상을 받아들였으며 집안 종들을 자유인으로 풀어 주었다. 나라가 기울어지자 해외 독립운동을 결심했고 1910년 12월 겨울에 모든 재산을 처분하여 여섯 형제 60명 대가족을 이끌고 만주로 갔다. 조선에서의 대단한 명성과 기득권을 포기한 구국의 결단이었다. 이후 이회영은 가산을 정리한 거금 사십만 원으로 신흥무관학교를 설립(1912)하여 독립군 요람으로 키우는 한편 고종의 망명 계획을 세웠다.

'그래! 아들의 혼례식을 활용하자.'

이회영은 1913년 국내로 잠입하여 활동하면서 묘책을 찾아냈다. 아들 이규학(李圭鶴)의 신부례(신부가 처음 와서 올리는 예식)를 이용하면 가능하리라 판단했던 것이다. 며느리 조계진(趙季珍)의 아버지 조정구(趙鼎九)는 흥선 대원군 사위였기에 조계진은 고종의 조카딸이기도 했다. 다시 말해 이회영은 고종과 사돈 관계였다.

"베이징으로 행궁하심이 어떤지 아뢰어 주시오."

이회영은 시종 이교영을 통해 고종에게 의사를 타진했고 곧바로 승낙을 받았다. 태황제(太皇帝) 고종은 벌써부터 망명을 꿈꾸어 왔던 데다 순종 황제의 동생이자 세자인 영친왕(英親王, 1897~1970)[2]이 일본 왕족 이방자와 강제 혼인할 위기에 처했기에 망설임 없이 망명 계획을 받아들였다.

'대한제국 황태제(皇太弟 : 황제의 자리를 계승할 황제의 동생)가 일본 여인과 혼인함은 말도 안 되노라. 황제의 후사가 없는데 황태제마저 일본 여

---

❷ 영친왕 : 대한제국의 마지막 황태자. 1907년(융희 1) 황태자에 책립되었으나 이토 히로부미에 의해 강제로 일본에 끌려갔다.

인과 혼인한다면 조선 왕실의 순수한 혈통은 완전히 끊기는 것 아닌가. 내가 국외로 나간다면 저들의 간계는 수포로 돌아가리라.'

고종은 측근 민영달에게 망명 결심을 알렸다. 민영달은 명성 황후의 종형제(從兄弟)로서 지혜가 있는 인물이었다. 민영달이 굳은 각오로 말했다.

"폐하의 뜻이 그렇다면 분골쇄신하더라도 따르겠사옵니다."

이와 더불어 민영달은 거금 5만 원을 내놓아 행궁 자금으로 쓰게끔 했다. 적당한 행궁 장소를 찾는 일은 이회영이 맡았다. 시간은 급박하게 흘렀고 이회영은 기회를 놓칠까 봐 기민하게 움직였다.

"황제가 국외로 나가 망명 정부를 세운다면 세계와 조선에 큰 파장을 일으키리라."

치밀한 성격의 이회영은 마음 급한 상황에서도 빈틈없이 차근차근 행궁 계획을 마련했다. 신부례는 일부러 시간을 끌어 1918년 11월에 거행하였다. 그 일을 핑계로 이회영이 궁궐에 출입하면서 망명 계획을 논의하기 위함이었다. 왕실에서는 혼수를 모두 준비하고 궁궐 의식을 더해 축제 분위기를 조성하면서 일제의 시선을 분산시켰다. 그해 연말 이회영은 베이징에 머물고 있는 동생 이시영(李始榮, 1869~1953)에게 민영달의 자금을 전달하여 고종이 거처할 행궁을 잘 수리하도록 부탁했다.

그런데 아뿔싸! 이 망명 계획은 뜻하지 않은 사태로 인해 물거품이 되었다. 이듬해인 1919년 1월 21일 고종이 갑작스레 세상을 떠난 것이다. 준비가 거의 완료되어 이제 시기만 택하면 되는데 붕어(崩御 : 임금이 세상을 떠남)라니.

"고종 황제께서 시해당하셨대."

"왜놈들이 간신배를 사주했음이 분명해."

장안에는 고종이 독살됐다는 소문이 퍼졌다. 친일파 각료들이 윤덕영, 한상학 두 역적을 시켜 식사 당번 맡은 두 궁녀로 하여금 밤참에 독약을 올려 시해했다는 구체적 내용이었다. 실제로 고종은 식혜를 마신 후 복통으로 괴로워하다가 반 시간 만에 급서했다. 고종은 특별한 지병을 앓지 않았고 식혜는 위험한 음식이 아니었으므로 누군가 독극물을 넣었음이 분명했다. 평소 임금이 마시는 음식은 기미를 보게* 되어 있으므로 정상적이라면 독극물을 먹을 가능성이 희박한 까닭이다. 게다가 독살 현장을 목격한 궁녀 두 명은 그날 행방불명되었다.

일설에는 전의(典醫 : 임금 주치의) 안상호가 총독부로부터 사주를 받아 1월 21일 밤에 홍차에 독극물인 비소를 타서 독살했다고도 한다. 영친왕 부인 이방자 여사는 수기에서 다음과 같이 회고했다.

"궁중 전의인 안 모 씨가 일본 정부 관리로부터 뇌물과 협박을 받고 태황제를 독살했다고 한다. 일본인들이 태황제를 독살한 것은 마마께서 또다시 파리 강화 회의에 대신을 보내려 했기 때문이다."

어떤 설이 옳든 간에 일제와 친일파가 고종의 망명 계획을 눈치 채고 진행한 음모임에 틀림없었다. 그렇지만 총독부는 고종의 사인을 뇌일혈로 발표하여 사건을 은폐했다. 그러나 한국인은 일본 정부가 고종을 독살했다고 믿어 분노하였고 3·1 운동 때 거국적으로 참여하기에 이르렀다. 비폭력 독립운동인 3·1 운동은 고종 독살설이 소문으로 퍼진 것이 직접적 계기였으며, 고종의 인산(因山 : 황제의 장례)일인 1919년 3월 3일에 맞추어 전국적으로 봉기했다. 두 달가량 계속된 전국적 시위 참가자 수는 일제의 기록으로 202만여 명이었다고 하니 당시 열 명 중 한 명

꼴로 적극 나선 셈이었다.

　한편 이회영은 큰 충격을 받은 채 이 땅을 떠나 다시 국외에서 독립 투쟁에 나섰으며, 한국인들은 고종 황제 부부 모두가 일제에게 암살당한 일을 두고두고 슬퍼했다.

• '기미 보다'의 뜻

　조선 시대 국왕은 항상 위험한 자리였다. 얽히고설킨 욕망과 원한으로 인해 왕의 목숨을 노리는 사람들이 무척 많았기 때문이다. 하여 왕은 무엇이든 조심했으며 특히 날마다 먹고 수시로 마시는 음식에 가장 신경을 썼다. 그런 불안감을 달래고자 기미 보는 관습이 행해졌다. 그 풍경은 대략 다음과 같다.

　왕에게 수라상이 바쳐진다. 왕 옆에 앉아 기다리던 큰방상궁(가장 어른인 상궁)이 수라상에 올려진 반찬을 조금씩 집어 조그만 그릇에 담는다. 상궁은 왕 앞에서 그것들을 먼저 먹는다. 맛을 보기 위해서가 아니라 독극물이 들어 있는지 직접 검사하기 위함이다. 이와 같은 일을 '기미를 보다.'라고 한다. '기미(氣味)'는 본래 '약의 상태와 맛'을 가리키는 용어였으나 이런 관습으로 인해 궁중에서는 '먼저 맛보다.'라는 뜻의 궁중 용어로 썼다. 일상적인 밥상은 물론 몸이 아플 때 먹는 탕제(湯劑)도 기미를 봐야 할 대상이었다. 아무 이상 없으면 이윽고 왕은 수저를 들어 음식을 먹었다.

대한민국 임시 정부 수립과
의친왕 망명 사건

아(我) 대한 인민은 아국(我國)이 독립국임과 아(我) 민족이 자유민임을 선언하였도다. 이로써 세계만방에 고하여 인류 평등의 대의를 극명하였으며, 이로써 자손만대에 고(誥)하여 민족자존의 정권(正權)을 영유케 하였도다. 반만년 역사의 권위를 장하여, 2천만 민족의 성충(誠忠)을 합하여, 민족의 항구여일(恒久如一 : 오래도록 변함 없음)한 자유 발전을 위하여 조직된 대한민국의 인민을 대표한 임시 의정원은 민의를 체(體)하여, 원년 4월 11일에 발포한 10개조 임시 헌장을 기본삼아 본 임시 헌법을 제정하여 공리(公理)를 창명(昌明)하며, 공익을 증진하며, 국방 및 버치를 주비(籌備)하며, 정부 기초를 공고히 하는 보장이 되게 하노라.

1919년 4월 13일, 한국 독립운동 지도자들이 중국 상하이에서 대한 민국 임시 정부(大韓民國 臨時 政府) 수립을 선포하고 위와 같은 임시 헌법을 발표했다. 1911년 신해혁명을 통해 아시아 최초로 공화국을 선포한 중국에 이어 우리나라가 두 번째로 공화국을 선포한 것이다. 한국 정부 수립에 대한 구상은 1919년 3·1 운동 후 독립 투쟁의 구심점을 시급히 만들어야 한다는 생각에서 나왔다.

"독립운동을 지속하려면 한국을 대표할 임시 정부*를 수립해야 합니다."

"그보다는 조선 총독부에 맞설 망명 정부*를 조직해야 합니다."

"당 조직을 먼저 제대로 갖추고 난 뒤 정부를 세워야 합니다."

갑론을박 끝에 임시 정부를 수립해야 한다는 데 뜻을 모았다. 절차에 따라 의정원을 세웠고, 각 도의 대의원 29명은 의정원에 모여 헌법에 해당하는 헌장 초안 10개조를 심의한 후 국호 대한민국(大韓民國)을 국내외에 선포하였다. 이로써 군주제를 청산하고 자유 민주주의 체제로 개편된 대한민국 임시 정부가 출범되었다.

줄여서 '임정(臨政)'이라고도 부르는 대한민국 임시 정부는 처음엔 내각 책임제로 하여 초대 의정원 의장에 이동녕을 선출하고 국무총리에 이승만(李承晩, 1875~1965)❶, 내무총장에 안창호를 임명하였다. 이후 임정은 대통령제로 바뀌었지만 원칙적으로 행정, 입법, 사법의 삼권 분립 민주 공화 정부 형태로 1945년까지 유지되었다.

그런데 그 무렵 독립운동가들은 만주에서 활발한 활동을 벌이고 있

---

❶ 이승만 : 한국의 정치가. 독립 협회의 간부로 활약하다가 투옥되었으며, 임시 정부 대통령을 지냈다. 광복 후 1948년 초대 대통령으로 취임했지만 부정 선거를 자행하다가 1960년 4·19 혁명으로 실각했다.

었는데 왜 상하이에서 정부를 탄생시켰을까? 이는 성향 차이에서 비롯된 일이었다. 즉 만주로 이주한 한인들에 비해 상하이 한인 사회는 신분과 교육 수준이 높았고, 70퍼센트가 개화된 기독교 신자였다. 또한 당시 상하이는 국제도시로서 교통이 편리했기에 많은 독립운동가들이 찾아들었다. 이런 배경 아래 상하이 한국인들은 정부 필요성을 절감하고 적극 실천에 옮긴 것이다. 1919년 3·1 운동 직후 일곱 개의 임시 정부가 각지에 세워졌지만 그해 9월 개헌 형식을 통해 상하이에 있는 대한민국 임시 정부로 통합된 이유도 여기에 있다.

한편 임정을 유지하기 위한 자금은 한국의 독립운동가들과 해외 교민들로부터 지원받았다. 대체로 일본에게 침략을 받은 동남아 교민 사회가 독립운동에 소극적인 반면, 한국인들은 직업적 독립운동가들에게 물심양면으로 지원했다. 그 대표적인 사례가 대한인국민회(大韓人國民會, Korean National Association)의 모금 운동이다.

1909년 2월 안창호는 국민회(國民會)를 조직하고 이어 그해 5월 대동보국회(大同輔國會)를 흡수하여 대한인국민회로 이름을 고쳤다. 대한인국민회는 세계 각지 한국인을 하나로 묶기 위해 북미, 하와이, 멕시코, 쿠바, 만주, 시베리아 등 한국인이 사는 지역마다 지방 총회를 조직했고, 1912년에는 미국 샌프란시스코에 대한인국민회 중앙 총회를 설치했다. 다시 말해 대한인국민회는 한국 최초의 세계적 조직이었다. 안창호는 대한인국민회 중앙 총회장으로 선임됐다.

이처럼 주로 미주 지역에서 활동한 최대 한인단인 대한인국민회는 1918년 11월부터 1920년 6월까지 독립 자금 모금에 주력했다. 자금 모금에는 어린이부터 농장 노동자, 사업가 등 모든 계층을 망라하여

1,652명이 참여했으며, 1달러에서 천 달러 이상까지 기부되어 모두 10만 7,792달러에 이르렀다. 그 시절 사탕수수 농장 등에서 일하던 노동자 월평균 임금이 50달러인 점을 고려할 때 해외 동포들이 생계에 어려움을 겪으면서까지 상당한 금액을 독립 자금으로 내놓았음을 짐작할 수 있다. 안창호 일가의 경우, 안창호가 100달러, 부인이 81달러, 당시 열다섯 살이었던 장남이 3달러, 여덟 살인 차남과 여섯 살인 장녀가 각각 1달러를 내는 등 모든 가족이 모금 운동에 참여했다.

이렇게 모은 자금 가운데 4만 6,454달러는 대한민국 임시 정부 수립 과정에 지원돼 상하이 프랑스 조계에 임정 청사를 구입하는 등 초기 임정 수립에 결정적 역할을 했으며, 나머지는 임정 구미위원회를 비롯한 외교 활동 등에 사용됐다. 요컨대 임정 자금에 관한 한 안창호의 공이 매우 컸다.

안창호는 이후에도 임정 유지 자금 마련에 갖은 노력을 다했다. 안창호는 1924년 11월 미국에 들어가 각지를 돌며 교포들에게 다음과 같이 호소했다.

"임시 정부는 피로 세운 정부이며 국민 된 자가 받들 의무가 있습니다. 미주 동포들이여, 인두세 1원씩을 내서 임시 정부를 유지하도록 도와주십시오."

이렇듯 임시 정부는 그야말로 애국 한국인들의 피와 땀으로 세워지고 유지된 정부였다. 그런 만큼 임시 정부는 독립운동의 효율성을 높이는 데 최선을 다했다. 1919년 7월 내무총장 안창호가 조직한 연통제(聯通制)는 그 대표적인 사례이다. 연통제는 국내 지하 지방 행정 조직으로, 한반도 바깥에 위치한 임정의 지리상 한계를 극복하고 국민에 대한 통치력을 확보하기 위해 운영되었다. 임시 정부와 국내의 업무 연락을 위해 비밀 통신 기관인 교통국이 더불어 운영되었다. 이로써 상하이 임시 정부와 국내에 있는 국민들 사이에 고리가 형성되었다.

"조심해서 임무를 수행해 주오."

아직 연통제가 정착되지 못한 그해 8월, 안창호는 함경남도 특파원(임정과 연통제를 오가던 공작원에 대한 호칭) 이종욱(李鍾郁, 1884~1969)에게 특별한 지시를 내렸다. 국내에 연통제 조직을 구성하고 한편으로 대한제국 황자인 의친왕(義親王, 1877~1955)[2]을 비롯한 유력 인사 30여 명을 상하이로 망명시키라는 특명이었다. 의친왕이 상하이로 망명한다면 국내외 이목을 끌면서 한일합방의 부당성을 알릴 수 있고 동시에 군자금 모집에 큰 도움을 받을 수 있기에 추진한 일이었다.

스님 신분인 이종욱은 9월에 국내로 잠입한 후 비교적 자유롭게 돌아다녔다. 이종욱은 여러 독립지사들을 접촉한 후 전협(全協)과 거사를 의논했고 전협에게 그 임무를 맡겼다.

"모월 모일 모시에 어디로 오십시오."

11월 9일 저녁 전협을 비롯한 몇몇이 비밀 가옥에서 의친왕을 초조히 기다렸다. 의친왕은 고등계 형사를 따돌리고 약속 장소에 도착했다.

"전하, 임시 정부에서 전하를 기다린 지 오래입니다. 전하의 결심이 서는 대로 모시겠습니다."

의친왕은 망설임 없이 망명 제의를 받아들였다.

이튿날 새벽 의친왕은 변장을 했다. 얼굴이 많이 알려졌기에 턱에 수

---

❷ **의친왕** : 조선 고종의 다섯째 아들. 1899년(광무 3) 미국에 유학했고 그해에 의친왕에 봉해졌다.

염을 붙이고 허름한 양복에 중절모를 눌러 써서 시골 면서기처럼 꾸몄다. 의친왕은 다른 비밀 가옥으로 이동했고 나창헌이 육혈포를 감춘 채 의친왕을 호위했다. 의친왕은 상하이행 기차를 타기 위해 수색역으로 갔다. 그때까지 다행히 일제의 감시를 피했다.

"멍청하게 의친왕을 놓치다니. 빨리 찾아!"

같은 시각 총독부 경무국은 사라진 의친왕을 찾고자 형사들을 총출동시켰다.

11월 11일 새벽 의친왕은 삼등 객실에서 기차를 탄 채 더 빨리 달리기를 바라고 있었다. 얼마쯤 갔을까. 일본 경찰이 기차 안을 수색하기 시작했다. 다행히 의친왕은 위조 여행증으로 검문을 피해 첫 번째 위기를 넘겼다. 의친왕은 오전 11시 중국 안동[지금의 단둥(丹東)]역에 도착했다. 이제 30분 정도만 무사히 걸어가면 이차 접선 장소이자 안전지대인 이륭양행(비밀리에 임시 정부 교통국 역할을 수행한 무역 회사)에 도착할 수 있었다. 그러나 운이 더 이상 따르지 않았다. 한 안동 역장이 변장한 의친왕을 알아봤기 때문이다.

"이(李) 전하, 안동 역장입니다. 귀빈실로 모시겠습니다."

"무슨 말이오. 사람을 잘못 보셨소."

의친왕은 짐짓 딴사람처럼 말했지만 소용없었다. 미행해 온 일본 경찰이 의친왕에게 다가와 인사했기 때문이다. 그렇게 의친왕 망명 작전은 실패로 끝나고 말았다.

"아!"

대한민국 임시 정부 요원들은 크게 낙심했고, 일제는 큰 충격을 받았다. 일제는 관련자들을 체포한 후 의친왕을 유괴 감금했다는 죄목으로

처벌했다. 의친왕이 자발적으로 망명하려 했음을 감추기 위한 조작이었다. 1920년 일제는 의친왕을 일본으로 보내 더 철저히 감시했다. 그래도 대한민국 임시 정부는 절망하지 않고 이후 독립 투쟁을 가열하게 전개했다.

• 망명 정부와 임시 정부는 어떻게 다를까

일제 강점기 대한민국 임시 정부는 우리 국토 내에 있지 않고 중국 상하이에 있었기에 망명 정부와 같았으나 망명 정부는 아니었다. 임시 정부와 망명 정부는 어떤 차이가 있을까?

임시 정부는 기존 정부가 무너진 후 무정부 상태를 해소하기 위해 세워진 정부를 뜻한다. 이에 비해 망명 정부는 혁명이나 외국 침략을 당한 정부가 제삼국으로 가서 유지하는 정권을 의미한다.

대한민국 임시 정부는 대한제국 정부 요인들이 중국으로 망명하여 세운 것이 아니라 1919년 3·1 운동을 계기로 새로운 민족 주체 세력이 수립했다. 또한 임시 정부는 군주제 정부가 아니라 민주 공화제를 표방함으로써 대한제국 망명 정부가 아니라 신생 대한민국 정부임을 천명했다.

그러나 정부가 정부로서의 구실을 하자면 그 국민에게 유효한 통치권을 행사해야 하는데, 임시 정부는 대한민국 영토가 아닌 곳에 세워졌고 대한민국 국민에게 효력 있는 통치권을 행사하지 못하였다. 여기에서 임시 정부는 국제법상 허점을 지니는데, 광복 직후 미국은 이 점을 건드렸다.

많은 국민적 여망과는 달리 미군정은 대한민국 임시 정부의 법통을 인정하지 않았다. 김구 주석을 비롯한 임정 요인들에게는 개인 자격으로만 귀국하도록 했다. 그러면서 미국은 대한민국 정부 수립 문제를 모스크바 삼상 회의❸, 미소 공동 위원회❹, 유엔으로 계속 옮겼고 그 사이에 한반도 남북 분단이 고착되었다.

미국은 애초부터 대한민국 임시 정부를 달가워하지 않았다. 광복 3년 전인 1942년에 미국 정부는 대한민국 임시 정부 법통 부정 방침을 이미 정해 놓고 있었다. 이 점은 당시 미국 국무장관이던 코델 헐(Cordell Hull)이 직접 서명한 그해 5월 20일자와 6월 23일자

❸ **모스크바 삼상 회의** : 1945년 12월 모스크바에서 열린 미국, 영국, 소련 삼국의 회의. 제2차 세계 대전 종전 후 여러 문제를 의제로 하였으며 한국에 대한 신탁 통치안도 포함된 협정이 체결되었다.
❹ **미소 공동 위원회** : 1946년 1월 미국과 소련 대표가 서울에서 조직한 위원회. 모스크바 협정에 따라 한국의 신탁 통치 등을 논의하려 했으나, 여러 차례 회의 끝에 한국 문제를 유엔에 상정하게 되었다.

두 건의 국무부 공문서에서 확인할 수 있다.

　당시 워싱턴에 있던 한미 협회(韓美 協會) 제임스 크롬웰 회장은 1942년 5월 5일 헐 국무장관에게 공문을 보내 '대한민국의 사실상 정부인 임정을 즉각 승인할 것'을 촉구했다. 이에 대해 헐 국무장관은 그달 20일 '미국 정부도 자유를 향한 한국인들의 여망을 동정하지만, 임시 정부를 한국 정통 정부로 승인할 수는 없다.'는 요지의 답장을 보냈다. 미국 국무부의 이런 입장은 결국 일본의 항복 후 미군이 한반도에 진주할 때까지 고수되었고, 우리 임시 정부는 끝내 미국으로부터 정통성을 인정받지 못했다.

　그렇지만 오늘날 대한민국 정부는 임시 정부 법통을 계승하고 있음을 헌법에 명시하고 있다.

조선 최고 요릿집 명월관

명월관(明月館)이 소실(燒失)됨

23일 아침 6시경에 광화문통 명월관 요리점 뒷방 집고과 온돌
방에서 불이 일어났었는데 화세가 맹렬하여 6시 반가량에 전부 불
에 타 사라졌다. 담 하나를 두고 동편에 이웃한 세심관과 정문 앞
초가집은 연소되지 아니하였으나 지붕에 약간 손해가 있었는데
원인은 목하 취조 중이오, 손해액은 약 6만 원 이상이라더라.

1919년 5월 24일 「매일신보」에 실린 보도 내용이다. 이 밖에 집고각
은 2층 온돌이고 지난해에도 화재가 일어났었으며 명월관 주인이 보험
회사에 2만 원 보험을 들어 놓았다는 등 명월관에 관한 더 자세한 소

식을 전하고 있다. 명월관은 어떤 곳일까?

　명월관은 그 무렵 우리나라에서 손꼽히는 으뜸 요정(料亭)＊이었다. 궁궐에서 향연을 맡아 궁중 요리를 하던 안순환(安淳煥)이 1909년 황토현(지금의 세종로 동아일보사 자리)에서 개업한 고급 음식점으로 1층엔 일반인, 2층엔 귀빈을 받았다.

　"돈만 내면 궁중 요리를 맛볼 수 있다더군."

　"궁중 내인이 빚는 술맛도 그렇게 좋다며?"

　명월관은 이처럼 장안의 호기심을 집중시키며 성황을 이뤘다. 때를 같이하여 그해에 관기(官妓 : 궁중 또는 관청에 속한 기생) 제도가 폐지되자 가무를 담당하던 궁중 기녀는 물론 지방의 기생들이 일을 찾아 명월관으로 모여들었다. 명월관 개업 초기에는 대한제국 고위 관리들과 친일파 거물들이 나타났으며 점차 문인, 언론인, 예술인도 출입했고 이따금 애국지사들이 일제의 감시를 피해 밀담 장소로 이용했다.

　의친왕 이강(李堈)도 명월관 단골 중 한 명이었다. 의친왕이 명월관에 나타나면 일본 종로경찰서 고등계 주임 미와가 사복 차림으로 그림자처럼 따라붙어 감시했다. 의친왕은 주색을 좋아하지 않았으나 일제에게 주색에 빠진 듯이 보이고자 종종 명월관에 들른 것이다. 하지만 의친왕은 친일파와 왜놈에 대한 적개심으로 인해 이따금 옆방 감시 경찰에게 들으라는 듯 금지 노래를 부르곤 했다.

　"무쇠골격 돌근육. 대한 남아야. 애국의 정신을 분발하여라. 다다랐네 다다랐네 우리나라에, 소년의 황금시대 다다랐네."

　의친왕은 대한제국 옛 신하들과 술을 마시다가 울분을 토하기도 했다. 어느 날 좌중에 흥이 한창 오를 즈음에 의친왕이 호탕하게 한바탕

웃고는 옛 신하들을 노려보면서 이렇게 말했다.

"우리 아버지(고종)를 팔아먹은 놈들이 여기 있구나!"

의친왕의 느닷없는 호통에 분위기는 일순간 찬물을 끼얹은 듯 가라앉았고, 평소 의친왕의 기개 넘치는 강직한 성격을 잘 아는 신하들은 어쩔 줄 몰라 했다.

의친왕은 명월관 기생들 사이에서도 무서운 인물로 통했다. 명월관에 와서 기생과 노는 게 아니라 술을 마시고 울분을 터뜨리곤 했기 때문이다. 더구나 항상 육혈포를 차고 다녔기에 기생들은 그런 의친왕 뵙는 것을 영광으로 여기면서도 한편으로 두려워했다. 한번은 이런 일도 있었다. 명월관에 들어온 지 얼마 되지 않은 된 기생 하나가 그날 의친왕에게 술 따르는 일을 맡았다. 의친왕이 말했다.

"술을 따르라."

기생은 술을 따르려다가 술 주전자에 술이 없음을 깨닫고 당황하여 어쩔 줄 몰라 했다. 사정 모르는 주위 사람들은 기생에게 눈짓으로 어서 따르라는 신호를 보냈다. 그래도 기생이 우물쭈물하자 의친왕이 물었다.

"어쩐 일이냐?"

그러자 기생은 황송하다는 표정으로 대답했다.

"약주가 안 계십니다."

기생은 무섭고 두려운 마음에 그리 말했지만 의친왕은 기생의 엉뚱한 높임말에 웃음을 터뜨렸고 엄숙했던 좌중 분위기는 부드럽게 변했다고 한다.

이 밖에도 많은 고관들이 명월관을 즐겨 찾았고 명월관은 일반 술꾼들이 한번 꼭 가고픈 선망의 장소로 여겨졌다.

"땅을 팔아서라도 명월관 기생 노래를 들으며 취해 봤으면 여한이 없 겠다."

그런 명일관이 1919년 봄에 갑작스레 불탔기에 장안의 화제가 되었던 것이다. 식민지 시대 상류층의 욕망 배출구였던 명월관은 그렇게 사라지 는 듯싶었지만 얼마 후 다시 문을 열어 더 큰 호황을 누렸다.

• 우리나라 최초의 요정

명월관은 우리나라에서 요정의 대명사로 여겨지는 음식점이자 주점이다. '요정'은 기생을 두고 술과 요리를 파는 집을 가리키는데, 최초의 요정은 1887년에 문 연 정문(井門) 혹은 정문루(井門樓)이다. 정문은 일본인이 서울 수정(壽町)에 낸 일본식 요리점으로 이 땅에 처음 유입된 일본 음식 문화였다. 그때까지 우리는 조리(調理)라는 말을 썼으나, 정문의 등장 이후 요리(料理)라는 말이 그 자리를 차지했다. 정문은 한옥에 객석으로 고쳐 꾸민 온돌방 두 칸이 전부였고, 일본에서 건너온 나카이[仲居 : 식모 겸 작부]를 두었다.

정문에 사람이 몰리자 일본식 요정이 하나둘 계속 생겼다. 일본이 청일 전쟁에서 승리한 뒤 일본식 요정은 더 많아졌고 게이샤(일본의 기녀)들도 급격히 늘었다. 고위 관리들과 일본 군인, 그리고 친일파들이 주로 요정을 찾았다. 친일파 송병준은 직접 청화정(淸華亭)을 개업하고는 친일파들의 소굴로 삼았다.

그렇지만 1909년 명월관이 문을 연 뒤 요릿집하면 가장 먼저 떠오르는 요정의 대명사가 되었다. 정통 궁중 요리를 맛볼 수 있는데다. 노래는 팔되 몸은 팔지 않는 기품 있는 기생을 경험할 수 있는 매력 때문이었다. 「매일신보」는 1912년 10월 3일 "명월관 대확장"이란 기사를 내보냈고, 그해 12월 18일에는 "조선요리점의 시조(始祖)"라는 제목으로 인기 폭발 중인 명월관 탐방 기사를 썼다. 그리고 1919년 명월관에 화재가 일어난 직후에는 다음과 같은 기사를 냈다.

> 최초(最初)의 요리점(料理店), 버지에서도 다 안다.
> 조선에서 제법 요리집이라고 할 만한 신식 요리점으로는 이 명월관이 원조이니 전주인 안순환 씨는 명월관의 전신 '명월루'로부터 차차 발전을 시키어 지금의 이름을 얻게 되어 조선 안에서는 물론이요 버지인들도 조선 요리하면 명월관을 생각할 만큼 지명을 닦은 요리집이며 금번에 소실된 3층집으로 말하면 지나간 명치 45년(1912)에 낙성한 것으로 건평이 3층을 합하면 삼백여 평에 이르고 방도 대소를 합하여 20호에 미치는 것인데 지금 돌연히 소실된 것은 아까운 바이라. 그러나 지금의 경영자는 그 자리에다가 다시 최신식으로 지을 예산이 있다 하더라.

명월관은 건물을 확장하고 여러 곳에 분점을 낼 정도로 호황을 누렸다. 명월관은 도쿄에 무려 네 곳이나 분점을 내어 인기를 끌었다. 가격이 무척 비쌌지만 남자들은 그 어떤 요정보다 명월관에 가기를 좋아했다. 요정 기생들은 점차 몸까지 파는 작부로 전락했으며, 요정은 한국의 밤 문화를 지배했다. 일제는 의도적으로 요정 문화를 퍼뜨렸다. 식민지 남성들이 욕정에 빠져들도록 하기 위함이었다. 그 의도는 어느 정도 적중해서 한국의 밤 문화는 술과 여자를 동시에 누리는 것으로 변화되었다.

한국 최초의 여배우, 복혜숙

1910~1920년대 서울은 신문명의 바람이 강하게 불었다. 여성들은 미장원(美粧院)*이란 곳에서 머리를 다양하게 꾸미면서 전통적 머리 모양을 탈피했다.

"그 머리 어떻게 모양낸 거예요?"

"미장원에서 했어요."

"미장원이 뭐예요?"

"머리카락을 다듬어 주는 상점이에요."

미장원이 이처럼 머리 모양에 혁신적 변화를 이끌었다면 극장은 대중적 볼거리 문화에서 시대를 이끌었다. 사람들은 연극을 보고자 극장을 찾았고, 보다 적극적인 사람은 배우로 활동하고자 극단의 문을 두드렸다.

1920년대 초의 일이다. 무작정 서울로 상경한 복마리(1904~1982)는 며칠 동안 연극을 구경하던 어느 날 당시 유명한 극장 단성사를 찾아 가서 무조건 책임자를 만나게 해 달라고 말했다.

"일본에서 공부하다 온 사람입니다. 연극하는 사람 있으면 소개해 주세요."

예쁘장한 처녀가 용감하게 말하자 그곳에 있던 사람이 신극좌 대표 김덕경을 소개해 주었고, 극단에서는 복마리를 크게 환영했다. 당시 마땅한 여자 배우가 없어 여자처럼 곱상하게 생긴 남자 배우가 여자 대역을 맡았던 까닭이다.

"이제는 진짜 여자가 여자 역할을 하게 됐어!"

복마리는 〈오! 천명(天命)〉이라는 연극 무대 뒤에서 찬송가를 부르는 일로 첫 출연했으며, 이때부터 거의 같은 무렵 연기 생활을 시작한 이월화(1904~1933)와 더불어 한국 최초로 여배우의 길을 걸었다.

그러나 복마리는 단순히 일찍 시작해서 한국 최초 여배우가 된 것이 아니다. 복마리는 노력을 통해 배우 자리를 차지했으며 대본을 적극 활용했다. 그 무렵 배우들은 무대 위에서 적당히 즉흥적으로 연기하곤 했다. 내용은 대체로 일정했지만 대본 없이 배우들이 생각나는 대로 말하는 까닭에 가끔 엉뚱한 방향으로 내용이 흘러가기도 했다. 처음에 복마리는 그런 일을 당연하게 알고 선배들 가르침을 따랐다. 하지만 교육 과정에서 억울한 일을 여러 차례 당했다. 대본을 입으로 가르쳐준 선배가 대사를 잊어버렸다고 따귀를 때리고, 또 동작 잊어버렸다고 따귀를 때렸다. 어느 날 밤 복마리는 이불 속에서 이런 생각을 했다.

'이거 따귀 맞다가 연극 다 끝나 버리겠네. 일본에서 보니까 대본을 보고 대사를 외우고 독회(讀會 : 여럿이 모여 함께 읽음)를 하며 서로 연기 호흡을 맞추던데……. 그래 내가 직접 대본을 쓰자.'

그날 밤부터 복마리는 며칠 동안 방에 들어박혀 일본에서 보았던 〈대위의 딸〉이란 연극 내용을 떠올리며 우리말로 대사를 써 나갔다. 그렇게 하여 〈누교(淚橋)〉라는 대본을 만들어 냈다. 이것을 선배들에게 보이자 아주 좋아하며 복마리를 주인공으로 배정했다.

"왜 진작 대본 만들 생각을 못했을까?"

"아주 좋은 생각이야!"

짜임새가 있으니 연극 내용도 재미있어졌다. 관객도 이전보다 훨씬 알찬 내용의 연극을 보면서 흥미를 느꼈다. 이후 복마리는 대본을 더 써 보라는 권유를 뿌리는 대신에 체계적으로 연기 공부를 하고자 한국에서 최초로 만들어진 조선배우학교에 입학했다. 그 학교에서 영화총론, 개론, 분장 따위 영화에 관한 다양한 지식을 배웠다. 인기 배우로서 주목을 받는 시점에 공부를 택해 더 큰 발전을 꿈꾼 것이다.

어려운 가운데서도 마리는 1922년 조선배우학교를 졸업했다. 같은 해 극단 토월회(土月會) 단원이 되었으며, 토월회의 홍사용이 혜숙(惠淑)이란 예명을 지어 주었다. 복혜숙은 토월회의 주연 배우로서 1년 내내 무대에 섰고, 그 모습을 보려고 시골에서도 사람들이 가족 단위로 올라오기도 했다. 이리하여 복혜숙은 신극좌, 토월회, 조선극우회, 그리고 조선영화사를 거치는 동안 초창기 연예계 스타로서 자리를 굳혔다.

복혜숙은 스물한 살 때인 1925년 노래 10여 곡을 취입해 음반을 내기도 했다. 복혜숙이 토월회에서 활동하던 시절, 연극 도중 노래 부르는 모습을 보고 이기세가 "그만하면 취입을 해 볼 만하다."라고 주선한 것이 취입 계기였다.

복혜숙이 녹음한 노래는 베르디 오페라 〈리골레토〉 중에서 '여자의 마음'과 '숲 속의 미녀'를 비롯하여 고전 음악 10여 곡이었다. 그중 '여자의 마음'은 '바람에 날리는 갈대와 같이 항상 변하는 여자의 마음'이라는 가사로 눈길을 끌었다.

하지만 당시에는 제대로 된 레코드 회사가 없어서 '남대문표' '제비표' '독수리표' 따위의 라벨을 붙여 SP(standard playing : LP보다 역사가 오래된 음반)를 만들어 팔았다. 그래서 복혜숙의 음반은 남아 있지 않다.

그럼에도 복혜숙은 음반사에 색다른 기록을 또 남겼다. 복혜숙은 1930년 콜롬비아 레코드사에서 '사랑의 빛'이란 노래를 냈는데 이때 신문광고 등의 선전 문구가 재미있다.

"시대 요구의 재즈로 등장, 복혜숙의 '목장의 노래', '사랑의 빛.'"

당시의 재즈는 본격적인 의미의 재즈라 하기 어렵고 미국의 스탠더드 팝(standard pop : 1950년대 미국에서 유행한 음악 장르)에 가까웠다. 그 무렵 '재즈'란 말이 재즈와 주변 팝 장르를 통칭하는 말로 쓰였기에 그렇게 홍보했던 것으로 보이지만 어찌 됐든 복혜숙은 우리나라에서 재즈를 부른 제1호 가수인 셈이다.

• 한국 최초의 미장원

미장원은 아름다움을 단장하는 곳이란 뜻이고, 미용실(美容室)은 아름다운 얼굴을 가꾸는 곳이란 뜻이다. 초기에는 미장원이란 명칭을 쓰다가 점차 얼굴에 비중을 두면서 미용실 혹은 미용원이란 명칭을 더 많이 썼다. 그런데 우리나라 최초의 미장원은 언제 생겼을까?

1903년 황해도 사리원에서 태어난 오엽주는 평양여고를 마치고 일본에 유학 다녀온 신여성이었다. 그런데 개성적 용모를 지녔던 오엽주가 귀국해 보니 한국 여성들이 방물 장수로부터 머릿기름 정도를 구입할 따름이지 도대체 화장다운 화장을 할 줄 몰랐다. 느낀 바 있어 진고개에서 영업 중인 일본인 미용사 하라야마[平山梅子]의 문하생이 되었다. 1920년대 초 문을 연 경성 미용원은 신문에 '얼굴을 곱게 하는 곳이올시다.'라고 광고하여 여성들 눈길을 끌었다. 오엽주는 솜씨가 있어 빠르게 미용 기술을 익혔으며 1925년경에는 제법 인기가 많아져 많은 손님의 부름을 받았다.

"머리 좀 잘 만져 주세요."

한국 최초 미용사 오엽주는 명성에 힘입어 영화배우로 전업하기도 했다. 그러나 주로 독한 여자 역할만 맡았을 뿐 영화배우로서는 그리 빛을 보지 못했다. 다시금 머리카락으로 눈을 돌린 오엽주는 1933년 3월 화신백화점 안에 '화신미용부(和信美粧部)'를 창업했다. 한국인 손으로 운영된 최초의 미장원이었다. 이 땅에 이른바 '파마'로 불리는 퍼머넌트(permanent)가 도입된 것도 이때였다. 여성들은 머리를 꾸미려 미장원에 몰려들었고 일부 여성은 파마를 시도하여 사람들 눈길을 끌었다.

"미장원이 더 있었으면 좋겠어."

상황이 이러하자 미장원, 양장점들이 앞다퉈 개업했다. 그 뒤 미장원은 미용실, 헤어숍 등의 이름으로 꾸준히 번성하였고 오늘날에는 이발소 다니는 남성들 발길을 끌어들이기에 이르렀다.

성격파 배우의 원조,
나운규

1916년 8월 어느 날 오후, 두만강 근처 국경 도시 회령에서 난데없는 연극 소동이 벌어졌다. 울긋불긋하게 무대 화장을 한 어린 배우들이 인력거에 앉아 마을을 돌며 요란스레 광고를 하는 것이었다.

"교통 방해를 무릅쓰고 이처럼 광고하는 것은 다름 아니라 오늘 저녁 만년좌(萬年座)에서 우리 회청동정우(會靑同情友) 일동이 연극을 하게 됐습니다. 그 제목은 〈이전반(二錢半)〉입니다."

앞서 이 마을에 신파극단이 다녀간 일은 있었다. 그러나 이렇게 어린 배우들은 처음이었다. 그리고 더욱 이채롭게도 인력거*마다 각각 배우 이름을 써 붙여 눈길을 끌려 했다. 구경꾼들은 깜짝 놀랐다. 나운규(羅雲奎, 1902~1937), 이범래, 이봉춘, 김용국 등 대부분 이 고장 유지(有志)

의 자식이었다. 더구나 신흥학교(新興學校 : 독립군이 운영하던 학교) 재학생들이 아닌가! 일부에서는 집안 망신시킨다고 혀를 차며 비난하였다.

어찌 됐든 그날 저녁 공연은 대체로 호평이었다. 부잣집 아이들이 풍각쟁이(노래 부르거나 악기를 연주하며 돈을 구걸하는 사람) 노릇을 한다 하여 손가락질하면서도 제법 많은 사람들이 호기심에 공연장을 찾았고, 박수갈채도 보내 주었다. 연극 내용은 고리대금업자인 구두쇠 아버지와 정의파 아들의 대립을 그린 것이었다. 금고를 부수고 돈을 털던 복면강도를 잡고 보니 자기 아들이더라는 줄거리로 〈육혈포 강도〉 같은 신파극을 모방한 작품이었다. 그리고 어쭙잖은 사랑 타령이 아니라 나라 잃은 백성의 심리적 갈등을 묘사했다는 점이 관객의 호응을 얻었다.

나운규가 이 작품을 주도했고 주연도 그가 맡아 하였다. 이 연극 상연을 위하여 그들은 여름내 학교 뒤 솔밭에 숨어서 연습을 하였다. 공연 비용은 각자 용돈을 모아 간신히 꾸렸고, 헌병대 상연 허가를 받을 때는 부모 도장을 훔쳐 승낙서에 찍어 제출하였다. 이렇듯 어렵사리 준비한 연극이기에 공연 끝난 뒤 관중들 박수는 이들에게 이루 말할 수 없는 성취감을 안겨 주었다.

사실 나운규가 연극에 관심을 갖고 연극 활동을 하기까지는 둘째 형 시규의 은덕이 컸다. 육 남매 중 셋째 아들로 태어난 운규는 활달하고 적극적인 성격인 반면 시규는 말이 적고 조용한 성품으로 학자 풍모 사람이었다. 운규는 이러한 시규에게서 많은 영향을 받았다. 잡지 「소년」 「소년구락부」 등과 각종 위인전을 얻어 읽었고, 프랑스 혁명 이야기며 미국 독립운동 이야기도 시규에게서 얻어 들었다. 이때의 습관으로 나운규는 평생 책을 가까이했다.

당시 나운규는 신흥학교 학생으로서 박용운 담임 선생에게 한국 역사와 도산 안창호의 활약상을 들으며 애국심을 키우고 있었다. 이때 나운규는 강의 내용보다는 오히려 박용운 선생의 애국심에 더욱 감복해서 그를 존경했다. 그 영향으로 최초의 연극 내용도 사회적 시각에서 만들었으며, 훗날 〈아리랑〉에서 주인공 영진의 은사로 박 선생을 그렸다.

"아, 너무 보고 싶다!"

그런데 이 무렵 나운규의 마음은 애국심보다는 윤마리아라는 소녀에 대한 사랑으로 가득 차 있었다. 평소 공부에 담을 쌓고 지내던 나운규가 2~3등 성적을 유지했던 것도 소녀에게 잘 보이기 위해서였다. 남이야 '알부랑자'라고 욕하며 놀려 대도 나운규는 좋은 스승과 친구, 그리고 사랑과 연극으로 인해 행복을 만끽하고 지냈다.

하지만 신흥학교 졸업을 일주일 앞두고 그의 첫사랑은 슬픈 종말을 맞았다. 윤마리아를 짝사랑하는 헌병 보조원 허진종의 방해로 끝내 그녀와 헤어지고 그길로 고향을 떠났던 것이다. 사랑 때문에 다친 마음을 어이할 수 없어 만주 벌판을 헤매다가 러시아 백군(白軍)의 사역병 노릇을 하게 되었다.

하지만 여기서 그는 피부색으로 인해 또 한번 깊은 상처를 입었다. 백인들이 노란 피부 조선인을 더러운 짐승처럼 여기면서 함부로 대하고 갖은 모욕을 안겨 주었기 때문이다. 참다못해 러시아 군대를 탈영하여 방랑하던 중 나운규는 농가에서 물을 청해 마셨다. 러시아 여인은 물을 달라는 황색인의 말에 말 한마디 하지 않고 싸늘한 표정으로 물을 떠다 주더니, 그릇을 돌려받은 뒤에는 그대로 쓰레기통에 처넣어 버렸다. 나운규는 엄청난 충격을 받았다.

'내 입이 그렇게 더럽단 말이냐. 황인종이 먹던 그릇에다 사람 음식을 담을 수 없다는 뜻이렸다. 저 여자를 마구 때려 주고 싶다. 아니야, 그런들 무슨 소용 있을까. 나라 잃은 것이 죄이고 서러움일진대⋯⋯.'

나운규는 그 길로 홍범도 장군이 지휘하는 북간도 국민회 소속 독립군에 입단하였다. 무명지를 깨물어 혈서(血書)를 쓰고 독립군 신분을 밝히는 '소회우죽(蘇回友竹)'이라는 암호를 받았다. 그러나 독립군 생활도 나운규의 울분을 달래 주지는 못했다. 아니 적확히 말하자면 울분보다는 야망의 꿈틀거림에 마음을 종잡지 못했다. 하여 다시 서울로 돌아가기로 결심했다.

1921년 이른 봄, 나운규는 청운의 뜻을 품고 서울로 올라왔다. 그는 연희전문학교에 잠시 적을 두었으나 학교 공부에 그다지 관심을 두지 않았다. 날마다 영화관에만 드나들었고 여학생 꽁무니만 쫓아다니다시피 하였다. 영화에 관심은 있었지만 그렇다고 영화인으로 길을 걸어야겠다는 뚜렷한 방향을 설정한 것도 아니었다. 그저 영화가 재미있고 어찌어찌 나도 한번 영화배우가 될 수 있을까 하는 막연한 기대감에 사로잡혀 있을 뿐이었다. 그러던 중 우미관(優美館) 극장 주인의 딸을 우연히 사귀었다. 나운규가 일본 여자와는 사귀지 말라는 독립군 훈시를 무시하고 일본인인 극장 주인의 딸과 연애를 한 가장 큰 이유는 영화 구경을 공짜로 할 수 있는 특권에 있었다. 그리고 이즈음 탐정영화 〈명금(名金)〉을 보고는 비로소 자기 진로 설정에 대해 확신을 가졌다. 영화에 일생을 걸겠노라고 결심한 것이다.

'드디어 내가 무엇을 하고 살 것인지 확신이 선다. 바로 영화다! 영화배우야말로 내가 걸어가야 할 길이다. 영화를 통해 대중에게 뭔가 메시

지를 전달할 수 있으니 그 얼마나 보람된 일인가.'

이때부터 영화를 보는 나운규의 태도는 상당히 달라졌다. 그냥 보고 감탄만 하던 이전과는 달리 영화에서 특정 장면의 인상을 메모하는 등 관심 있는 사항을 탐구했고, 집에 돌아와서는 혼자서 각본(脚本)을 만들어 보곤 하였다. 아울러 표정 연습과 변장술을 익혔으며 언제나 손거울을 가지고 다니면서 친구와 이야기할 때도 손짓과 표정을 써 가며 거울 속의 자기 얼굴을 들여다보곤 하였다. 나운규는 또한 「창조」 「개벽」 「폐허」 등의 잡지와 춘원 이광수(李光洙, 1892~?)❶의 소설을 닥치는 대로 읽었는데, 이로 인해 성격 심리 분석에 많은 도움을 얻었다.

그러나 영화 공부에 열중하던 나운규는 이듬해(1922) 정월 청회선 터널 폭파 미수 사건에 관련된 죄로 청진 형무소에 복역하게 되었다. 이때 그는 또다시 충격적인 장면을 목격하였다. 탈옥을 기도하다 붙들린 우리나라 정치범들이 해변에서 일본 순사들에게 개처럼 목을 매인 채 끌려가면서 핏자국으로 모래를 물들이는 모습을 본 것이다. 이 일은 그의 뇌리에서 일생 동안 사라지지 않았다. 훗날 그의 영화에서 서러운 피 냄새가 났던 연유도 바로 여기에 있다.

1923년 6월 감옥에서 풀려난 나운규는 방황하다가 그해 겨울 함흥에서 발족한 신극 단체 예림회가 공연을 오자 입단할 목적으로 무대 뒤로 찾아갔다.

"네가 배우를 하겠다고? 어림없는 소리! 그 외모에 무슨 연기를 하겠다는 거야? 썩 꺼져!"

---

❶ **이광수** : 한국 최초의 근대 장편 소설 「무정」을 쓴 소설가. 일제 강점기 말기에는 친일 행위를 하여 지탄을 받기도 하였으며 6·25 전쟁 때 납북(북한으로 납치해 감)되었다.

나운규는 외모가 너무 못났다 하여 핀잔만 듣고 물러났다. 그렇지만 나운규는 이에 굴하지 않고 예림회와 인연을 맺고자 환영 축구대회를 열어 환심을 산 후 재차 입단을 요청했다. 역시 거절당했다. 그러나 끈질긴 간청에 예림회는 그를 북간도 공연 안내 길잡이로 받아들여 주었고 여기에서 안종화, 김태진 등 주역들과 친하게 지냈다. 기쁨도 잠시. 몇 달 지나지 않아 예림회는 재정난으로 해산되었다.

'이리도 되는 일이 없단 말인가. 내 운명이 마치 우리나라처럼 힘들고 어렵기만 하구나. 하지만 기필코 영화배우가 되고 말리라! 언젠가는 기회가 오리니 절대 그 기회를 놓치지 않으리라.'

뜻있는 자에게 길이 있다고 했던가. 몇 달 뒤 조선키네마라는 회사가 연구원을 모집한다는 소식이 들렸다. 나운규는 배우의 꿈을 실현하기 위해 연구원 모집에 응시하였다. 1924년 스물두 살 때였다. 그러나 첫 번째 응시에서 낙방했다. 역시 외모가 문제였다. 당시 심사위원 윤백남의 의견에 따르면 '키가 작고 목이 붙은 안짱다리에다 얼굴은 여드름 투성이인 뚱뚱보로서 신체에 문제가 많다.'는 것이 낙방 사유였다. 그러나 나운규는 굴하지 않고 제발 써 달라고 간청하였는데, 이때 예림회 시절 친하던 안종화의 도움으로 단역으로나마 출연할 수 있는 행운을 잡았다. 안종화가 나운규와의 옛날 우정을 생각하여 윤백남에게 아주 열성파라고 적극 추천해 준 덕분이었다.

마침내 나운규는 〈운영전(雲英傳)〉의 단역 가마꾼으로 스크린에 첫 등장하였는데 이때 그는 기회를 놓치지 않았다. 상당한 세월 혼자 영화 공부하며 사건 전개 및 인물 배치 등을 분석할 능력이 있었던바, 자기 캐릭터가 악역(惡役)이나 활극(活劇)을 벌이는 역할에 적당함을 알았다.

그래서 가마꾼 역할을 연기할 때 매우 빠르고 역동적인 느낌이 나도록 했으며 이 점이 관객들에게 큰 인상을 주었다. 단 한편의 영화로 연기력을 인정받았으니 요즘 말로 하자면 나운규는 성격파 배우의 원조인 셈이다.

나운규는 이듬해 백남프로덕션의 제1회 작품인 〈심청전〉에서 처음으로 주역을 맡아 연기파 배우로 확실히 눈길을 끌었고, 1926년에는 〈아리랑〉의 주연 배우로서 사람들의 눈시울을 뜨겁게 달구기에 이르렀다.

"〈아리랑〉이 나를 울리네."

"참 마음 아프면서 공감 가는 영화야."

이후 나운규는 모든 작품에 약자에 대한 동정을 담았으며, 민족 영화의 선각자로 이름을 드높였다.

• 인력거의 유래와 초창기 풍경

인력거는 사람이 끄는 수레를 가리키는 말이다. 주로 사람을 태우며 바퀴가 둘로 구성되어 있다. 양거(洋車)라고도 한다.

인력거는 중국, 한국, 일본, 베트남 등 주로 동양에서 20세기 초엽까지 활용되었지만 그것을 만든 사람은 서양인이다. 19세기 중엽 미국 감리교회 선교사인 조나단 스코비 목사가 병약한 아내의 교통수단으로 고안해 냈으며, 이것이 세상에 알려져 동양 각지에서 사용되었다. 인력거를 상업적으로 처음 사용한 것은 1869년 요코하마에서였다.

우리나라의 경우 1894년에 일본인 하나야마[花山帳長]가 인력거 열 대를 들여와서 처음으로 운행하였다. 일본에서는 인력거라 불렀지만 우리나라에서는 초기에 완차(腕車) 또는 만차(挽車)라고 불렀다.

초창기 인력거꾼은 일본인이었다. 이들은 둥글 넙적한 검은 모자를 쓰고 검은색 옷을 입었으며 아랫도리에는 홀쭉한 홀태바지를 입었다. 하지만 인력거가 많아지면서 한국인 인력거꾼이 점차 많아졌다. 튼튼한 다리를 자랑하던 한강 물꾼과 가마꾼, 그리고 농촌에서 올라와 마땅한 일자리를 찾지 못한 농군이 인력거꾼으로 나섰다.

인력거를 이용한 사람은 주로 고위 관리였다. 1909년 12월 22일에 총리대신 이완용은 인력거를 타던 도중 이재명에게 습격을 받기도 했다. 인력거가 보편화되면서 기차 승객이 인력거를 이용했다. 지리를 잘 모르는 상태에서 인력거를 타면 목적지까지 쉽게 찾아갈 수 있었기 때문이다. 기생들도 인력거를 즐겨 이용했다. 요릿집에서 인력거를 기생집으로 보내어 데려오고, 기생은 밤에 일을 마친 뒤 인력거를 타고 돌아가곤 했다.

일제 강점기에 들어서 인력거꾼 중에는 독립운동을 도와주는 사람도 많았다. 명월관이 요릿집으로 이름을 날릴 때의 일이다. 어느 날 명월관에 나가던 남도 출신 기생 현산옥의 집에 상하이에서 잠입한 애국지사가 은신하였다. 그때 명월관 인력거꾼이 현산옥의 집에 쪽지를 전했는데 미행한 일본 형사가 무슨 쪽지냐고 물었다. 인력거꾼은 만약을 대비한 약속대로 "문밖놀이에 나오라는 기별 쪽지"라고 대답했다. 일본 형사는 믿지 않고 집으로 들어가 방문을 확 열었다. 방 안에 있던 현산옥 어머니가 깜짝 놀란 표정으로 무슨 일이냐고 반문하자 형사는 머쓱한 얼굴로 돌아갔다. 이때 애국지사는 현산옥 어머니와 같은 이불 속에 누워 위기를 모면했다고 한다.

이처럼 다양한 풍경을 연출한 인력거는 이후 자동차가 대중화되면서 점차 사라졌다.

대중가요 '사의 찬미'를 발표한 윤심덕

1926년 7월 16일 경성역 앞에서 여러 사람들이 모여 양장 입은 한 여인을 배웅하고 있었다. 레코드를 취입하고자 일본 오사카로 떠나는 윤심덕(尹心德, 1897~1926)을 격려해 주기 위해 나온 것이다. 당시 연극계 원로이자 레코드 취입 주선자인 이기세가 말했다.

"취입 잘해야 돼. 마이크 무서워하지 말고 평소 실력을 발휘하란 말이야. 그리고 올 때는 고급 넥타이나 하나 사 가지고 와."

"넥타이요? 죽어도 사 와요? 호호호!"

윤심덕은 장난기 어린 대답을 마치자마자 웃음을 터뜨렸다.

바로 며칠 전 목포에서는 김우진이 그의 어린 아들을 안은 채 유난히 서럽게 울었다. 그 까닭을 아는지 모르는지 그의 착한 아내도 덩달아 눈물을 흘렸고, 이제 시간이 다 되었는지 김우진이 아들에게 말했다.

"엄마 말 잘 듣고 지내라. 그럼 아빠는 간다."

윤심덕이 누구인가? 한국 최초의 관비 유학생 아닌가. 일본 도쿄 음악대학교에서 성악을 전공하고 돌아와 타고난 고운 음성으로 이 땅에 순수 음악을 알리기 위해서 계속 무대에 선 음악인이다. 1920년대 중요한 연주 활동을 살펴보면 어느 음악회이건 윤심덕 이름이 있다. 1923년 7월 7일 YMCA에서 열린 제1회 독창회는 그야말로 초만원을 이룰 정도로 윤심덕은 당시 독보적인 성악인이었다.

그러나 가난이 문제였다. 무대 예술인을 저질 광대처럼 여기는 풍토에서 성악만으로 생활을 꾸려 나가기란 현실적으로 힘들었다. 서울의 갑부 아들 이용문이 후원해 주겠다며 접근하는 바람에 오히려 돈 받고 몸을 판다는 요상한 추문이 일어나는가 하면 제발 만나 달라고 애걸복걸하는 남자도 생겨 말썽이었다. 박 모라는 청년은 자기의 애절한 호소가 거듭 무시당하자 실성하여 정신 병원에 입원하고는 아무나 보면 소리쳤다.

"심덕이냐? 노래 한마디 불러라."

사람들은 문병이라도 한번 가보는 게 어떠냐고 말했지만 윤심덕은 단호히 말했다.

"싫다는데 미치는 사람이 못난 것이지 제 책임이 아니에요."

사정이 이러하니 윤심덕은 조선에서 마음 붙이고 지내기 어려웠다. 하여 윤심덕은 만주로 정처 없는 유랑을 떠났다. 1년여를 그렇게 방황하다 서울로 돌아왔으나 생활고로 인해 여전히 어려운 시간을 보냈다. 그러던 차에 닛토 레코드 회사의 부탁을 받은 이기세와 이서구가 윤심덕을 찾아와 음반 취입을 권유했다. 윤심덕은 처음에는 "예술가로서 유행가를 취입할 수는 없다."고 거절했지만 거듭된 요청에 승낙하고 길을 떠나게 된 것이다.

김우진은 누구인가? 목포에 있는 갑부의 아들로 태어나 유난히 문학에 심취하여 일본 와세다 대학교의 영문과에서 공부한 문학인이다. 그는 전공 학과보다는 시와 희곡 분야에 더 열중했는데, 그가 번역하거나 집필한 희곡 「찬란한 문」 「난파」 「산돼지」 「이영녀」 등은 한국 문예사에서 표현주의 희곡들로 높이 평가받고 있다.

가수 윤심덕과 극작가 김우진이 처음 만난 것은 1921년 여름 방학을 앞두고 일본 유학생들이 결성한 극예술협회 '동우회 순회극단'에서였다. 동우회 순회극단은 여름 방학이 되면 귀국하여 극단 활동을 통해 애국 애족 계몽을 전개했는데, 두 사람은 이 모임에서 자연스레 교감했다. 상황은 빠르게 전개돼 활달한 성격의 윤심덕과 섬세한 성격의 김우진은 심정적으로 서로에게 부족한 것을 보충해 주며 걷잡을 수 없는 사랑에 빠졌다. 홍난파도 윤심덕을 좋아했으나 두 사람 관계를 알고 깊은 우정으로 만족했다.

하지만 이 사랑은 시작부터 불행을 예고하였다. 김우진에게는 이미 처자식이 있었기 때문이다. 특히 김우진은 가족에 대한 죄책감으로 많은 밤을 술로 보내곤 했다. 윤심덕 역시 복잡한 심정을 갖고 있었으며 무슨 이유에서인지 새빨간 입술 화장을 하고 다녔다. 선배 배우 석금성은 1925년 초가을의 일이라며 이렇게 회고한 바 있다.

"어떤 잠재 심리의 표출인지는 알 수 없으나 윤심덕은 별나게 붉고 진하게 입술을 칠했으며, 여러 번 충고했으나 들어 먹은 적이 없었다."

어찌 됐든 윤심덕과 김우진은 일본 오사카에서 만났다. 윤심덕은 예정된 레코드 취입을 마치면서 예정에 없이 한 곡을 더 부르겠다고 했다. 이바노비치의 '다뉴브강의 푸른 물결'에 맞춰 자신이 작사한 '사의 찬미'였다. 윤심덕이 부르고 윤성덕이 피아노 반주를 맡은 이 노래는 우리나라 최초의 대중가요이자 일본에서 처음 발매된 조선어 음반이었다. 또한 윤심덕은 음반을 취입한 직업적인 최초의 대중가수로 기록되었다. '사의 찬미' 1절 가사는 다음과 같다.

> 광막한 황야에 달리는 인생아
> 너의 가는 곳 그 어데냐
> 쓸쓸한 세상 험악한 고해(苦海)에
> 너는 무엇을 찾으러 가느냐
> 눈물로 된 이 세상에 나 죽으면 그만일까
> 행복 찾는 인생들아 너 찾는 것 설움

그런데 돌발적인 상황이 발생했다. 그해 8월 3일 윤심덕과 김우진이 시모노세키에서 부산으로 가는 연락선을 타고 현해탄을 건너오는 도중에 실종된 것이다. 일반적으로는 바다에 동반 자살했다고 알려졌으나 투신 장면을 목격한 사람은 없다. 유럽으로 잠적했다는 설도 있으나, 어느 설이든 간에 확실치 않다. 어찌 됐든 그해 8월 5일자 「동아일보」에는 다음과 같이 보도되었다.

"지난 3일 오후 11시에 하관(시모노세키)을 떠나 부산으로 향한 관부 연락선이 4일 오전 4시경에 쓰시마 섬 옆을 지날 즈음에 양장을 한 여자 한 명과 중년 신사 한 명이 서로 껴안고 갑판으로 돌연히 바다에 몸을 던져 자살하였는데 즉시 배를 멈추고 수색하였으나 그 종적을 찾지 못하였으며 그 선객 명부에는 남자는 전남 목포시 북교동 김우진이요, 여자는 윤심덕이었으며, 유류품으로는 윤심덕의 돈지갑에 현금 일백사십 원과 장식품이 있었고 김우진의 것으로는 현금 이십 원과 금시계가 들어있었는데 연락선에서 조선 사람이 정사(情死)한 것은 이번이 처음이더라.'

죽은 사람에게는 비극이지만 살아남은 자에게는 호기심 자극하기 좋은 광고 자료였다. 닛토 레코드 회사는 '현해탄에 정사한 윤심덕의 마지막 목소리'라고 선전하였고 그 바람을 타며 '사의 찬미'는 큰 인기를 끌었다. 이와 더불어 '사의 찬미'는 자유로운 연애(戀愛)*를 상징하는 노래로 공감을 얻으면서 자리매김했다. 중매결혼을 당연시 여기는 풍토에서 자유연애는 젊은이의 강렬한 바람이었기 때문이다.

한편 윤심덕이 일본 닛토 레코드 회사에서 취입한 음반에는 스물네 곡이 담겨 있었는데, 그 음반을 계기로 종래 조선 소리만을 취입했던 상황이 달라지기 시작했다. 특히 1929년 일본이 전기 녹음 방식 기술을 도입하여 종전보다 음반 효과 영역을 넓히면서 대중음악의 위력은 한층 강해지게 됐으니, 윤심덕은 원했든 원하지 않았든 간에 대중가요의 기반을 마련한 셈이 되었다.

• 연애라는 말을 처음 쓴 사람

'연애'는 남녀가 서로 그리워하고 사랑하는 관계를 뜻하는 말이다. 이 말은 1890년 「여학잡지」라는 월간지를 주관하던 이와모토 요시하루가 번역 소설 『골짜기의 흰 백합』을 평하면서 'fallen love with'를 대신하는 말로 처음 사용했다.

그러나 연애라는 말이 일본에서 크게 알려지기 시작한 것은 일본 낭만파 문학의 시조라 할 수 있는 기다무라 도오고꾸에 의해서다. 그는 1892년 2월 「여학잡지」에 "연애는 인생의 비밀을 풀어 주는 열쇠, 연애가 있는 다음에 인생이 있을 것이며 연애가 사라진다면 인생에 무슨 뜻이 있으리."라며 그 당시로서는 그야말로 폭탄적인 글을 썼다.

우리나라에서는 나혜석이 공식적인 제1호 사용자이다. 그녀는 동경 유학 시절 그곳 유학생들이 만들어 내는 잡지 「학지광」에 1914년 12월 「이상적 부인」이란 짤막한 글을 발표했는데 그곳에서 연애라는 말을 사용하였다.

그 후 이광수가 1916년 12월부터 「매일신보」에 소설 『무정』을 연재했는데, 그 소설에서 그는 연애라는 말을 두 번 사용하였다. 또한 곧 이어 발표한 논설 "혼인론"에서 연애라는 말을 쓰며 그의 연애관을 펼쳤다.

이봉창과 윤봉길의 의거가
대단한 까닭

'일본인들은 말할 때 저런 특징이 있구나!'

이봉창(李奉昌, 1900~1932)❶은 1925년 일본으로 건너간 뒤 타고난 눈썰미를 바탕으로 일본인의 말과 몸짓을 파악했다. 이봉창은 일본에서 여러 해 살면서 일본어에 능숙해졌고 술에 취하면 일본말을 하곤했다. 그러다 노동자 막일로 생계를 꾸려 나가던 중 자신의 어려운 생활이 일제 식민 정책에 연유한다는 사실을 깨달았다. 아울러 일제 침략으로 한민족의 생계가 위협받는다는 생각을 품고 방랑 생활보다는 독립운동에 투신하겠노라 맹세했다.

---

❶ 이봉창 : 일제 강점기의 독립운동가. 1932년 1월 8일 도쿄 사쿠라다몬에서 일본 국왕 히로히토에게 수류탄을 던졌으나 실패하고 사형당했다.

"여기가 임시 정부입니까?"

이봉창은 1931년 1월 중순 중국 상하이 임시 정부를 찾아가서 안으로 들여보내 달라고 말했다. 이봉창의 복장은 하오리(위에 입는 짧은 일본 겉옷)에 게다(일본 나막신) 차림인 데다가 한국어에 일본어를 섞어서 말했다. 입구를 지키던 중국인은 그런 이봉창을 들어가지 못하게 막았다.

"제발 들어가게 해 주시오!"

이봉창은 물러서지 않고 거듭 부탁했다. 임시 정부 사람 중 젊은이 몇 명이 밖에 나와 이봉창을 일본 밀정으로 여기고 어서 돌아가라며 거절했다. 그때 임시 정부 국무령인 김구는 2층에서 밖을 내다보다가 이봉창이 범상치 않은 사람임을 느끼고 근처 여관에 머무르도록 조치했다. 김구는 이봉창의 진심을 은연중 확인하고자 임시 정부 요인 몇 명과 함께 이봉창을 찾아갔다. 그날 술을 마시며 이런저런 대화를 나누던 중 이봉창이 취한 목소리로 김구와 임시 정부 사람들에게 물었다.

"당신네들은 독립운동을 한다면서 왜 일본 국왕을 안 죽이오?"

임정 요인 중 한 사람이 답답하다는 듯한 말투로 대답했다.

"일개 무관이나 문관 하나도 죽이기 어려운데 국왕을 어떻게 죽인단 말이오?"

그러자 이봉창이 다시 말했다.

"내가 작년에 도쿄에 있을 때 일본 국왕이 능행(陵幸)한다는 소식을 듣고 구경하러 간 일이 있소. 그런데 국왕이 길가에 엎드려 있던 내 앞을 지나갔소. 그때 가슴이 일렁이고 온몸의 피가 솟구쳐 올라 내게 무기만 있다면 큰일을 한번 해 볼 텐데 하고 생각했었소."

김구는 그 말을 듣고 내심 크게 놀랐지만 겉으로는 내색하지 않았다.

며칠 뒤 김구가 다시 여관으로 찾아가 취중 대화를 꺼내자 이봉창은 자신의 결심을 진지하게 밝혔다.

"제 나이 서른한 살입니다. 앞으로 서른한 해를 더 살 수 있겠지만 재미는 없을 것입니다. 인생 목적이 쾌락이라면 그동안에 대강은 맛보았습니다. 이제부터는 영원한 쾌락을 위해서 독립운동에 몸을 바치고자 상하이로 왔습니다."

그러자 김구는 이봉창의 손을 굳게 잡으며 동지로서 맞이했다.

1931년 2월 김구는 이봉창에게 상하이 홍구 방면에서 종적을 감추고 일본인 행세를 하여 세간의 이목을 피하도록 권고했다. 이봉창은 일본인이 운영하는 상점에서 열심히 일하며 신임을 얻었고, 한편으로 그해 12월 13일 김구가 조직한 한인애국단에 가입하여 다음과 같이 선서하고 기념 촬영을 했다.

"나는 적성(赤誠 : 마음에서 우러나오는 참된 정성)으로써 조국의 독립과 자유를 회복하기 위하여 한인애국단 일원이 되어 적국의 괴수를 도륙하기로 맹세하나이다."

이봉창은 일본 국왕을 암살하고자 일본 도쿄로 떠났다. 이때 수류탄을 가지고 어떻게 일본으로 무사히 입국하느냐 하는 것이 큰 문제로 부각됐다. 검문검색이 엄중했으므로 수류탄을 지니고 일본으로 들어가기란 실로 어려운 일이었다. 하지만 그 어려운 문제는 의외로 쉽게 해결되었다.

당시 이봉창은 각처에 아는 사람이 많을 뿐만 아니라 상하이에 거주하는 일본인들과도 능란하게 교제했다. 그래서 일본인 중에는 이봉창이 한국인이라는 사실을 모르는 사람이 많았다. 이봉창은 일본 생활

경험을 통해 일본인의 기질을 간파하였기에 그들에게 접근하는 방법을 잘 알고 있어 이를 적극 활용했던 것이다. 특히 이봉창은 상하이에 주재하는 일본 총영사관의 경찰서장과도 교분이 두터운 사이였다. 그 경찰서장은 이봉창이 도쿄를 향해 떠나기 며칠 전에 자기 명함에다 이봉창에 관한 소개장을 써 주었다. 소개장 수신인은 상하이에서 일본으로 들어가는 관문인 나가사키 경찰서장으로 되어 있었는데, 그 내용은 도쿄로 유학 가는 착실한 청년이니 잘 인도해 주라는 것이었다.

이봉창은 일왕 히로히토가 1932년 1월 8일 도쿄 요요기[大大木] 연병장에서 신년 관병식(觀兵式)에 참석한다는 정보를 입수하여 그날을 거사일로 결정하고 상하이에 있는 김구에게 전보를 보냈다.

이봉창은 거사 전날 밤인 1월 7일 도쿄에서 가까운 가와사키의 한 유곽에서 묵었다. 일왕의 야외 행사를 앞두고 도쿄에서 대대적인 검속이 행해질 것을 예상하여 도쿄와 가까우면서도 행정 구역이 다른 가와사키에 짐을 푼 것이었다. 그만큼 이봉창은 치밀하고 세심했다. 그날 밤 12시쯤 이봉창은 긴장을 풀기 위해 근처 술집으로 갔다. 때마침 그곳에 한 소녀가 들어와 과자를 팔아 달라고 하자 이봉창이 소녀에게 고향을 물었다. 소녀는 고향은 잘 모르겠다며 이렇게 대답했다.

"아버지가 조선의 인천에서 왔습니다."

그러자 이봉창은 실망스러운 얼굴로 소녀를 꾸짖었다.

"자신의 고향쯤은 알아야지!"

이봉창은 가진 돈의 절반이나 되는 큰돈을 소녀에게 쥐여 주며 이어 말했다.

"공부 열심히 하고 조국을 잊지 말아라."

이봉창은 심경이 복잡해서인지 술을 마시지 않은 채 1시간 정도 앉아 있다가 숙소로 돌아갔다.

1932년 1월 8일, 이봉창은 도쿄 교외에서 일왕 히로히토가 탄 마차를 향하여 수류탄을 던졌다. 그러나 폭탄 위력이 약해서 히로히토를 명중시키지는 못했다.

실패 소식을 들은 김구는 자금이 부족한 탓에 보다 우수한 성능의 폭탄을 마련해 주지 못했음을 통탄했다. 이봉창의 인품을 높이 평가하여 유독 '선생'이라 호칭했던 김구는 『백범일지』에서 이봉창에 대해 이렇게 회고했다.

"나는 그의 위대한 인생관을 보고 감동의 눈물이 벅차 오름을 금할 길이 없다."

이봉창 거사가 알려지자 중국의 각 신문들은 이 사실을 대서특필하였다. 특히 중국 국민당(國民黨) 기관지인 「국민일보」는 아래와 같이 보도하여 중국인의 간절한 의사를 대변하였다.

"한국인 이봉창이 일왕을 저격했으나 불행하게도 명중시키지 못하였다."

이 사건의 파문은 무척 커서 일본 군대와 경찰이 국민일보사를 습격, 파괴함과 동시에 중국 정부에 엄중 항의하는 등 중일 관계가 매우 악화되었다. 반면 중국인들은 한국인에게 호의적 감정을 가지게 되어 중국 거주 독립투사들의 활동을 은연중 도와주었다.

한편 이봉창은 현장에서 경찰관에게 붙잡혔는데 비밀 재판에서 거사 이유를 이렇게 밝혔다.

"조선 민족은 일본의 통치를 원치 않는다는 것을 분명히 밝혔으므로 두 번째 폭탄은 던질 필요가 없었다. 제복 순사가 내 뒤쪽에 있는 남자를 체포해 연행하려 하였기 때문에 나라고 말하여 내가 범인임을 밝혔다. 죽을 각오로 일왕 생명을 빼앗으려 했으나 폭탄 위력이 작아 실패한 것을 유감으로 생각한다."

이봉창은 그해 10월 10일 순국(사형)할 때까지 아홉 차례에 걸친 집요한 신문(訊問)과 재판을 받았다. 일제는 김구의 사진까지 들이밀며 배후 인물을 추궁했지만 이봉창은 끝까지 백정선(이봉창이 내세운 가공의 인물)은 알지만 김구는 모른다고 주장하여 김구를 주범으로 기소하려 한 일제의 의도를 무산시켰다.

또한 일제는 예비 심문 때 증인 심문을 통해 이봉창의 인품을 깎아내리려고 했으나, 불려 나온 58명 대부분이 '거짓 없는 정직한 사람'이라고 증언했으며 애인인 자모토 기미요[座木幾美代]는 "매우 성실한 사람으로 품위 있는 교제를 했다."고 증언하여 취조관을 머쓱하게 했다.

일제는 사실과 다르게 사건을 발표했다.

"이봉창이 사쿠라다몬[櫻田門] 앞에서 두 번째 수류탄을 던지려는 걸 경찰관 다섯 명이 달려들어 격투 끝에 제압하였다."

그러나 이는 조작된 거짓이었다. 이봉창은 스스로 범인임을 밝혔고 경찰관과 싸우지 않았으며, 두 번째 수류탄은 경시청으로 연행된 뒤 몸을 수색하는 과정에서 발견되었기 때문이다. 또 당시 일본 내무성 경보국 내부 보고서에 따르면 이봉창이 수류탄을 던진 장소는 사쿠라다몬이 아니라 경시청 현관 앞 삼각형 정원 지점이었다. 사쿠라다몬은 왕궁의 여러 작은 출입구 중 하나로 경시청과는 1킬로미터 이상 떨어져 있는 데다 일왕 행렬에 접근할 수 있는 위치가 아니었다.

그렇지만 일제는 왕궁 바로 맞은편에 있는 치안총본부 앞에서 일왕 암살 사건이 벌어졌음을 매우 창피하게 여겨 위와 같이 조작 발표했다. 격투 끝에 붙잡았다는 허위 사실도 경찰 체면을 세우기 위한 조작이 었다.

이봉창의 의거는 비록 실패했지만 그 파장은 실로 대단했다. 신격화된 일왕도 언제든 죽을 수 있는 존재라는 사실을 새삼 일깨웠으며 아울러 침체되어 있던 임시 정부에 크나큰 활력소로 작용했다.

"이번에는 제가 해 보겠습니다."

이봉창 의거는 애국 조선 청년들에게 강렬한 동기를 심어 주었고, 한인애국단 단원 윤봉길(尹奉吉, 1908~1932)[2]이 그 정신을 이어받았다.

같은 해 4월 28일 스물네 살 청년 윤봉길은 거사 장소인 상하이 홍커우 공원을 사전 답사한 다음 숙소로 돌아와 두 아들에게 시(詩)로 된 유서를 썼다.

> 나의 빈 무덤 앞에 찾아와 한 잔 술을 부어 놓아라.
> 그리고 너희들은 아비 없음을 슬퍼하지 말라.

거사 당일인 4월 29일, 윤봉길은 상하이 홍커우 공원에서 열린 천장절(天長節 : 일본 국왕 생일) 기념행사에서 준비한 벤또(도시락)* 폭탄과 물통 폭탄 중 물통 폭탄을 던져 일제에 상당한 타격을 주었다. 상하이 파견군 총사령관 시라카와 요시노리, 상하이 일본거류민 단장 가와바타

---

❷ 윤봉길 : 일제 강점기의 독립운동가. 3·1 운동을 계기로 독립운동을 벌였으며 이후 김구의 한인애국단에 가입했다. 1932년 4월 29일 홍커우[虹口] 공원에서 폭탄을 던진 후 일본 경찰에게 붙잡혀 순국하였다.

등을 죽이고, 총영사 무라이, 제3함대 사령관 노무라, 제9사단장 우에다 등에게 중상을 입혔던 것이다.

당시 국민당 총통 장제스(蔣介石, 1887~1975)[3]는 윤봉길의 의거 소식을 전해 듣고 다음과 같이 감탄했다.

"중국의 백만 대군도 하지 못한 일을 조선의 한 청년이 했다니 정말 대단하다."

이 사건을 계기로 장제스는 대한민국 임시 정부를 전폭적으로 지원해 주기 시작했다.

한편 일본 육군성 인사국은 그해 9월 외무성에 제출한 문서에서 시

---

❸ **장제스** : 중국의 군인이자 정치가. 중국 헌정하의 초대 총통에 취임하였으나 중공과의 전투에 패한 후 정부를 대만으로 옮겼다.

라카와 요시노리 대장에 대해 공무 수행 중 사망이 아니라 전상사(戰傷死 : 전쟁 중 사망)로 처리해 달라고 요청했는데, 이는 윤봉길의 폭탄 투척이 개인적 차원의 테러가 아니라 적국(敵國) 간의 교전(交戰) 행위였음을 사실상 인정하는 것이었다.

결과적으로 이봉창과 윤봉길의 연이은 거사는 기울어 가는 임시 정부를 여러 면에서 되살렸다. 독립군 자금 확보는 물론 세계에 임시 정부의 존재 가치를 분명히 알릴 수 있었기 때문이다. 그러므로 이봉창과 윤봉길의 의거는 대첩(大捷)이라 해도 과언이 아니다.

• 비슷한 듯 다른 도시락과 벤또

> 논밭 갈아 기음 매고 뵈잠방이 다임 쳐 신들메고
> 낫 갈아 허리에 차고 도끼 벼려 두러메고 무림 산중(茂林 山中) 들어
> 가서 삭다리 마른 섶을 뷔거나 버히거나 지게에 질머 지팡이 바쳐 놓고
> 새암을 찾아가서 점심 도슭 부시고 곰방대를 톡톡 떨어 닢담배 물고 코
> 노래 조오다가,
> 석양이 재 넘어갈 제 어깨를 추이르며 긴 소래 저른 소래 하며 어이
> 갈고 하더라.

조선 시대 말엽 작자 미상의 사설시조(초장, 중장이 제한 없이 길며, 종장도 길어진 시조)인데, 시조 내용 중 점심 도슭의 '도슭'이 변하여 '도시락'이 되었다. 다시 말해 도시락의 어원은 도슭이다.

옛날 우리 조상들은 어쩌다 밖에서 식사할 일이 있을 경우 음식을 상에 차려 머리에 이고 나갔다. 그러다 밖에서 식사해야 할 기회가 많아지면서 나무로 둥글거나 네모나게 여러 층으로 만든 찬합에 반찬과 밥을 담아 날랐다. 그 뒤 고리버들(버드나무 일종)이나 대오리(대나무를 가늘게 쪼갠 개비)로 길고 둥글게 엮은 작은 고리짝을 그릇으로 사용하였고 이를 도시락이라 불렀다. 엷은 나무로 상자처럼 만들어 밥을 담기도 했다. 그래서 도시락은 휴대용 그릇 혹은 휴대용 점심밥을 의미하게 되었다.

흔히 우리의 도시락과 일본의 벤또[弁當]를 같은 말로 여기지만 실제는 그렇지 않다. 우리의 도시락이 종류에 관계없이 요기할 수 있는 휴대용 음식을 가리키는 반면, 벤또는 한 끼 음식물이 축소되어 들어있는 일종의 '곽밥'이다. 벤또라는 말 자체는 '호의를 베푸는' '편리한 것'이란 뜻의 중국 남송 시대 속어 '편당(便當)'에서 유래됐지만, 벤또 문화의 기원에 대해서는 여러 설이 있다. 가장 유력한 학설은 16세기 일본 통치자 오다 노부나가[織田信長, 1534~1582]❹가 고안했다는 것이다. 오다는 전쟁터에서의 식사 문제를 해결하고자 병사들에게 음식을 똑같이 나눠 주도록 벤또를 창안했다고 한다. 한 끼 식사에

---

❹ 오다 노부나가 : 일본 전국 시대의 무장. 혼란기였던 일본을 평정하였다.

필요한 밥과 반찬을 조그만 상자에 고루 담아 마치 밥상을 축소시켜 놓은 것처럼 했고, '간단한 식사'라는 의미에서 벤또라고 불렀다는 것이다.

이후 일본에서는 벤또 문화가 발달했으며 밖에서 식사할 일이 있을 경우 벤또를 지참해서 먹곤 했다. 일제가 1932년 상하이에서 개최한 천장절 행사장에 참가자들이 벤또와 물통을 가져와 식사하도록 한 것은 그런 문화에서 나온 조치였다. 윤봉길 의사는 그 허점을 노려 폭탄을 벤또와 물통으로 위장 지참하여 거사에 성공했다.

창가와 애국가 유행

일제 강점기에 우리 음악은 큰 변화를 겪었다. 우리 고유의 민요나 가사(歌詞), 시가(詩歌) 자리에 창가(唱歌)가 한 자리를 차지한 것이다. '창가'는 개화기에 서양 악곡에 맞춰 지은 노래 가사를 가리키는데, 기독교 선교사들은 성경과 같이 가져온 찬송가를 통해 신앙을 전파하려 했다.

"노래를 같이 부르면 마음이 하나가 됩니다."

찬송가는 사람들에게 공동체 의식을 심어 주는 역할도 했다. 선각자들은 그 점에 주목하여 찬송가 가락에 애국정신 일깨우는 가사를 붙인 창가를 많이 만들었다. 개화기 근대적인 학교에서도 창가를 적극 활용했으니 배재학당^❶에서는 교육 과정 속에 창가 과목을 넣어 구성원

마음을 하나로 묶고자 했다. 도산 안창호도 평양 대성 학교에서 '대한 청년학도가'를 지어 교사와 학생들이 부르도록 했다.

"자, 힘차게 불러 봅시다."

본래 우리나라에는 합창(合唱) 문화가 없었기에 주로 합창으로 부른 창가는 사람들 호기심을 끌면서 마음속으로 파고들었다. 하여 개화기 선각자들은 서양 노래 곡조에 갖가지 내용의 가사를 얹어서 대중을 계몽했다. 주된 내용은 독립과 개화 의지를 다지거나 고취시키는 것이었다.

창가는 점차 널리 퍼졌다. 1896년 9월 9일 고종 황제 탄신일을 맞아 서울 새문안 장로교회에서 신도들이 탄신 축가를 지어 불렀고, 이에 앞서 같은 해 4월 7일 창간된 「독립신문」에 수많은 창가 가사들이 게재되었다. 한 예를 들면 1896년 5월 9일자 「독립신문」에 보이는 이필균 작사의 '자주 독립가' 가사는 다음과 같다.

> 아세아의 대조선이 자주독립 분명하다
> 애야애야 애국하세 나라위해 죽어보세
> 분골하고 쇄신토록 충군하고 애국하세
> 우리정부 높여주고 우리군면 도와주세

또한 우리나라 민요가 세 박자 계통인데 비하여 강약 강약으로 직선적인 느낌을 지닌 두 박자 계통 찬송가는 씩씩한 행진곡풍 노래를 탄생시키는 밑거름이 되었다. 두 박자 노래는 체육과 결부되어 널리 퍼졌으

---

❶ **배재학당** : 1885년(고종 22)에 북감리회 선교사 아펜젤러가 세운 우리나라 최초의 근대식 사립 학교.

며, 합창은 세속적인 목적을 위해서 일종의 사회 참여로 행해졌다.

개화 의식과 애국정신이 투철한 사람들은 나라를 걱정하는 마음에서 창가를 즐겨 불렀다. 한 예를 들면 유관순 열사는 어린 시절 '무쇠 골격 청년 남아야'와 '샘물이 돌돌아' 하는 굳센 우국 창가(憂國 唱歌)를 자주 불렀다고 한다.

개화기 창가의 가사는 대부분이 4·4조로 되어 있었으며 애국적인 내용을 담은 애국가(愛國歌)*가 주류를 이루었다. 그때 나온 애국가 중 독립문 정초식에서 배재학당 생도들이 부른 '성자신손 오백 년(聖子神孫 伍百 年)'은 지금의 애국가 가사의 모체가 되었다.

성자신손 오백 년은 우리 황실이요
산고수려 동(東) 반도는 우리 본국일세
무궁화 삼천리 화려강산
대한사람 대한으로 길이 보전하세

충군하는 일편단심 북악같이 높고
애국하는 열심의기 동해같이 깊어
무궁화 삼천리 화려강산
대한사람 대한으로 길이 보전하세

현재와 같은 애국가 가사는 윤치호가 썼다. 윤치호가 1904년 외무 차관격인 외부협변(外部協辨)으로 일할 때의 일이다. 그즈음 인천항에 정박 중인 영국 함대에서 의식을 가지게 됐는데 그때까지 우리나라에는 국가가 없었다. 그렇다고 외국 사절들 앞에서 국가 연주를 생략하고 의식을 거행할 수 없었기에 정부에서는 부랴부랴 그 대안을 찾았다. 고종은 윤치호에게 그 특명을 내렸고, 하명을 받은 윤치호는 스코틀랜드 민요 '올드 랭 사인(Auld Lang Syne)' 곡조에 맞추어 '성자신손 오백 년'을 참조하여 급히 가사를 지었다.

애국가 곡조는 훗날 작곡가 안익태(安益泰, 1906~1965)❷가 다듬었지만 윤치호가 작사한 가사는 그대로 이어졌다. 윤치호는 1907년 자신이 설립한 한영서원 교재로 편찬한 노래 모음집 『찬미가』에 애국가 가사를 소개하여 널리 알렸으며, 1910년 이후 망국의 슬픔을 안고 세계 각국으로 망명한 애국지사들은 애국가를 부르며 나라 잃은 슬픔을 맛보는 동시에 조국 광복 의지를 불태웠다.

한편 윤치호의 애국가가 '올드 랭 사인' 곡조와 비슷한 데에는 나름의 이유가 있었다. 초창기 선교사들은 한국인에게 찬송가를 가르치느라 애를 먹었다. 한국 음계는 궁상각치우(도레미솔라) 5음계이어서 그에 익숙한 한국인이 서양 7음계(도레미파솔라시)를 낯설어했기 때문이다. 그런데 한국인은 서양 음악 중 유독 '올드 랭 사인'만큼은 정확하게 불렀고 그 음조를 좋아했다. 일찍이 기독교를 받아들인 윤치호는 그 점에 착안하여 애국가 곡조로 '올드 랭 사인'을 채택한 것이다.

현재의 애국가는 안익태가 1935년 완성했으며, 안익태는 이어 작곡한 '한국 환상곡' 후반부 합창 부분에 애국가 가락을 넣어 음악적 완성도를 높였다.

---

❷ 안익태 : 작곡가이자 지휘자. '애국가'를 작곡했으며 '한국 환상곡' '강천성악' 등의 작품을 남겼다.

• 안익태의 애국가 작곡 이야기

1936년 8월 1일 나치 치하의 베를린 올림픽 개막식이 끝나고 일장기를 단 한국 선수들이 모여 앉아 잡담을 하고 있었다. 그 자리에 독일에 사는 동포 한 사람이 헐레벌떡 달려와서는 억센 평안도 사투리로 자신이 지었다는 '조선응원가'를 불러 주겠다고 말했다. 그는 구깃구깃한 악보 하나 꺼내 들고 손짓 발짓으로 장단을 맞추어 가며 그 노래를 불렀다. 그 '조선응원가'는 이렇게 시작되었다.

"동해물과 백두산이 마르고 닳도록 하느님이 보우하사 우리나라 만세."

가사는 귀에 익은 것이었지만 곡조는 새로운 것이었다. 그런 일이 있은 지 보름 후 손기정(孫基禎, 1912~2002) 선수가 마라톤에서 일 등으로 경기장 안에 뛰어들자, 관람석 한쪽에서 돌연 이 노래가 흘러나왔다. 동포 몇 명 앞에서 열심히 두 손을 저으며 지휘하는 이는 바로 보름 전에 '조선응원가'를 불러 주던 바로 그 젊은이였다. 젊은이 이름은 안익태였다. 그는 베를린 올림픽 두 달 전에 지금 우리가 부르고 있는 '애국가'를 작곡했는데 올림픽에 조선 선수들이 참가한다는 소식을 듣고서 응원가로 임시변통한 것이었다.

안익태가 '애국가'를 만든 동기는 이렇다. 그가 미국 커티스 음악 학교에서 작곡을 공부할 때 샌프란시스코의 한국인 교회를 들른 일이 있었다. 그때 그 교회에서 우리 교포들이 부른 '애국가' 곡조는 이별할 때 부르는 슬픈 스코틀랜드 민요였다. 이에 안익태는 슬픔을 이겨 내고 희망을 가질 수 있는 '애국가' 곡조가 절실히 필요하다고 느꼈다. 그리하여 그는 세계 40여 개 국가를 수집 검토하여 5년 만에 애국가를 지어냈다고 한다

제 4 장

해방 이후

아, 광복군 특공대

"콰쾅!"

1945년 8월 6일, 일본 히로시마[廣島]에 원자폭탄이 투하되자 태평양 전쟁[1]은 새로운 국면으로 접어들었다. 최후 결사를 외치며 '비행기 자살 폭탄'을 불사했던 일본이었건만 원자 폭탄으로 인한 엄청난 참상은 단번에 전쟁 수행 의지를 무력화시켰던 것이다. 때문에 정보가에서는 일본이 스위스를 통해 항복 조건을 교섭 중에 있다는 말이 꼬리를 물었다.

원자 폭탄은 일본에게만 충격을 준 것은 아니었다. 수많은 희생을 치

---

[1] **태평양 전쟁** : 1941년부터 1945년까지 일본과 연합국 사이에 벌어진 전쟁으로, 제2차 세계 대전의 일부이다. 일본의 진주만 기습으로 시작되어 일본의 항복으로 끝났다.

러 가며 독립 투쟁을 지휘하던 대한민국 임시 정부 주석 백범 김구의 마음에도 상당한 조바심을 안겨 주었다. 김구는 하루빨리 광복군(光復軍)*을 한반도에 투입시키고자 애를 태우고 있었던 차였기에 더욱 그러했다.

그해 8월 9일, 중국 시안[西安]에 있던 김구의 심장은 평소보다 빨리 뛰었다. 고대하던 행사가 있는 날이기 때문이었다. 이날 김구는 도너번 장군 휘하의 OSS(Office of Strategic Services : 미군 전략정보국)에서 훈련을 마친 광복군을 사열하고, 한미 합동 군사 활동을 개시하기로 한 약정에 따라 발대식(發隊式)을 가졌다. 이어 미국을 대표한 도너번 장군은 이 자리에서 한미 합동 군사 행동 개시, 즉 '독수리 작전'을 시달했다.

'이제 드디어 광복군 특공대가 한반도에 투입되겠구나.'

마음 급한 김구는 광복군 투입이 조속히 이뤄지기를 희망했다.

이와 같은 군사 행동은 국내에 특전 요원을 투입해서 국민 봉기 기반을 구축하는 데 목적이 있었다. 8월 8일 소련군의 북만주 진격과 그간에 벌어진 일본 본토에 대한 핵폭탄 투하 등으로 빚어진 급박한 작전이었기에 모든 준비가 극비리에 완료됐고 결전 태세는 갖춰 있었다. 이 중에서 서울 지구로 파견될 공작 대원은 모두 네 명이었는데, 장준하, 노능서, 이광인, 김상철 등 전원이 일본군에서 탈출한 학도병이었다.

그 무렵 이와는 별도로 한국에 침투할 공작 대원들이 대기 중에 있었는데, 놀랍게도 그중에는 유일한(柳一韓, 1895~1971)이라는 유명 인물이 끼어 있었다. OSS는 한국 침투 작전 일환으로 독수리 작전을 추진하는 한편 별도로 '냅코(NAPKO) 작전'을 추진했는데, 냅코 작전의 내용은 1개조당 다섯 명 이내로 10개조 공작원을 파견하며 고문을 당해도 조직 전모가 드러나지 않도록 각 조 구성원을 모르게 훈련시킨다는 것이었다. 또 공작원들은 잠수함을 이용해 한국에 잠입한 뒤 반일 감정이 가장 심한 지방을 선택해 지하 훈련소를 만들고 무장 유격 활동을 준비하는 임무도 부여받았다. 공작원들은 무기 사용, 폭파, 낙하산 훈련, 비밀문서 작성, 지도 읽기, 무전 기술, 촬영법 등을 배웠다. 유일한은 서울 침투조인 1조에 속해 있었으며, 훈련받을 당시 그에 대한 평가 기록은 다음과 같았다.

"나이 50세이다. 소년 시절 미국 미시간 대학교에서 석사 학위를 받고 사업을 위해 전쟁 발발 전까지 수차 한국과 미국을 왕래하였다. 그는 매우 투철한 애국자이며 자신의 회사 지사들을 전략적으로 중요한 도시들에 세워 나갔다. 그는 회사 조직을 유사시 지하 조직 핵심으로 이용한다는 계획에 기꺼이 동의했다. 그는 1945년 1월 6일에 입대하여 2월 2일부터 훈련 중이다."

조국 독립을 위해 기꺼이 목숨을 바치겠다고 젊은 학도병들이 일본 군대를 탈출하여 광복군에 가담하였고, 성공한 나이 많은 사업가가 비밀리에 미국 비밀 공작 대원으로 자원입대한 것이다. 비록 미국 군대의 일원으로 참가할지언정 한국 독립을 생각하면 참으로 숙연한 일이었다.

하지만 이러한 계획은 8월 10일 물거품이 되었다. 일본이 항복하겠다는 뜻을 중립국을 통해서 연합국에 제출했기 때문이다.

김구는 시안에 머물면서 산시성[陝西省] 주석 쭈샤오저우[祝紹周]가 연 만찬에 참석하고 있었는데, 저녁상을 물리고 담소하던 중 일본 항복의 내전(來電 : 전보가 옴)을 전해 듣고 "하늘이 무너지는 듯 했다."고 후일 통분한 심경을 술회했다. 김구는 수년간 애써 준비해 온 일이 허사로 돌아갔음을 애석해했지만, 그보다도 우리 광복군이 이 전쟁에서 두드러진 공을 세우지 못했기에 장차 국제 사회에서 발언권이 약해지리라 내다보고 개탄한 것이다.

김구의 비서인 선우진(鮮于鎭, 1922~2009)도 그때 심정을 다음과 같이 술회했다.

"뒤통수라도 한 대 얻어맞은 것 같았다. 멍하니 암담해질 수밖에 없는 심경이었다. 광복군의 일원으로서 본토 상륙 작전에 참가할 날을 손꼽아 기다리던 터에 그렇게 되고 보니 칼을 가는 동안에 적이 죽은 꼴이 되었다."

임시 정부와 광복군은 그렇게 허무하게 광복을 맞이했다. 참으로 안타까운 일이었다.

• 광복군 창설 과정

1910년 이후 만주 일대에서 활동하던 서로군정서, 북로군정서, 국민회 등의 무장 독립군은 각기 개별적으로 항일 투쟁을 벌였다. 그러나 1930년대 일본군이 만주를 침략함에 따라 20여 년간 이곳을 발판으로 항일 투쟁하던 한국 독립군은 큰 타격을 받았다. 이에 만주 지역의 한국 독립군은 일본군과 만주국군의 공격에 활동 근거지를 잃고, 속속 중국 본토로 들어와 임시 정부 주변에 집결하였다.

이에 임시 정부는 중국 정부와 교섭을 벌여 한국인 청년을 중국군관학교에 입교시켜 군사 교육을 받게 하는 한편, 중일 전쟁(中日 戰爭)[2] 개전 후에는 임시 정부 직할 군대 창설에 뜻을 두어 군사 특파단을 결성하였다.

"각지로 가서 독립군이 되고자 하는 한국 젊은이들을 모집하시오."

임시 정부는 중국 정부와 적극적인 교섭을 전개하여 국군 창설을 허락 받아 1940년 9월 17일 중화민국 임시 수도 중칭에서 한국광복군을 창설하였다. 공식 명칭은 한국광복군이었다. 김구 주석은 그 취지를 이렇게 천명하였다.

"광복군은 한중 두 나라의 독립을 회복하고자 공동의 적 일본제국주의를 타도하며 연합국 일원으로 항전할 것을 목적으로 한다."

광복군 총사령관에는 지청천이 임명되었다. 3개 지대(支隊 : 소규모 부대)로 편성된 광복군은 제2차 세계 대전에 연합군 일원으로 참가하여 중국 및 인도차이나 전선에서 일본군과 싸웠다. 그러나 광복군은 창설 1년 만에 겨우 3백 명가량 병력을 확보하였기에 독립 군대 면모를 과시하기에는 역부족이었다. 당시 만주 일대에 무장 독립군이 나름대로 활약을 펼치고 있었으나 통일적인 항일 전투태세를 확립하지 못했고, 결국 광복 이후 발언권을 행사하지 못하는 주요한 이유가 되었다. 그렇지만 중국과 일본에서 정규 군사 교육을 받은 사람들이 중추 세력이 된 광복군 창설은 사실상 대한민국 국군 창건이라는 점에서 큰 의의를 지니고 있다.

❷ 중일 전쟁 : 1937년 7월 7일 밤에 루거우차오[盧溝橋] 부근에서 일본군과 중국군이 충돌한 사건을 계기로 벌어진 전쟁. 일본이 중국 본토를 정복하려 했으나 1945년 일본이 연합국에 항복함으로써 끝났다.

해방인가, 광복인가

1945년 8월 15일 아침, 경성 거리 곳곳에서는 '금일 정오 중대 방송, 1억 국민 필청'이란 벽보가 나붙었다. 요즘으로 말하면 대자보(大字報)였다. 그 벽보를 보고 경성역 대합실에 모인 사람들은 심각한 표정으로 무슨 내용일까 무척 궁금해했다.

드디어 정오가 되자 모든 사람들이 라디오에 귀를 기울였다. 정오 시보에 이어 일본 국왕 목소리가 흘러나왔다.

"우리의 선량하고 충실한 신민들이여! 세계의 일반 정세와 오늘 우리 제국에서 지배하고 있는 특수한 여러 관계를 깊이 생각한 끝에 우리는 비상조치로 피난처를 구하고 현재 정세를 조장할 것을 결정하였노라. 우리는 정부에 명하여 아메리카 합중국, 영국, 중국 및 소비에트 연방 정부에게 우리 제국이 이들 여러 나라 정부의 공동 성명 조건을 수락함을 통고시켰노라……."

연합군의 포츠담 선언●을 받아들인다는 얘기였다. 해방(解放)을 알리는 항복 선언이 방송되자 일순간 한국인들은 자신의 귀를 의심했다. 그러나 그것도 잠시 누군가의 "만세!" 소리를 시작으로 사람들이 거리로 쏟아져 나왔다. 1945년 당시 서울 인구는 구십 만이었다. 백만 명이 채 안 되었으나 만세 함성은 천만 명 소리보다 컸다.

그런데 대부분 한국인들은 일제 강압 통치 아래 민족 문화를 말살당했기에 태극기와 애국가를 제대로 기억하지 못했다. 국민들은 서로 다른 가사의 애국가를 부르며 거리를 행진했고, 신문사들은 고사(故事)에 밝은 노인들을 찾아가 태극기 형태를 묻는 촌극을 빚었다.

태극기를 만드는 데도 원본 도안에 대해 의견이 제각기 달랐다. 물감과 흰색 옥양목이 없어서 일본 국기 히노마루(일장기)의 빨간 부분 중 절반을 먹물로 색칠하였고 흰 바탕에는 4괘와 8괘 두 가지를 그려 태극기로 사용키로 했다. 때문에 한동안 사람들은 청색이 아닌 검정색과 적색 태극기를 달고 사진을 찍었다. 해방 후 얼마 지나서야 4괘로 통일되었다.

수많은 사람들이 기쁨에 젖어 있던 중 총독부 정문에 걸린 일장기에서 눈길을 떼지 못하는 몇 사람이 있었다. 총독부 한국부 조선인 속관 전예용, 이승호, 손정준 등이었다.

'당장 저것을 바꿔야겠지!'

● 포츠담 선언 : 1945년 7월에 미국, 영국, 중국 대표가 독일 포츠담에 모여 일본의 항복 조건과 일본 점령지의 처리에 관해 발표한 선언. 한국의 독립도 이 선언에서 약속되었다.

이들 가운데 이승호가 재빨리 서대문 근처 독립문으로 달려갔다. 그리고는 평소 얼핏 보기만 했던 독립문 꼭대기에 새겨진 태극기 모양을 종이에 그대로 옮겨 그렸다. 총독부로 돌아온 이승호는 전예용 등과 함께 사방 여섯 척 크기의 태극기를 옮겨 그려 국기 게양대에 매달았다. 해방된 서울 하늘에 가장 먼저 태극기가 게양된 것이다.

오후 3~4시가 되자, 거리는 몸빼(일 바지)와 국민복 대신 새하얀 한복 차림에 태극기와 '축 해방'이나 '방선(放鮮 : 조선이 해방되었다는 뜻)' 피켓을 손에 든 시민들로 붐비기 시작했다. 그런데 기쁨을 나누는 광경 속에는 우리가 의식 못하는 사이에 침투된 민주 의식이 숨어 있었다. 바로 계급 관념 타파였다. 이는 전쟁 문화의 부산물이었다.

일제 말기 방공(防空) 훈련이다, 물자 배급이다 해서 부녀자들이 상하귀천 없이 모두 동원되어 서로 어깨를 비비대고 행동한 일이 계급 의식을 깨뜨려 버리고 생활을 민주화하는 데 상당한 훈련이 되었던 것이다.

"아저씨, 이것 좀 해 주세요."

이 때문에 아씨, 마님, 영감, 도련님, 서방님, 나리가 없어지고 할아버지, 할머니, 아저씨, 아줌마로 모두 통하게 되었다. 서로 먼저 배급을 타려 덤비고 몸뻬에 양동이를 들고 나란히 서 있는 처지에 아씨, 마님, 쇤네가 있을 리 없었다. 늙었으면 할아버지, 할머니로 통하고 그다음 세대는 아저씨, 아줌마로 통해 버려 까다롭던 서울 사람의 계급 관념이 완전히 깨져 버렸다. 그리고 이러한 평등 의식이 만세 함성과 더불어 거리 행진으로 나타난 것이다.

해방의 실체는 악극(樂劇)*을 통해서 새삼 확인되었다. 크고 작은 가극단, 악극단들이 마구 생겨나 전국 시장에서 국민들에게 광복 기쁨을 공연했으니 말이다.

한편 '해방'과 '광복' 두 단어에는 미묘한 차이가 있다. 해방은 구속, 억압, 부담 따위에서 벗어나게 함을 의미하고, 광복은 빼앗긴 주권을 다시 찾음을 뜻한다. 따라서 1945년 8월 15일 이후를 표현할 때 상황에 따라 해방이나 광복을 골라 쓰는 게 바람직하다.

• 악극의 유래

'악극'은 우리나라에서 대중가요와 연극을 섞어서 만든 극 형태를 이르는 말이다. 악극이라는 말의 유래는 1939년으로 거슬러 올라간다. 그해 정월 오케 레코드 연주단이 일본 도쿄 아사쿠사에 있는 회월극장 공연 때, 일본 흥행사 요구에 의해서 교포들에게 인상적이고 보다 한국적인 느낌을 주고자 '조선악극단'이란 명칭을 만들어 썼다. 이것이 악극이란 명칭의 효시가 되었다.

악극단은 일제 말기 전국을 전전하며 나라 잃은 백성의 한을 은연중 풀어 주거나 일본 군대 위문 활동을 하다가 광복과 동시에 입장을 바꿨다. 기존 악극단들은 극단 이름을 고쳐 새로운 극단처럼 분위기를 바꿨고, 표현의 자유에 힘입어 새로운 악극단도 많이 등장하였다.

예컨대 '극단 신동아'를 이끌던 김성택은 8·15 해방을 전남 구례에서 맞자마자 공연 단체명을 '건국좌'라고 개명하고는 8월 25일 조국 광복 기쁨을 노래한 무대를 순천극장에서 올렸다. 제1부는 광복의 역사, 제2부는 노래와 춤, 제3부는 코미디와 일제 탄압을 풍자하는 내용 등이었다. 김성택은 가수 혜은이의 아버지이기도 하다.

이외에도 수많은 악극단이 목탄을 원료로 사용하는 트럭을 교통수단으로 삼아 전국을 순회하며 광복 기쁨을 거듭 자극하였다. 사람들은 줄거리를 뻔히 알면서도 기쁨을 거듭거듭 확인하고픈 심정으로 악극단이 올 때마다 기꺼이 모여들었으니, 마치 오늘날 해외에서 활약하는 스포츠 스타의 기분 좋은 소식을 몇 번이고 되풀이해 보는 심정과 같다.

누가 임시 정부의 귀국을 막았나

"만세! 만세!"

고국 동포들이 기쁨과 환희에 빠져있을 때 중국 중칭[重慶]에 있는 임시 정부 요인들은 장차 이 나라를 이끌어 갈 책임감과 그 방법에 대한 인식 차이로 인해 잠시 논란에 빠졌다. 이윽고 임시 정부는 임정 법통(法統)을 이어 국민들 앞에 정부를 바칠 때까지 현재 상태로 유지하기로 공론을 모은 뒤, 장제스 중화민국 총통에게 공식 편지를 보내 임시 정부 승인과 임정 요인의 귀국 알선을 요청하였다. 즉 대한민국 임시 정부를 망명 정권으로 승인했던 중화민국이 광복된 한국의 임시 정부로 법통 계승 승인을 하라는 것이었다.

법통 계승을 인정하라고 촉구하는 데에는 이유가 있었다. 당시 이미 참전 삼강(미국, 영국, 소련)이 군정신탁통치 등 반(反)독립적 정책을 추구하는 데다 미소 양군이 진주하여 분단 획책을 앞세우므로 한반도는 강대국의 좋은 먹이가 될 수 있음이 우려되었던 까닭이다.

"축하합니다!"

그런 소용돌이 속에서도 장제스 총통 내외의 임시 정부 환영연을 비롯해 국민당 한중문화협회 등 우리 임시 정부와 돈독한 유대를 유지한 각 기관 단체가 앞다퉈 석별연을 열어 주었다.

'이제 곧 그리운 조국으로 들어가는구나!'

임시 정부 요인들은 곧 귀국할 수 있으리라 생각했다. 하지만 임시 정부 요인의 귀국은 의외로 쉽지 않았다. 여기에도 이유가 있었다. 우선 전쟁 당시 중국전구(中國戰區)에 속해 온 한반도가 종전 직후 태평양전구(太平洋戰區)로 이관됨에 따라 임시 정부에 대한 눈길이 달라졌다. 중국전구 사령관 웨더마이어 장군은 임시 정부와 우호 관계에 있었으나 영역 변경으로 인해 권한을 행사할 수 없었던 것이다.

이런 사정을 안타깝게 여긴 장제스 총통은 임시 정부의 공적 귀국이냐 개인 자격의 환국이냐를 두고 맥아더(Douglas MacArthur, 1880~1964)❶ 사령부와 미국 대사를 통하여 여러 차례 협의했으나 맥아더 사령부는 다음과 같이 단호히 거부하였다.

"이미 남한 군정(南韓 軍政)이 실시되고 있으니 임정 환국은 받아들일 수 없다."

생각지 못한 당혹스런 통보를 받은 임시 정부는 긴급 국무 회의를 열

---

❶ 맥아더 : 미국의 군인. 일본 주재 연합군 최고 사령관을 지냈다. 6·25 전쟁 때 만주 공격 등을 주장하다 1951년 해임되었다.

어 어찌해야 할지 논의했다.

"나라를 빨리 안정시키려면 개인 자격이라도 귀국해야 합니다."

"국가적 자존심이 걸린 일이니 개인 자격으로는 귀국하지 말아야 합니다."

두 가지 의견이 팽팽히 맞섰으나, 끝내 개인 자격으로라도 환국하되 혼란을 막기 위해 공식 발언은 대변인을 통해서만 하기로 결의하였다.

대한민국 임시 정부는 일제 침략에 항거하여 7만여 명이 살상되고 30만여 명이 투옥된 핏덩어리 결정체였다. 그런데도 겨우 외무부장 조소앙(趙素昻)만을 대변인으로 지목하고 모두 개인 자격으로 귀국해야 했으니 매우 굴욕적인 일이었다.

여기에는 국내에 있던 정치인들의 행태도 크게 한몫했다. 미처 민족적 결집력을 갖출 사이도 없이 쏟아진 정치적 공백 속에서 출세 지향적인 정치인들은 미군정에 줄서기를 시도하여 혼란을 더욱 가중시켰다. 이런 꼴을 보고 미국은 한국인을 더욱 쉽게 생각하였던 것이다. 이 당시 한국 정가를 취재한 「라이프」 사진 기자 조지 실크는 이렇게 썼다.

"나는 지금 한국의 유명한 기생집에서 파티가 벌어지고 있는 가운데 이 기사를 쓴다. 이 기생 파티°는 그와 유사한 51개 파티 중 세 번째 것이다. 지난 수주일 동안 한국에서는 51개 정치 집단이 우후죽순처럼 생겼으며, 그들은 저마다 미군 당국에 접근하려 노력하고 있다. 이에 실패하자 그들은 미국 언론으로 표적을 바꾸어 환대해 주고 있다."

중국에서 임시 정부 요인들은 환국을 결정하고도 무려 석 달이나 기다려야 했다. 1945년 11월 21일에야 맥아더 장군이 김구 주석의 입국을 승인했다는 연락이 들어왔다. 내 고국 땅을 밟기 위해 외국인 승인을 받게 될 줄이야 누가 짐작이나 했을까?

미국의 경계 태도와 달리 중국은 시종일관 우호적이었다. 장제스는 환국 비용을 지급했고, 중국 정부 대표로 특사 한 명과 무전(無電) 기사까지 딸려 김구 주석을 수행, 호송하게 했다.

장제스 국민당 정부는 임시 정부가 환국한 뒤에도 김구 주석에게 매월 일정한 지원금을 보내 주었다. 이는 장제스 정부가 임정 세력을 배후에서 도와 해방 직후 한반도에 중국 영향력을 확대하고자 하기 위함이었다. 1947년 2월 22일 중국 국민당 정부 조직부장이 장제스 총통에게 올린 공식 보고서에는 그런 사실이 이렇게 적혀 있다.

"대한민국 임시 정부에 지급하는 월 보조비 5백만 위안을 중앙당부 비서처가 매월 본부에서 수령해 전달토록 했다. 근래 한국의 물가 변동이 너무 심해 임정에 대한 지원비를 1947년 1월부터 매월 1천만 위안으로 올리고자 하니 이의 가부를 알려 달라. 한국 정국은 아직 심한 소용돌이 속에 있다고 임정 측이 알려 왔다. 우리 정부는 기존 방침대로 임정 세력을 심어 놓아야 한다."

우여곡절 끝에 1945년 11월 23일 하지 장군이 보낸 비행기 한 대가 중국에 도착했다. 그 비행기를 타고 김구, 김규식 일행이 귀국하였다. 후일 김구는 그 날을 이렇게 말했다.

"나는 조국 땅을 밟는 순간 한 가지 기쁨과 한 가지 슬픔을 느꼈다. 책보를 메고 가는 학생들 모습이 매우 활기차고 명랑함이 기쁨이요, 반대로 동포들이 사는 집들이 납작하게 땅에 붙어서 퍽 가난해 보임이 슬픔이었다."

미군정 당국은 김구의 환국을 허락하면서도 김구를 여전히 견제했다. 한국인들의 여망을 외면할 수 없어 입국을 주선했으나 김구의 한 마디 한 마디에 신경을 곤두세웠다. 미군정 당국은 개인 자격 귀국마저도 극비에 붙였고 공항에서 죽첨장(竹添莊 : 김구의 개인 사저)까지 군용지프와 병원차로 호송하였다. 귀국 인사도 '단 2분'이라는 단서를 달아 그날 오후 8시 중앙 방송에서 육성 방송을 허락했다.

"친애하는 동포 여러분! 27년간이나 꿈에도 잊지 못하던 조국 강산에 발을 들여놓으니 감개무량합니다. 나와 나의 동료 일동은 평민 자격을 가지고 들어왔습니다. 앞으로는 여러분과 같이 우리의 독립 완성을 위하여 진력하겠습니다. 앞으로 전국 동포가 하나 되어 국가 독립 시간을 최소한도로 단축시킵시다. 앞으로 여러분과 접촉할 기회도 많을 것이고 말할 기회도 많겠기에 오늘은 나와 동지 일동이 무사히 이곳에 도착했다는 소식만을 전합니다."

김구는 70단어 정도의 짧막한 인사밖에 할 수 없었다.

김구의 환국 소식이 전해지자 기자 백여 명과 수많은 국민들이 김구가 거처하는 죽첨장으로 몰려들었다. 김구보다 한발 앞서 귀국해 돈암장에 머물던 이승만이 가장 먼저 죽첨장을 예방하였다. 두 사람은 오랜만에 뜨겁게 손을 마주 잡았지만 이후의 운명은 둘을 갈라놓았다.

• 기생 파티와 모윤숙

광복 이후 미군정이 실시될 때 정치계에 기생 파티가 만연하였는데, 시인 모윤숙(毛允淑, 1910~1990)[2]이 주도적으로 활약했다. 모윤숙은 일제 강점기 때 전쟁을 찬양하고 지원병 참전을 독려하는 시를 쓰는가 하면 친일 강연을 하고 다닌 노골적 친일파였다. 그런데 해방이 되자 이승만과 손을 잡고 남한의 단독 정부 수립에 협조하였다.

모윤숙은 1946년 낙랑클럽을 발족시켰다. 회장은 모윤숙이 맡고 김활란은 고문을 맡아 회원들에게 외국을 대하는 예절과 에티켓 등을 가르쳤다. 클럽 이름은 옛날 낙랑 공주처럼 고귀한 신분을 가진 여성의 모임이란 뜻이지만 실제는 남한에 들어와 있는 미군 장교와 외교관들에게 접근하여 남한에게 호의를 가지게 만드는 모임이었다. 한 달 만에 백여 명이 회원으로 가입했다. 주로 젊은 여성이었고 여대생이 많았다.

모윤숙은 직접 파티를 주관하면서 미군정청 장교들과 여러 나라 외교관들을 유혹하게 하였다. 일종의 미인계였다. 외국인들은 미모의 여성들과 은밀한 시간을 보내면서 이런저런 정보를 누설하였고, 모윤숙은 그걸 수집하여 이승만에게 보고하였다. 덕분에 이승만은 고급 정보를 파악하여 자신에게 유리한 조치를 취함으로써 정적들을 앞설 수 있었다. 기생 파티는 그런 목적으로 종종 행해졌고, 한국 전쟁 때에도 여전했다. 모윤숙은 훗날 한 국내 일간지와의 인터뷰에서 다음과 같이 말했다.

"이승만 대통령이 나를 불러 외국 손님 접대할 때 기생 파티 열지 말고 레이디들이 모여 격조 높게 대화하고 한국을 잘 소개하라고 분부했습니다."

기생 파티가 나라 망신임을 이승만도 알고 있었던 것이다. 말썽이 생기자 낙랑클럽은 1953년 가을 해체되었다.

---

❷ **모윤숙** : 한국의 대표적 여성 시인. 1930년대에 등단하였고 일제 강점기에는 친일 행적을 하였다. 해방 이후 문학, 정치, 외교 등 다양한 분야에서 활발하게 활동했다.

여운형 암살 사건

"반갑습니다."

1947년 7월 19일 오전 몽양(夢陽) 여운형(呂運亨, 1886~1947)[1]은 재미 조선사정협의회장 김용중(金龍中, 1898~1975)과 반갑게 인사를 나눴다. 김용중은 누구인가? 일찍이 미국으로 이민한 김용중은 일제 강점기에 꾸준히 독립운동 자금을 지원하였고 1943년에는 「한국의 소리」를 간행하며 미국 정치계 및 국제기구 요인들에게 한국 독립의 필요성을 역설한 독립운동가였다. 광복 후인 1946년 초 김용중은 그동안 미국에 형성한 인맥들에게 이렇게 강조했다.

---

[1] **여운형** : 독립운동가이자 언론가. 대한민국 임시 정부 조직에 참가했으며 조선중앙일보사 초대 사장을 지냈다. 좌우익 합작을 추진하였으나 뜻을 이루지 못했다.

"이승만이나 김구는 너무 늙고 경륜도 영도력도 없는 망명객이므로 그들보다는 자유적이고 민중의 인기가 높은 여운형이 적합한 지도자입니다."

그의 영향력으로 인해 그해 3월 미국 국무성은 한국에 있는 미군정에 다음과 같이 지시했다.

"미국의 대한(對韓) 정책은 이승만과 김구의 선으로부터 혁신적 지도자를 지지하는 방향으로 수정되어야 한다."

김용중은 여운형에게 좀 더 힘을 실어 주고자 1947년 한국에 들어와 만남의 시간을 가졌다. 여운형으로서는 든든한 후원자를 얻은 셈이었다. 그리고 운명의 그날 오전 김용중과 환담을 마친 여운형은 계동에 있는 자기 집에 전화를 걸었다.

"난구(여운형의 맏딸)냐? 곧 들어갈 테니 갈아입을 옷을 마련해 놓아라. 지금 가마."

그날 오후 서울운동장에서는 우리나라가 국제올림픽위원회 회원국이 됐음을 경축하기 위한 영국 팀과의 친선 축구경기가 개최될 예정이었다. 여운형은 체육회장직을 맡고 있었고 한국올림픽위원회 위원장도 겸하고 있었다.

여운형은 자동차를 타고 집으로 돌아가는 길에 사고를 당했다. 여운형이 탄 차가 혜화동 로터리에 이르렀을 때, 그곳 파출소 앞에 서 있던 대형 트럭이 갑자기 달려 나오면서 길을 가로막았다.

"끼이익!"

깜짝 놀라 차를 세운 순간, 괴한 한 사람이 어디선가 튀어나왔다. 괴한은 재빨리 자동차 뒤 범퍼에 뛰어올라 권총을 두 발 발사했다.

"탕, 탕!"

괴한이 쏜 탄환은 여운형의 등을 지나 복부와 심장을 정통으로 관통하였다. 그때 시각이 오후 1시였다. 그간 수차에 걸쳐 암살을 모면한 여운형은 이날 불행을 피하지 못하고 현장에서 즉사하였다.

때마침 교통사고로 인하여 그곳에 출동 중이던 성동경찰서 소속 최경위가 총소리를 듣고 달려들었다. 현장을 확인한 최 경위는 권총을 든채 달아나는 범인을 곧바로 추격하였다.

"거기 서라!"

번잡한 로터리였지만 최 경위가 빠른 속도로 달린 덕분에 범인과의 거리는 불과 20미터밖에 되지 않을 정도로 좁혀졌다. 이제 몇 초 후면 범인을 잡을 수 있을 듯 보였다. 바로 그때였다.

"탕!"

최 경위 뒤에서 권총 소리가 들렸다. 그 총소리에 놀란 최 경위는 본능적으로 걸음을 멈추고 뒤돌아보았다. 누군가 자기를 쏘는 것으로 생각했기 때문이다. 최 경위는 자기가 있는 방향으로 권총을 쏜 자를 체포하려 했다. 최 경위는 그를 공범으로 여겼다. 그렇지만 권총을 쏜 자가 말했다.

"나는 몽양 선생의 경호원이요."

경호원 박성복은 범인을 향해 총을 쏜 것이라고 말했다. 그 사이 범인은 이미 사라지고 보이지 않았다. 이리하여 최 경위는 범인을 놓쳤다. 뒤이어 급보를 듣고 경찰 간부들이 대거 몰려들었으나 때는 이미 늦었다.

이런 흉변도 모른 채 여운형의 집에서는 아내와 맏딸이 그의 옷을 매

만지며 일주일 만의 상봉을 즐거운 마음으로 기다리고 있었다. 바로 그
럴 즈음 대문이 젖혀지면서 들이닥친 것은 남편도 아버지도 아닌 하늘
이 무너지는 날벼락 같은 소식이었다.

서울대학교 병원으로 많은 사람들이 달려와 슬퍼했다. 이때 수도경찰
서장 장택상(張澤相, 1893~1969)＊이 정복을 입고 병실에 들어왔다. 아버
지 시체를 부둥켜안고 울던 맏딸 난구는 장택상을 보고 마구 소리 지
르며 몇 분간 욕설을 퍼부었다.

"우리 아버지를 죽인 자가 무엇 때문에 여기까지 나타났느냐?"

난구는 장택상을 사건의 배후로 의심하였지만 물증은 없었다. 장택
상은 아무 말도 하지 않고 묵묵히 듣고만 있다가 그냥 나가 버렸다.

장택상이 여운형의 장례식에 참석하려 한 데에는 나름의 이유가 있
었다. 장택상은 누구인가? 일제 강점기 항일 독립운동을 했고 창씨개
명을 거절한 채 시골에서 칩거한 뚝심 있는 인물이었다. 특히 여운형과
는 미국에서 함께 활동하며 일본의 패망을 적극 주장했었다. 1945년
가을 장택상은 한국민주당 결성에 참여하면서 여운형과 정치적 노선을
달리 했다. 장택상은 능통한 영어 실력을 인정받아 미군정 수도경찰청
장에 임명되었고 이후 좌파 정당과 좌파 정치인들을 적극적으로 구속
탄압했다. 장택상은 수도경찰청장으로 있으면서 경찰 총수인 경무부장
조병옥과 협의하여 일제 강점기 때 형사로 일한 자들을 우대하여 채용
했다. 애국심과 상관없이 업무 효율성만을 중요시한 결정이었다. 그 결
과 서울 시내 8개 경찰서 서장은 모두 전직 일제 경찰관이 차지하였다.

하지만 장택상은 진보 성향의 정치인 여운형, 조봉암(曺奉岩, 1898~
1959) 등과는 인간적인 친분 관계를 유지하였다. 그러다 1947년 5월

우익 진영이 미소 공동 위원회를 파탄 내고자 여운형, 김규식 등을 암살하려 한다는 정보를 입수하였다. 장택상은 그해 여름 여운형의 집에 찾아가 가족에게 조심스럽게 당부하였다.

"나는 선생의 신상이 걱정됩니다. 요즈음 입수한 소식에 의하면 테러하겠다는 패가 어찌나 많은지요. 선생이 들어오시면 한동안 시골에 은거하라고 전해 주십시오."

그러나 여운형은 그에 개의치 않고 활동했고 결국 비운의 암살을 당했다. 장택상은 이런 개인적 인연으로 조문한 것이었다.

여운형의 암살 사건은 아직도 그 배후가 밝혀지지 않은 채 수수께끼로 남아 있다. 사건 발생 직후 경찰은 여운형의 경호원과 운전사를 구속 신문하였으나 아무런 혐의가 없다며 석방했고, 7월 24일에는 경무부와 수도청에서 돌연 범인을 체포하였다는 특별 성명을 발표했다.

"범인은 평북 영변 출신인 당년 19세 한지근입니다."

암살범 한지근은 문초 당시에 다음과 같이 말했다.

"좌우익을 막론하고 박헌영(朴憲永, 1900~1955), 여운형, 송진우 등 국내를 혼란케 하는 지도자는 다 죽여야 나라가 바로 서겠기에 감행한 의거인데 무슨 잘못입니까."

1974년 2월 9일 「한국일보」 특별 취재 "몽양 암살 의문을 풀다"라는 기사에서 한지근의 본명이 이필형이라 폭로됐으나 배후는 지금껏 드러나지 않았다.

하지만 의심 가는 사람은 있었다. 여운형이 없어지면서 가장 득을 보는 사람, 남북통일보다는 남한 단독 정부 수립에 열중한 유력 지도자가 배후임이 분명했다. 하지만 주검을 되살릴 수는 없는 일. 여운형의 진보

적 민주주의 정치노선에 따라 중도(中道) 대중 정당을 내세웠던 근로인
민당은 얼마 지나지 않아 와해되었다.

　이렇게 되자 해방 정국의 지도자 계보는 단조로워졌으니 장덕수의
한국민주당, 김구의 한국독립당, 김규식의 민족자주연맹, 그리고 이승만
의 독립촉성국민회가 사각 체제를 이루게 되었다.

• 'TK'의 원조 장택상

　　1952년 4월 작성된 미국 CIA(Central Intelligence Agency : 중앙정보국) 보고서에 따르면, 장택상은 친미적(親美的) 인사이지만 정치적으로 기회주의자였다. 보고서는 그 이유로 장택상이 이승만을 반대하는 노선을 고수하다가 결국 그에게 회유당한 사실을 들었다. 또한 보고서에는 장택상이 1950년 민의원(民議院 : 국회의원)의 영남 세력을 규합하여 국회부의장에 뽑혔다고 기록되어 있다.

　　장택상은 정부 수립 후 잠시 맡았던 초대 외무장관직에서 1949년 1월 해임되자 낙향하여 은거했다. 그러다가 1950년 제2대 민의원 총선거에서 무소속으로 출마하여 경상북도 칠곡 선거구에서 국회의원으로 당선되었다. 그해 6월 19일 제2대 국회가 개원될 때 조봉암, 김동성과 더불어 공동 부의장에 선출됐는데 이때 영남 출신 민의원들을 모아 국회부의장에 뽑혔다. 경북 칠곡 출신인 장택상은 그 무렵 칠곡 출신 인사들 모임인 낙동회를 조직하여 친목을 다져놓고 있었다.

　　장택상은 1952년 5월 6일 제3대 국무총리가 되었으며, 그해 5월 19일 장택상을 지지하는 원내 단체 신라회(新羅會)가 조직되었다. 장택상은 국무총리 취임 직후 경상북도 안동군 병산 서원(屛山 書院)을 찾아가 서애 유성룡의 위패 앞에 참배하면서 이렇게 말했다.

　　"대감 이후로 영남에서 정승이 나오기는 제가 처음입니다."

　　이런 고백을 통해 그가 출신 지역끼리의 인연에 몹시 연연했음을 알 수 있다. 이렇듯 장택상은 영남 지역의 정치 세력화를 처음 시도한 인물이므로 오늘날 대구─경북 출신 영남 세력을 일컫는 정치 용어 'TK'의 원조로 여겨지고 있다.

　　실제로 장택상은 영남 출신을 적극 후원하였다. 한 예를 들면 장택상은 한국 전쟁 중에 낙동회 회원인 신현확(申鉉碻, 1920~2007)을 천거하여 상공부 공업국 공정과장으로 일하게 했다. 신현확은 이후 출세 가도를 달렸고 'TK 인맥의 대부'라는 말을 들었다. TK는 박정희 대통령의 제3공화국 이후 제5공화국, 제6공화국, 문민정부, 국민정부, 그리고 현재까지 권력 핵심과 정관계에 포진하여 장수하고 있다.

원맨쇼 개척자이자 국내 최초 개그맨, 윤부길

"여러분의 눈과 귀를 즐겁게 해 드릴 쇼가 준비되었습니다."

해방 이후 많은 악단들이 다양한 구경거리를 공연하며 사람들을 끌어들였다. 그중에서 특히 인기 많은 악단은 '백조가극단'이었다. 백조가극단은 전국을 순회하며 제1부에서 인정비극 〈항구의 일야〉, 제2부에서 당대 인기 가수 고복수, 황금심 부부 중심의 버라이어티 쇼 무대를 보여 주었다. 이런 공연 스타일은 백조가극단이 고안했지만, 이내 다른 극단도 따라하면서 제1부는 악극(가요극), 제2부는 버라이어티 쇼라는 무대 형식이 도식화되었다.

"볼거리가 풍성한 〈부길부길쑈〉!"

1947년 가을, 남한에 새로운 형식의 오락이 등장했다. 〈부길부길쑈〉

라는 원맨쇼(one-man show : 혼자서 진행하는 스탠딩 코미디)였다. 공연 주인공 윤부길(尹富吉)은 〈부길부길쑈〉라는 첨단 뮤지컬 플레이 형식의 호화 무대를 구성 연출하면서 말 그대로의 원맨쇼를 처음으로 선보였다. 윤부길은 극단 운영도 맡았다. 〈부길부길쑈〉라는 이름은 미국의 새로운 재즈 음악 부기우기(boogie-woogie)에서 힌트를 얻어 명명했다.

윤부길은 누구인가? 윤부길은 학창 시절 교회에 다니면서 예배당 마당에다 가설무대를 꾸며 놓고 공연할 만큼 광대 기질을 타고난 사람이었다. 경성 음악 전문 학원 성악과를 졸업했지만 성악보다는 연극에 소질이 풍부한 편이었다. 1940년 '컬럼비아 가극단' 창단 구성원으로 참여했고, 기존의 재담, 만담, 코미디와는 다른 기발한 연기로 웃음을 유발했다. 한 예를 들면 윤부길은 무대 중 한 부분이자 국내 최초 오페라 격인 〈춘향전〉에서 방자 역으로 출연할 때 허리춤에 전화 수화기를 차고 나와서 관객들을 크게 웃겼다고 한다.

"저기, 방자 좀 봐. 너무 웃겨!"

윤부길은 1941년 '라미라 가극단'을 따라서 일본 오사카에 공연 갔다가 그곳에서 같은 단원 고향선(본명은 성경자)과 사랑이 무르익어 신혼 첫날밤을 보냈다. 이들 사이에서 태어난 남매 윤항기와 윤복희는 훗날 유명 대중가수로 활동했다.

윤부길은 어려운 일제 말기를 견디어 내고 해방이 되자 여러 공연에서 원맨쇼를 개척해 화제의 인물, 이색적인 존재가 되었다. 번득이는 재치, 유머 감각, 사회 풍자적 개그 쇼는 윤부길의 독무대였다. 이른바 난센스니, 스케치니 하는 촌극 형식에서 벗어나지 못했던 코미디 개념이 윤부길에 의해 새롭게 형상화되었다. 요즘으로 말하면 개그맨이나 다름

없었다.

"하하하, 혼자서 잘도 웃기네!"

독특한 소품, 첨단을 걷는 의상 그리고 세련된 팬터마임 등 윤부길이 무대에 등장할 때마다 관객은 예기치 못했던 소재에 폭소와 감탄을 연발하였다. 윤부길은 국내 처음으로 복화술 솜씨를 발휘하거나 냉소적 표현으로 사회를 풍자하여 객석에 웃음과 함께 의미 있는 메시지를 전달하기도 했다. 〈부길부길쑈〉는 이러한 자신의 특기를 화려하게 장식한 그야말로 독무대였던 것이다.

"이제 화려한 무대가 펼쳐집니다!"

이외에도 〈부길부길쑈〉의 절정은 '춤추는 함대'라는 대규모 무대였다. 라인 댄싱 팀 등장 등 보통 흥행사는 감히 꿈도 못 꾸는 거금을 투자한 호화 쑈였다. 당시 하도 시중에 화제가 되어 김구가 공연을 관람하고 무대 뒤 분장실을 찾아와 찬사를 아끼지 않을 정도였다.

당연히 열혈 팬이 많았는데 그 대부분은 기생들이었다. 그때만 해도 일반 여성은 밖으로 나가 쑈를 구경할 처지가 아니었다. 코미디언 배삼룡의 회고에 따르면 공연이 끝날 무렵 극장 앞에는 수많은 기생 인력거가 몰려들어 윤부길을 서로 모셔 가려 했다. 그래서 윤부길은 공연이 끝나도 극장 안에 계속 머물러 있는 경우가 허다했다고 한다.

윤부길은 자타가 인정하는 만능 연예인이었지만 시대를 너무 앞서 나가서 기대만큼 대중의 열광을 이끌어 내지 못했다. 많은 돈을 투자했으나 입장료만 가지고는 수지 타산을 맞출 수 없었다. 윤부길은 적지 않은 손해를 보았음에도 개의치 않고 자신의 화려한 면모를 과시하는 데 힘을 쏟았다. 한복남 작곡의 '처녀 뱃사공'* 가사도 작사하는 등 윤부길은 다방면에 재주가 많았다. 윤부길은 마약에 중독되어 삶을 불행하게 마감했지만 이 땅에 원맨쇼 재미를 최초로 선보인 선구자로서 연예사에 이름을 남겼다.

● 대중가요 '처녀 뱃사공'의 유래

1953년 9월의 일이다. 윤부길은 유랑 극단과 함께 낙동강 나루터에서 배를 타고 강을 건너가다 뱃사공이 이십 대 젊은 처녀임을 알고 호기심을 느꼈다. 하여 사연을 물었다. 처녀가 대답했다.

"뱃사공이었던 오빠를 대신하여 홀어머니를 부양하고자 노를 젓게 됐습니다."

처녀 뱃사공은 여동생과 교대로 배를 젓는다는 말을 덧붙였다. 마음이 뭉클해진 윤부길은 다음과 같은 내용의 글을 지었다.

"낙동강 강바람이 치마폭을 스치면 군인 간 오라버니 소식이 오네. 큰 애기 사공이면 누가 뭐라나 늙으신 부모님을 내가 모시고. 에헤야 데헤야 노를 저어라 삿대를 저어라."

윤부길은 그 뒤 세상을 떠났지만 1959년 한복남이 윤부길의 글에 곡을 달아 노래 '처녀 뱃사공'을 만들고 민요 가수 황정자가 노래를 불러 인기를 끌었다. '처녀 뱃사공'은 남성 듀오 '금과 은'이 1975년 다시 불러 최고 인기를 끌었고 확실한 국민가요가 되었다.

한편 노랫말에 나오는 오빠의 정체에 대해서는 논란이 있다. 경상남도 함안군은 2000년 10월 처녀 뱃사공 노래비를 세우며 악양 나루터가 노랫말 발상지라면서 비석에 이렇게 기록했다.

"이곳 나루터에서 군에 입대한 뒤 소식이 끊긴 오빠를 대신해 여동생 등 두 처녀가 나룻배의 노를 저어 길손을 건네주며 오빠(박기준)를 기다리고 있었다."

하지만 위 내용은 사실이 아닌 것으로 밝혀졌다. 비문에 새겨진 박기준씨는 6·25 전쟁에 참전한 사실이 없고, 전쟁 이전에 지방 공산주의자에게 살해된 인물임이 후에 확인되었다. 또한 의령군 향토 연구가는 악양 나루가 의령군 정곡면에 있었다고 주장하여 현재 함안군과 의령군 사이에 원조 논쟁이 진행 중에 있다.

서윤복, 보스턴 마라톤 대회 우승

해방 이후 자유와 낭만, 방종과 타락이 뒤섞인 가운데 한국인을 기쁘게 만드는 사건이 있었다. 바로 마라톤이었다. 1947년 4월 19일 보스턴 마라톤 대회에서 서윤복(徐潤福, 1923~)이 대회 최고 기록인 2시간 25분 39초로 우승하여 태극 마크 최초의 금메달이라는 개가를 올렸다. 일제의 핍박에서 벗어난 한국인들은 이를 통해 해방 민족의 기쁨을 만끽했다.

"해냈어, 우리 민족의 저력을 보여 주었어!"

해방 직후 손기정(孫基禎, 1912~2002)과 남승룡(南昇龍, 1912~2001)• 두 사람이 중심이 되어 베를린 우승의 영광을 재현하기 위하여 조선마라톤보급회를 창설하고 후진 육성 기치를 높이 들었는데, 그 결과가 세계 마라톤 대회 우승이란 열매를 낳은 것이었다.

"끈기 하면 한민족이잖아."

마라톤은 우리 민족에게 스포츠 이상의 의미가 있는 종목이었다. 고통을 참으며 계속 앞으로 달리는 마라톤의 전진성은 갖은 시련을 헤쳐 나온 우리 역사와 상통하는 면이 있기 때문이다. 더군다나 일제 강점기인 1936년 베를린 올림픽에서 손기정이 우승하여 일본 코를 납작하게 만든 일이 있지 않았던가.

하지만 서윤복이 세계 마라톤 정상에 오르기까지에는 우여곡절이 많았다. 전년도 성적에 따라 감독 손기정, 코치 남승룡, 선수 서윤복은 쉽게 결정되었으나 대회 참가 자체가 쉽지 않았다. 아직 독립 국가가 아니기에 미국으로부터의 초청장이 없으면 출국할 수 없었다.

"인척이 보스턴에 거주하니 부탁해 보겠습니다."

마침 육상협회 임원의 인척 백남룡이 보스턴에 거주하는지라 다행히 그로부터 초청장을 받을 수 있었다. 그렇지만 이번에는 돈이 문제였다. 미국에서 사용할 달러가 없었던 것이다. 당시 조선인이 달러를 소지하는 것은 불법 행위였으므로 참으로 난감한 일이었다. 미군정청을 찾아가 사정을 호소했지만 하지 중장으로부터 불가능하다는 답을 들었다.

"아직도 나라를 찾은 것이 아니구나!"

"허어어."

군정청으로부터 차갑게 거절당한 세 사람의 눈가에는 어느새 눈물이 주르르 흘러내렸다. 그때였다. 군정청 체육과장인 스메들리 여군 장교가 이들의 눈물에 감동하여 6백 달러를 희사하겠다고 나섰다. 그녀는 하지 중장에게도 돈을 내라고 요청하였고, 하지 중장을 비롯한 미군 장교들이 각자 주머니를 털어서 총 4천 달러를 마련해 주었다.

　미국으로 가는 여정에서도 사연이 많았다. 미국 군용기는 이들을 하와이에서 내려 주고 가 버렸다. 군용기는 맥아더 라인(맥아더 장군이 일본인의 어로 활동을 제한한 선)을 넘을 수 없다는 이유에서였다. 뜻밖의 사태에 세 사람은 기막혀했다. 그런데다 세관에서는 이들이 소지한 쌀, 된장, 고추장, 굴비 등을 압수하려 했다.

　"우리 보고 죽으라는 말이오?"

　"제발 돌려주시오!"

　영어를 할 줄 몰랐던 이들은 몸싸움 끝에 그야말로 막무가내로 식량을 되찾았고, 어렵사리 민간 비행기를 타고 샌프란시스코에 도착했다.

　그렇지만 이들은 미국에 도착하자마자 진한 동족애를 맛봄으로써 전

의를 다지게 되었다. 샌프란시스코의 한식당에 들렀을 때였다. 한 사람이 이들의 대화를 듣고는 한참을 지켜보다 이들에게 다가와서 이렇게 말했다.

"저는 신학 공부 중인 유학생입니다. 당신들이 우리나라를 대표해서 마라톤에 참여한다니 너무 기쁘고 반갑습니다. 그런데 당신들 복장이 마음에 걸립니다. 이 돈으로 옷 세 벌을 사기에는 부족하겠지만 당신들 돈을 보태서 와이셔츠를 새것으로 사 입으십시오. 국가 자존심이 걸린 문제입니다."

그 유학생이 내민 돈은 구깃구깃한 1달러짜리 다섯 장이었다. 세 사람의 남루한 옷차림을 보고 가진 돈 모두를 턴 것이다. '받으라' '안 받겠다' 하는 실랑이 끝에 그들은 결국 돈을 받았다. 이국에서 느낀 동포애는 이들의 마음을 한층 결의에 차게 만들었다.

일행은 4월 12일 보스턴에 도착하였다. 며칠 연습을 하자마자 신발이 닳아 버렸다. 새것은 아니지만 손기정이 자기 운동화를 내주면서 튀어나온 못을 고무로 막아 때워 임시 처방을 해 주었다.

정보를 수집해 보니 대회에는 126명이 참가하며, 그중에는 대회 2연패를 노리는 그리스 선수와 당시 세계 기록인 2시간 25분 50초 기록 보유자인 핀란드 선수가 우승 후보였다. 서윤복은 긴장하였다. 자신의 최고 기록은 2시간 39분 40초이니, 우승 후보와 무려 14분이나 기록 차이가 나기 때문이었다. 고민 끝에 남승룡 코치에게 부탁하였다.

"선생님, 페이스 보조를 위해 같이 대회에 참가해 주십시오. 조금 뛰시다가 그만 뛰셔도 괜찮습니다. 선생님이 그저 같이 참가해 주시는 것만으로도 저에게 정신적으로 크나큰 도움이 됩니다."

남승룡은 베를린 올림픽에서 3위로 입상하여 손기정과 함께 조국을 빛낸 마라톤 선수지만 그때는 현역에서 은퇴한 코치였다. 남승룡은 잠시 생각에 잠기더니 이윽고 말했다.

"좋다! 같이 뛰어 주마. 대신 조건이 있다. 나는 완주하겠다. 너도 완주해라!"

대회가 시작되었다. 선수들은 저마다 우승 의욕에 들떠 있었다. 그도 그럴 것이 제2차 세계 대전으로 말미암아 올림픽이 열리지 않자 저마다 세계 선수권 대회로 관심을 돌렸기 때문이다. 드디어 출발을 알리는 총성이 울렸다.

서윤복은 26킬로미터 지점에 접어들었을 때 태극기를 흔드는 여학생을 문득 보았다. 그녀는 눈물을 흘리며 광적으로 태극기를 흔들고 응원하였다. 이때부터 서윤복은 핀란드 선수와 각축을 벌이며 선두에 나섰다. 30킬로미터 지점에서는 손기정이 기다리고 있다가 울음 섞인 목소리로 외쳤다.

"윤복아! 조국을 위해 우승하라!"

서윤복은 그 말에 온 힘을 내어 단독 선두로 나섰다. 그런데 31킬로미터 지점에서 예상치 못한 일이 벌어졌다. 개를 데리고 구경나온 사람이 박수치다가 줄을 놓치는 바람에 개가 서윤복에게 달려들었던 것이다. 경찰이 개를 말렸으나 서윤복은 넘어져서 무릎이 깨지고 팔꿈치가 까지는 부상을 입었다. 그 순간 선수 여러 명이 서윤복 곁을 지나갔다. 서윤복은 넘어진 충격으로 몸이 파김치가 되었으나 조국을 생각하며 마음을 다잡았다.

'이대로 주저앉을 수는 없다!'

서윤복은 다시 일어서서 조금 걷다가 속력을 내었다. 35킬로미터 지점에서 한 여인이 물을 건네주었다. 임영신이었다. 그녀는 대회 전날 이승만으로부터 '마라톤 선수단을 격려하라.'는 전화를 받고 이 자리에 나온 것이었다. 이승만은 1945년 10월 27일 해방 경축 체육 대회에서 다음과 같은 말로 서윤복을 자극시킨 바 있었다.

"젊은이들이여, 빨리 태극기를 세계에 휘날려 주시오. 35년간 세계를 다니며 도와달라고 호소하였으나 코리아를 아는 나라가 없소이다. 그러니 여러분이 세계 대회에서 우승하여야 합니다."

서윤복은 필사적으로 달렸다. 그리하여 한 명 두 명 제치고 기적처럼 다시 선두에 나섰다. 40킬로미터 지점에서는 운동화끈이 풀어졌으나 마음이 급해 그대로 뛰었다. 서윤복은 마침내 결승선에 1등으로 도착하였다. 2등에게 무려 4분을 앞선 세계 최고기록이었다.

"코리아가 어디에 있는 나라인가?"

서윤복이 우승하자 미국인들은 낯선 나라 이름 코리아를 지도에서 찾아보았다. 이로써 일부이긴 하지만 미국인들은 식민지였던 한국이 일본의 압제에서 해방되어 독립을 꾀하고 있는 나라임을 인식하였다. 마치 1998년 월드컵 축구에서 4강을 차지한 신생 독립국 크로아티아와 2002년 월드컵에서 4강에 들었던 한국이 세계에 강한 인상을 심어 준 것과 같았다.

그때까지 재미 교포들은 미국인에게 멸시받는 소수 민족이었다. 보스턴에 사는 어느 교포가 서윤복 선수 일행을 자기 집에 초청했더니, 평소에 인사를 건네도 얼굴을 돌리던 백인들이 새삼스럽게 손을 잡고 "이 젊은 영웅이 그대의 동족이냐?"고 말하며 축하를 보냈다고 한다. 그래서 서윤복 선수 일행은 유엔 로비스트였던 임영신에게 이끌려 장장 43일 간이나 미국 전역의 여러 한인 교포 가정을 방문하면서 한국을 미국 시민들에게 깊이 심어 놓는 공을 세웠다.

그동안 고국에서도 이들이 빨리 돌아오기를 손꼽아 기다렸다. 이들 일행은 화물선을 타고 그해 6월 23일 인천항에 도착했다. 인천의 각 학교 학생들은 부두부터 시내에 이르는 도로 곳곳에 나가 마라톤 선수단을 열렬히 환영하였다. 서울시에서는 축하연을 베풀어 주었고, 전국은 그야말로 환영의 물결을 이루었다. 평양에서도 서윤복 우승은 자랑스러운 일로 여겨졌으며, 김구는 '足覇天下(족패천하)'라는 휘호를 선물하며 서윤복을 격려했다.

서윤복의 마라톤 우승은 당시 신탁과 반탁의 격렬한 대립 가운데 한 민족이 모처럼 함께 기뻐한 희소식이자, 대한민국 수립에도 외교적으로 긍정적인 영향을 미친 쾌거였다.

• 또 다른 마라톤 영웅 남승룡

1947년 열린 보스턴 마라톤 대회에서는 서윤복만 잘한 것이 아니었다. 남승룡은 준비 없이 뛰었음에도 10위를 차지하는 놀라운 투혼을 발휘함으로써 한국인의 끈기를 여실히 보여 주었다.

사실 남승룡은 마라톤 재능을 타고난 사람이었다. 전남 순천에서 태어난 남승룡은 순천 공립 보통학교 6학년 때 조선 신궁 대회 전라남도 대표로 출전해 마라톤에서는 2위를 차지해 일찍부터 달리기에 재능을 드러냈다.

남승룡은 1932년부터 1935년까지 마라톤 대회에서 해마다 우승했고 1936년 5월 올림픽 대회 파견 최종 선발전에서도 1위를 차지했으며 베를린 올림픽에서 3위를 차지한 바 있었다. 하지만 나이가 있는지라 광복 후에는 이미 은퇴하여 코치로 참가했는데, 서윤복의 요청에 기꺼이 나섰던 것이다. 그런 면에서 남승룡은 진정한 마라톤 영웅이었다.

비록 가장 큰 대회인 올림픽에서 3위를 차지하고 손기정이 1위를 차지하는 바람에 뒷전으로 밀려났지만 남승룡은 우리 민족이 낳은 자랑스러운 마라톤 영웅임이 분명하다.

미군정이 민족 반역자 처벌을
반대한 까닭

"당분간 총독부를 그대로 두고 한국을 통치합시다!"

민정(民政 : 민간인에 의한 정치)에 대한 충분한 준비 없이 우리나라에
진주한 미군은 일본 총독부를 그대로 존속시키면서 한반도를 통치하
려 했다. 그러나 한국인의 반발이 워낙 거세다는 걸 간파한 후에는 일
제 아래서 일했던 한국인 관리를 등용시켜 통치 체제를 굳히려 했다.

"일을 해 본 사람이 일할 줄 아는 법이지."

미국은 한국이 아닌 자신들의 이익을 위해서 미군정을 실시했기에
한국인의 정서는 크게 개의치 않고 편법을 택했다. 영어를 잘하는 사람
이나 일제 치하에서 관리로 일했던 사람들은 무조건 우대 채용하였다.

미군정의 일제 관공리 중용 정책은 군대와 경찰 분야에서 두드러지

게 나타났다. 1946년 11월 당시 군과 경찰 간부의 80퍼센트가 일본군 및 경찰관 출신이었다. 특히 경위급 이상 중견 경찰 간부 가운데 일본 고등계 출신도 상당수 섞여 있었다.

이러한 분위기 속에서 1947년 7월 입법 의원은 '부일협력자(附日協力者)와 민족 반역자·간상배에 대한 특별 조례안'을 통과시켰다.

입법 의원이 초안한 이 조례안에 따르면 일본 기타 외국과 통모하여 국가와 민족에게 화해(禍害 : 재난)를 끼치거나 독립운동을 방해한 자를 민족 반역자로 규정하고 일본 통치하에서 일본 세력에 아부하여 비적 행위를 하여 동포에게 해를 가한 자를 부일협력자로 규정, 최고 사형에서 최하 5년 이하 징역에 처하고 공민권 제한도 병과(倂科 : 동시에 둘 이상의 형벌에 처하는 일)할 수 있도록 하였다.

"땅, 땅, 땅!"

이 같은 조례안이 통과되자 미군정은 같은 해 11월 20일 제동을 걸었다. 미군정은 친일파를 명확히 구분하기 곤란하며 이러한 처벌 조례는 전원이 민선 의원으로 구성된 입법 기관에서 초안해야지 민관 의원으로 혼성된 입법 의원에서 채택하는 것은 적절하지 않다는 이유를 들었다.

입법 의원들은 당연히 반발했다.

"한민족 정체성을 찾기 위해서는 반드시 필요한 일입니다!"

"민족을 배신한 사람들이 세상이 바뀌어도 득세하는 꼴을 보고 어느 사람이 애국하겠는가!"

그렇지만 통치 구조상 당장의 편함을 택한 미군정의 태도는 변하지 않았다. 결국 이 조례안은 미군정 당국의 거부로 채택되지 못하고 제헌 국회로 이월되어 흐지부지*되었다. 이때 친일 협력자를 처단하지 못한 일은 역대 정권이 부패하는 데 밑거름이 되고 말았다.

• 흐지부지와 유야무야의 어원

'흐지부지'는 끝을 분명히 맺지 못하고 흐리멍덩하게 넘겨 버리는 모양을 뜻하는 말이다. 이 말의 어원은 한자말 '휘지비지(諱之秘之)'이고 '숨기며 감추는 것'이란 뜻이었다. 그러나 점차 흐지부지로 말소리가 변하면서 요즘에는 우물쭈물 얼버무려 넘기는 것을 이르는 말로 쓰이고 있다.

흐지부지가 곤란한 일을 어물쩍 넘어가려는 걸 나타낸 말이라면, '유야무야(有耶無耶)'는 결론을 내지 않거나 애매한 상태로 두는 걸 표현한 말이다. '(결론이) 있는 건지 없는 건지'를 뜻하는 일본어 '有りや無しや(아리야나시야)'의 한자어 '有耶無耶'를 그대로 받아들여 쓰는 것이다. 따라서 유야무야라는 말은 어떤 일의 결론이나 판단을 미룬 채 시간이 지나면서 관심 밖으로 멀어지도록 하는 상황에서 사용하고 있다. 일설에는 유야무야가 '있느냐? 없느냐?'라는 불교의 형이상학적 질문에서 유래되었고, 이도 저도 아닌 결론 없는 상태를 표현하는 데 사용하게 됐다고 한다.

제헌 국회와 대통령 중심제 탄생 비화

"나라의 일꾼을 뽑아 주세요!"

1948년 5월 10일 남한에서 총선거가 치러졌다. 입후보자 948명 중 무소속 84명, 독립촉성국민회(이하 독촉) 54명, 한국민주당(이하 한민당) 29명, 대동청년단 12명, 조선민족청년단 6명, 기타 13명으로 총 198명이 당선되었다.

무소속이 단연 많았다는 사실은 무엇을 뜻하는가? 이는 어느 일당 일파보다는 자유로움 속에서 나랏일을 해 보라는 민심의 표시인 동시에 당시 정계 혼란상을 말해 주는 척도이기도 했다. 그러나 정치인들은 국민의 뜻을 외면하고 자기네 세를 불리는 데만 힘을 쏟았다. 무엇보다 무소속을 끌어당기는 데 온갖 힘을 기울였던 것이다. 그런데다 실제적으로 무소속 상당수는 한민당 출신이 대부분이었기에 사실상 국회는 한민당계와 이승만의 독촉계로 구성되었다.

5월 31일 자주 독립 국가로서의 첫발을 내디딘 제헌 국회 개원식이 중앙청 중앙홀에서 열렸다. 오전 10시 개회식 시각에 맞춰 198명 의원이 모두 등원했다. 자동차가 귀한 시절이라 의원들은 대부분 전차를 타고 광화문에서 내려 걸어서 국회로 갔다.

임시 의장에 당시 일흔세 살로 최고령인 이승만이 추대되었다. 이승만은 목사 출신 이윤영 의원에게 감사 기도를 올려 달라고 부탁했다. 이윤영은 이렇게 기도했다.

"오래 잃었던 자유를 되찾아 이제 개국하오니 하나님의 무한한 자비와 사랑으로 이 나라의 국시(國是)가 만세 반석 위에 서게 하시고 남북을 통한 3천만 겨레에게 축복을 내려 주시옵소서."

이 기도 순서는 뒤에 다른 종교를 가진 의원들로부터 "종교는 자유인데 왜 기독교식으로 국회를 진행했느냐?"는 항의를 받았다. 종교 자유가 보장된 나라에서 편파적 행위를 한 이승만의 독선이 적나라하게 드러난 사건이었다.

국회의원들에 대한 예우는 남달랐다. 예를 들어 지방 출신 의원 중 서울에 집 없는 이에게는 사무처가 거처를 제공했으며, 개회할 때마다 지방에서 상경하는 국회의원들에게는 교통비를 지급하였다. 그 당시 대중 교통수단으로는 전차나 마차밖에 없었으므로 중앙청 의사당에 등청할 때에는 경성 전기 회사에서 제공한 통근 버스를 이용하였는데, 카빈총 또는 권총으로 무장한 경관 한 명이 항상 수행하였다. 이를 통해 의원들은 비로소 자신들이 권력자임을 실감했다.

의원들은 회의장 입구 책상 위에 놓인 출석부에 날인한 후 의석 위에 있는 삼각형 명패를 세워서 출석을 표시하였다.

발언은 아주 자유로웠다. 의사 일정이 알려진 후에는 서로 먼저 발언 신청을 하려고 다투었다. 먼저 발언할수록 발언 내용의 범위가 넓고 제약을 적게 받기 때문이다. 새 국가 건설에 대한 많은 제안들이 거침없이 쏟아져 나와 논의되었다.

이승만 의장은 우리말 표현에 서투른 데다 법률적 사무적인 일에도 서툴러서 사회를 볼 때 어리둥절해하는 경우가 있었다. 그럴 때마다 신익희 부의장과 사회를 바꾸어 진행했다. 일찍이 이승만은 신익희의 한국독립당 탈퇴를 배후에서 조종한 바 있었고, 이후 신익희는 이승만의 마음을 알아서 잘 읽었다.

제헌 국회는 헌법과 정부 조직법에 대한 초안을 연일 토의하였다. 초안은 양원제(兩院制)에 의한 내각 책임제(의원 내각제)를 골자로 했으며, 열다섯 차례 이상 토의 끝에 거의 심의가 끝나 결론을 볼 막바지 단계에 있었다.

대한민국 헌법 제정의 핵심 산파역은 유진오(兪鎭吾, 1906~1987)[1]가 맡았다. 유진오는 13세기 마그나카르타(대헌장)를 비롯하여 17세기 권리 청원(불법 체포, 의회의 동의 없는 과세 등 금지 규정을 담은 청원서)과 권리 장전(왕권을 제약하고 의회의 우위를 다지는 등의 원리를 밝힌 문서) 등 민주주의 발상지인 영국의 주요 인권 헌장에 그 기본 정신을 두고 헌법 초안을 작성하였다. 이에 따라 '권력자라도 법의 지배를 받아야 한다.'라는

---

[1] 유진오 : 헌법학자이자 정치가. 1948년 새 정부 수립을 위한 헌법을 기초하였고 법제처장, 신민당 당수, 제7대 국회의원 등을 지냈다.

이념이 우리 헌법에 적극 반영되었다.

제헌 당시 의원들 사이에 벌어진 첫 번째 논쟁은 영어의 '피플(people)'을 '인민'과 '국민' 가운데 어느 것으로 정할 것인가 하는 점이었다. 1946년 6월 초 국회 헌법 기초 위원회에 제출된 헌법 초안에는 일괄적으로 인민이란 용어가 사용됐다.

그러나 윤치영 의원이 이를 문제 삼았다.

"인민이라는 말은 공산당 용어인데 어째서 그런 말을 쓰려 하는가. 그런 말을 쓰는 사람의 사상이 의심스럽다."

이에 조봉암 의원이 즉각 반격에 나섰다.

"인민은 미국, 프랑스, 소련 등 세계 많은 나라에서 사용하는 보편적인 개념이다. 그런데도 단지 공산당이 쓰니까 기피하자는 것은 고루한 편견이다."

하지만 당시만 해도 세계 곳곳에서 공산주의자와의 대립이 극심했던 터라 제헌 의원들은 결국 국민을 선택하였다. 이런 결정에 대해 유진오는 훗날 『회고록』에서 다음과 같이 아쉬움을 토로했다.

"국민은 '국가의 구성원'이라는 뜻으로 국가 우월주의 냄새가 풍기는 반면, 인민은 '국가도 함부로 침범할 수 없는 자유와 권리의 주체'를 의미한다. 공산주의자들에게 좋은 단어 하나를 빼앗겼다."

제헌 의원들은 국호 문제로도 고심했다. 당시 제헌 국회에서는 '대한민국' '고려공화국' '조선' '한(韓)' 등을 놓고 두 달 가까이 지루한 논란을 벌였다. 결국 국호는 대한민국으로 확정됐는데 이는 당연한 귀결이었다. 왜냐하면 일제 때부터 민족주의 계열은 '대한' '한국' 등을, 사회주의 계열은 '조선'을 각각 선호했기 때문이다. 분단 후 남한과 북한의 국호가 각기 대한민국과 조선민주주의인민공화국으로 갈리게 된 것은 이런 정서를 배경으로 하고 있다.

제헌 헌법에 있어서 그 무엇보다 최대의 쟁점은 권력 구조 문제였다. 유진오는 국토 분단과 경제 파탄, 좌익 세력 준동 등 특수 상황을 감안해서 내각제를 원안으로 제출했다. 대통령제는 자칫 정부와 국회의 극한 대립을 야기해 나라를 망칠 수 있다는 생각에서였다. 의원들도 대부분 그에 동의하는 분위기였다. 그러나 이승만과 한민당이 반대하면서 상황이 급반전됐다.

유진오의 회고에 따르면, 헌법 기초위가 내각제로 된 헌법 초안 심의를 끝내고 본회의 상정을 불과 이틀 앞둔 1948년 6월 21일 이승만은 갑자기 위원회를 방문하여 이렇게 말했다.

"내각제 헌법 아래에서는 어떤 자리에도 취임하지 않고 민간에 남아 국민운동이나 하겠다."

내각제 반대 의사를 분명히 밝힌 것이다.

이 말이 있은 직후 이승만 진영에서는 한민당 측과 힘겨루기를 시도했고 한민당은 이승만의 의도를 받들자는 방향으로 의견을 바꾸었다. 그리하여 김준연 의원이 10분 동안에 붉은 잉크로 내각 책임제를 대통령 책임제로 고치는 등 법석을 부린 끝에 헌법은 순식간에 대통령 책임제로 변질되어 6월 22일 통과되었다.

1948년 7월 17일 이승만 초대 국회 의장은 제헌 국회에서 흐뭇한 마음으로 헌법에 서명하였다.

이어 7월 중순 신익희의 사회로 대통령 선거가 시작되었다. "이승만, 이승만!" 하는 소리가 연호되는 가운데 185표라는 절대 다수가 이승만을 대통령으로 선출하였다. 이때 김구는 9표를 받았다.

이어 치러진 부통령선거에서는 두 차례 투표 끝에 이시영이 133표로 당선되었다. 김구는 1차에서 69표, 2차에서 62표가 나왔다.

대통령 선거가 있기 전 이승만은 측근에게 말했다.

"우리는 모두 뭉쳐야 해.˚ 김구 주석의 임정도 같이 들어와 일해야 할 터인데 그 사람 고집은 여간 문제가 아니야. 내 말대로 같이 하면 되는데 말이야. 역시 임정 안에서 쓸 사람은 이시영 씨밖에 없어. 그이에게 높은 자리를 줘야 해."

"이시영 씨는 많은 일을 하기에 너무 나이가 많지 않습니까?"

"모르는 소리들 하지 마. 그 사람밖에 없어. 장차 부통령을 시켜서 나를 보좌하도록 해야 해. 알겠나? 그저 내 말대로 해!"

이승만 지시를 받은 측근들은 그날부터 움직여 의원들을 접촉했고, 그 결과 이시영이 부통령으로 당선되었다.

한편 다수 의석을 차지하고 있던 한민당이 내각 책임제 개헌안을 양보하고 이승만의 주장대로 대통령 중심제를 받아들인 데에는 나름의 이유가 있었다. 이승만을 대통령으로 추대해 주는 대가로 김성수를 국무총리로 한 과반수 각료직 안배를 기대했던 것이다. 그러나 막상 이승만은 거국 내각을 구성한다는 명분 아래 한민당 기대와 달리 김성수에게 재무장관을 맡아 달라고 요청하는 등 한민당 세력을 견제하는 조각(組閣 : 내각을 조직함)을 추진하였다.

"이거 완전히 허 찔렸네."

한민당은 허탈해했다. 결과적으로 건국 초기 내각에 한민당의 김도연이 재무장관으로, 내무에 윤치영, 외무에 장택상, 법무에 이인 등 한민당 출신이 상당수 입각했지만 이들 대부분은 한민당 골수파라기보다 친이승만계였다.

그러다 보니 한민당 세력은 건국 과정에서 이승만을 크게 도와주고 조각에서는 철저히 소외당한 꼴이 되었다. 결국 한민당은 이승만과 정치적 결별을 선언하고 야당으로써 대정부(對政府) 및 이승만 공격의 선봉에 섰다.

• '뭉치면 살고 흩어지면 죽는다.'는 말의 유래

　토머스 제퍼슨(Thomas Jefferson, 1743~1826)[2]은 식민지 미국이 지배국 영국과의 독립 전쟁을 치를 때 버지니아 주 대표로 활약하면서 "뭉치면 살고 흩어지면 죽는다 (United we stand, divided we fall)."라는 유명한 말을 강조했다. 덕분에 미국인의 마음이 하나로 묶였으며, 마침내 미국은 승리를 거뒀다. 제퍼슨을 '미국 건국의 아버지'로 부르는 이유가 여기에 있다.

　1945년 해방이 됐을 때 이승만은 귀국하여 국민에게 이렇게 호소했다.

　"뭉치면 살고 흩어지면 죽습니다."

　이승만이 위와 같이 강조한 데에는 다양한 의도가 있었다. 우선 혼란스러운 정국에서 서로 힘을 합해 나라를 빨리 독립시키자는 의지를 표현한 말이었다. 해방이 되기는 했으나 아직 주권 국가로서 자리 잡지 못했으므로 우리끼리 권력 투쟁하다 자칫 다른 나라의 식민지가 될 수 있다는 염려이기도 했다. 더 명확히 하자면 이승만의 구호는 자유 민주주의 세력을 향해 던진 경고성 명언이었다. 좌파 진보 세력이 큰 힘을 발휘할 때 우파 보수 세력에게 자기 의중을 확실히 밝히며 우파 지도자로서의 입지를 추구한 것이다.

　또한 이승만은 민족적으로 지탄받을지라도 자기가 필요로 하는 세력을 끌어안기 위한 전략에서 '뭉치면 살고 흩어지면 죽는다.'라는 말을 종종 했다. 실제로 이승만은 집권 후 일제에 부역했던 반민족 친일파들을 중용했다. 어찌됐든 이승만의 구호는 적중하였고 이 말은 그 시대는 물론 자유당 정권 시절 내내 유행하였다.

---

❷ **토머스 제퍼슨** : 미국의 제3대 대통령. 1776년 독립 선언서를 기초했다.

스탈린은 왜 김일성을 택했을까

해방 이후 남한에서 별다른 성과를 얻지 못한 공산당 세력은 1948년 4월 평양에서 '남북협상회의'가 시작되고 그해 8월 해주에서 '인민대표 자대회'가 열리자 대거 북한으로 들어갔다. 남조선 노동당 거물 박헌영이 입북할 때 북한에 있던 국내파 공산당은 표면적으로 대환영하는 태도를 보였다.

"어서 오시오. 환영하오!"

그러나 출신이 다른 소련파(蘇聯派)와 연안파(延安派)는 내심 좋아하지 않았다. 이에 따라 처음에는 모두가 하나로 뭉치는 듯 어울렸으나, 얼마 지나지 않아 해외파(소련파와 연안파)와 국내파(남로당계와 북로당계)로 갈라졌다. 박헌영은 해외파 중 김일성(金日成, 1912~1994)[1]이 소련의 괴

뢰(꼭두각시)로서 사실상 자기 위에 군림하고 있음을 감지했다.

김일성은 방북한 박헌영을 환영하는 시늉을 했으나 내심 눈엣가시로 여겼다. 김일성은 이론에 있어서든 투쟁 경력에 있어서든 국내 조직세력에 있어서든 그 어느 것 하나 박헌영에 미치지 못함을 알았기에 그랬다. 박헌영은 박헌영대로 김일성을 대수롭게 생각하지는 않았으나, 뒤에 소련이라는 배경이 있음을 무시할 수 없었다.

'내 꿈은 여기서도 불가능한 것인가?'

박헌영은 자신의 이상이 무너질까 봐 회의에 빠졌다. 박헌영이 누구인가? 일제 강점기 때 조선 공산당 지도자로 활약하고 투옥과 출옥을 반복하면서 단 한 번도 동료 조직원을 누설하지 않은 강골이었다. 가혹한 고문을 당했을 때는 인분을 먹고 소리를 지르는 등 미치광이 행세를 해서 정신 이상자로 풀려났고, 일제가 망할 때까지 항일 운동을 한 독립운동가였다. 박헌영은 해방 이후 조선 공산당을 재건하며 사회주의 사상을 전파하려 했지만 미군정이 탄압하자 스스로 월북하였다.

박헌영은 북한에서 자기의 역할이 크리라 예상했다. 그렇지만 박헌영의 운명은 이미 두 해 전에 자신도 모르는 사이에 결정되어 있었다.

해방 후 북한의 공산 정권 창출 과정에서 주역을 맡았던 평양 주둔 소련군 정치사령관 레베데프 장군의 증언에 의하면, 스탈린은 1946년 7월말 평양에 군용기를 보내 김일성과 박헌영을 모스크바로 불러들여 최종 면접하였다.

"오느라 수고가 많았소. 자리에 앉으시오."

---

❶ 김일성 : 북한 공산주의 혁명의 주역. 본명은 김성주이며 소련군의 힘으로 북한 공산화를 이룩했다.

면접할 때 스탈린을 중심으로 오른쪽에 김일성이 앉고, 왼쪽에 박헌영이 앉았다. 레베데프는 이 자리 배치를 보고 스탈린이 김일성을 사전에 낙점(落點)*했음을 눈치 챘다. 의전에 까다로운 크렘린 궁 좌석 배치 (소련에선 우측이 상석)로 미루어 스탈린이 마음에 둔 인물이 오른쪽에 앉도록 배려했음을 암시하는 것이기 때문이다. 면접은 최종 확인을 위한 요식 행위였으며, 스탈린은 김일성에게 다음과 같이 지시함으로써 북한 최고 지도자 선택을 알렸다.

"북한의 소비에트화 정책을 조기 실현하도록 투쟁하시오!"

스탈린은 왜 김일성을 선택했을까? 그 이유는 간단했다. 김일성은 소련군에 복무했었기에 소련의 명령에 충실했을 뿐만 아니라 독립운동가

김일성 장군의 이름을 차용한 그의 이름이 북한 인민들에게 항일 투쟁 민족 영웅으로 널리 알려져 지도자로 부상시키기에 용이했기 때문이다. 아울러 박헌영이 버림받은 결정적 이유는 스탈린이 싫어하는 종파(宗派) 경력이 많은 데다 그의 이름이 북한 대중에게 지명도가 낮았던 데 있었다.

1948년 6월 유엔의 인정 아래 대한민국 정부가 수립되자 김일성은 소련 앞잡이가 되어 다음 날 인민 공화국을 급조했다. 김일성은 1948년 9월 조선민주주의인민공화국 정부를 수립하면서 박헌영에게 부수상 겸 외무장관 자리를 주었다. 하지만 이것은 박헌영을 얽어매어 감시하려는 간계였다. 김일성은 후에 한국 전쟁의 책임을 물어 박헌영을 숙청했다. 조선의 레닌, 암흑 속의 별, 비운의 혁명가 등으로 불린 박헌영은 그렇게 이 세상을 떠났다.

• '낙점' 혹은 '점찍다'의 어원

　조선 시대에 관리를 임명하는 데에는 원칙이 있었다. 인사를 담당한 이조나 병조에서 '비삼망(備三望)'이라 해서 세 사람을 추천하여 왕에게 올리면 왕이 자신의 의중에 드는 한 사람의 이름 위에 점을 찍어서 뽑았다. 점찍힌 사람의 편에서 보면 '수점(受點)'으로 되지만 점을 찍은 왕의 편에서 보면 '낙점(落點)'으로 되는 것이다. 이에 유래하여 자기 마음에 드는 대상을 고르는 일을 '낙점하다' 혹은 '점찍다'라고 표현하게 되었다.

　일반적으로 낙점할 때, 이조나 병조에서 세 사람 추천을 담당했기에 인사 정책에 신하들 의도가 상당히 많이 반영되었다. 하지만 국왕의 개인적인 성향에 따른 경우도 많았다. 단종을 폐위시키고 등극한 세조는 이조에서 비삼망을 올리면 붓으로 묽은 먹물을 찍어 세 사람의 이름 위를 오가다 그 먹물이 떨어지는 이름의 사람을 등용하거나 때로는 궁인들 가운데 글자를 모르는 사람을 시켜 무작위로 낙점을 찍게 했다. 또 광해군 때에는 이조판서 낙점 과정에서 비삼망이 왕의 마음에 들지 않자 의도적으로 계속 망(望)을 올리게 하여 결국 왕 자신이 마음에 들어 하는 인물을 낙점했던 예도 있었다.

아, 대한민국!

독립 국가에 대한 기대감이 절정에 달할 무렵인 1948년 8월 9일 전국에 수해가 발생했다. 사망 316명, 부상 3,719명이라는 엄청난 인명 피해와 197억여 원에 달하는 피해액, 그리고 농작물 피해 면적 32만 정보(町步 : 삼천 평)라는 막대한 국력 손실을 가져온 수해는 반쪽 국가에 대한 하늘의 노여움인지도 몰랐다.

이런 어수선함을 뒤로 하고 1948년 8월 15일 대한민국 정부가 수립되었다. 그 날짜 「타임」은 "무거운 돌"이라는 제목의 짤막한 기사로 이 소식을 전했다.

"얼굴이 붉어지지 않고는 무거운 돌을 들 수 없다는 이승만 새 대통령의 연설은 3천만 이 나라 국민의 3분의 2와 이 나라 국토 절반의 국가적 독립을 되찾은 기념전(구 총독부)에서 행해졌다. 서울에서는 세계에서 두 번째로 큰 종이 대한민국의 선포를 알렸다. 더글러스 맥아더 원수는 사열대에 앉았고, 국방 경비대의 휘장을 떼어 내고 한국 육군으로 새 출발한 군인 1만 명이 행진했다. 그러나 한국의 '무거운 돌'은 여전히 남아 있다. 소련군은 아직도 북한을 점령하고 있는 것이다."

그 밖에도 많은 해외 언론들이 대한민국 정부 수립을 다투어 보도하였다. 「뉴욕 타임스」는 "2,900만 한반도 인구 3분의 2가 대한민국 국호 아래 이승만 초대 대통령이 이끄는 자치 주권 정부 탄생을 보게 됐다."고 전했으며, 「워싱턴 포스트」도 "미국 지원 아래 대한민국이 수립됐다."고 보도하였다. 일본의 「마이니치」 신문도 "한국 정부는 남한 2천만 명만을 대표하는 분리 정부이긴 하지만, 1947년 유엔 총회 결정에 의해 한반도를 대표하는 정통 정부"라고 규정했다.

정부 수립 후 관료들은 국가 정비에 나섰는데, 초대 문교부장관 안호상(安浩相, 1902~1999)이 두드러지게 활약했다. 그는 민족정신 회복을 교육 시책의 최우선 과제로 삼았다. 단군으로부터 민족 정통성 근원을 찾는다는 의미에서 단군 연호를 시행했고, 10월 3일을 개천절로 지정했으며, 일부 의원들과 각료들의 거센 반대를 무릅쓰고 '한글 전용법'을 통과시켰다. 이와 함께 일제가 우민화(愚民化)정책 일환으로 채택했던 단기학제를 국민학교 6년, 중고등학교 6년, 대학 4년제로 고치는 등 교육 제도를 정비하였다. 그러나 식민 사관에 입각한 국사 교과서 기술 등에서 보듯 일제 잔재를 완전히 청산하지는 못했다.

대한민국 정부 수립 후 가장 주목받으면서 가장 큰 영향력을 행사한 이는 단연 이승만이었다. 이승만은 대통령이 된 뒤 강력한 반공(反共)·

배일(排日)주의자로서 국내 공산주의 운동을 분쇄하고 일본에 대해서는 강경 노선 외교를 지켜 나갔다. 사생활에 있어서는 매우 검소하고 청렴한 자세를 보였고 부정 축재(蓄財 : 재물을 모음)를 하지 않았다.

하지만 이승만은 대통령 취임을 전후하여 민족에게 씻을 수 없는 죄과를 저질렀으니, 바로 친일파 기용이었다. 일본을 극단적으로 싫어하면서도 친일 부역자들을 중용한 모순성을 보인 것이다.

친일파 등용 모순은 권력을 지키기 위한 고육지책이었다. 즉 소신 있는 독립투사들보다는 아부 잘하는 친일배가 다루기 쉽다는 판단에 따른 것이다. 1948년 8월 17일 결성된 '반민족 행위 특별 조사 위원회(약칭 반민특위)'가 제대로 구실을 못한 채 1년 만에 좌절된 것은 이승만 정부의 비협조와 견제 때문이었다는 게 정설이다. 1949년 4월 16일 반민특위 활동 중지와 특경대 해산을 직접 지시한 사람도 이승만이었다. 더나아가 이승만 정부는 일제 때 하급 관리를 지냈던 인물 중 7만 명 이상을 행정 기구, 경찰, 법조계에 충원했다. 특히 경찰의 경우 간부 70퍼센트 이상이 친일 경력자였다.

이승만이 항상 권력 정점에 있었음은 그의 유능함을 방증하는 것이기도 하다. 권력을 추구한다고 해서 누구나 권력을 차지하지는 못하니 말이다. 이승만의 장점은 결단력과 배짱이었다. 미소 공동 위원회 참가거부, 단독 정부 수립 주장, 반공 포로 석방, 대미(對美) 종속 외교 거부 등은 이승만의 결단력과 배짱을 보여 주는 대표적 사례이다.

하지만 이승만은 친일파 득세의 근본적 바탕을 제공하는 동시에 장기집권이라는 노욕(老慾)을 부리는 바람에 추한 말로를 맞이하였다. 이승만은 남달리 강했던 권력 욕구와 강력한 의지를 발휘해 초대 대통령이 되는 영광을 누렸지만, 아울러 독재자라는 달갑지 않은 평가를 받고 대통령 자리에서 쫓겨나는 비운을 맛본 것이다.

1952년 미국 CIA가 작성한 보고서에는 이승만에 대해 다음과 같이 기록되어 있다.

"각료 인선 시 자격 요건이나 능력을 무시하고 자신에 대한 충성도 만을 척도로 인물을 기용하고 있다. 이승만은 장관에게조차 재량권을 주지 않으나 부인과 측근 비서들의 입김에는 약한 인물이다. 이승만의 모순은 그 자신이 지독한 반일주의자이면서도 정부 요직에 과거 일본에 부역했던 인물들을 기용한 점이다."

이승만에 대한 아쉬움은 바로 여기에 있다. 생애 대부분을 개화와 독립운동에 바친 만큼 말년에 이르러서도 그 강한 투쟁력으로 민족정기를 바로 세우는 데 애썼다면 이승만은 민족의 영웅으로 남았을 것이다. 그러나 안타깝게도 이승만은 권력 투쟁과 대통령 연임이라는 집권 욕망에 빠져 허우적거렸다.

오늘날 우리 사회에 만연한 부패의 뿌리가 아직도 뽑히지 않는 것은 기회주의자들에 대한 단호한 처벌이 없었던 과거사 때문이라 해도 지나친 말이 아니다. 재산을 바쳐 가며 투쟁한 독립운동가 자손은 어렵게 사는 반면 일제에 아부한 친일파 자손은 대를 이어 부귀영화를 누리는데 어느 누가 정의와 대의명분을 위해 살아 나갈까?

대한민국이 웅대한 비상을 하려면 진정한 자주독립을 꿈꾸며 민족정기를 되찾아야 한다. 그 방법은 모두 알고 있는바, 이제 모두의 실천이 남아 있을 뿐이다.

대한유사

펴낸날   **초판 1쇄 2011년 7월 29일**

지은이   **박영수**
펴낸이   **심만수**
펴낸곳   **(주)살림출판사**
출판등록 1989년 11월 1일 제9-210호

경기도 파주시 교하읍 문발리 파주출판도시 522-1
전화 031)955-1350   팩스 031)955-1355
기획·편집 031)955-1395
http://www.sallimbooks.com
book@sallimbooks.com

ISBN   978-89-522-1598-7 03900

책임편집 **전두현**